- 説文學小叢書 -

《説文》與漢語詞彙

SHUOWEN YU HANYU CIHUI

王挺斌 著

中国教育出版传媒集团 语文出版社

·北京·

圖書在版編目（CIP）數據

《說文》與漢語詞彙 / 王挺斌著. -- 北京 : 語文出版社, 2025. 7. -- (說文學小叢書). -- ISBN 978-7-5187-2246-4

Ⅰ. H161；H131

中國國家版本館CIP數據核字第2025232GK6號

責任編輯 盛艷玲
裝幀設計 徐曉森
出　　版 語文出版社
地　　址 北京市東城區朝陽門內南小街51號　100010
電子信箱 ywcbsywp@163.com
排　　版 北京九章文化有限公司
印刷裝訂 北京市科星印刷有限責任公司
發　　行 語文出版社　新華書店經銷
規　　格 850mm × 1168mm
開　　本 1 / 32
印　　張 8. 125
字　　數 162千字
版　　次 2025年7月第1版
印　　次 2025年7月第1次印刷
定　　價 40. 00元

010-65253954（咨詢） 010-65251033（購書） 010-65250075（印裝質量）

總　序

東漢許慎所著《説文解字》一書，是中國第一部以解析字形爲主，同時兼顧音義訓釋的字典，在中國古典學術史上具有劃時代的意義。許慎以十三萬多字的篇幅，對九千三百五十三個漢字逐一進行了形體分析和音義訓釋，並以五百四十個部首統轄所有字頭，始一終亥，排列有序，開啓了以偏旁爲綫索編排檢索漢字的先河。許慎將“六書”理論和方法運用於書中所收所有字的解析和闡釋，使得從此對漢字的形體分析變得有系統可依，有規律可循。《説文解字》除收集了最全的小篆形體外，還保留了很多古文、籀文和奇字，對研究漢字形體演變、考釋古文字十分有用。《説文解字》並不是單純的字典，將其當作以解析字形爲主，集形音義闡釋於一身的綜合性辭典可能更爲合適，特别是文字訓釋中所包含的大量的先秦和秦漢的語料、史料及科技文化信息，更是包羅萬象，豐富多彩，甚至可以將其視爲漢代的一部百科全書。比如清代程瑶田對農事研究用力頗多，其名作《九穀考》就離不開《説文》的幫助：“《説文解字》中言九穀者，類聚録之，次其先後而觀之，有異名者並存之以備考。於黍、稷、粱三事，尤瞭然如指上旋渦。”他的體會是：“《説文》爲治經津筏，由今觀之，真寶書也。”

在中國古代的學術體系中，經學始終占有統治地位，而小學是經學的附庸，是爲經學服務的，《説文解字》正是一部爲古文經學服務的小學著作。漢代的今古文之爭，是《説文解字》産生的時代背景和驅動力，因此《説文解字》一書具有濃厚的學派理念和一定的政治色彩。《説文解字》寫作的出發點，是爲了對“人用己私、是非無正、巧説邪辭、使天下學者疑”的現狀進行糾偏，爲的是讓人們在正確的文字學知識和認識的指導下，更好地閱讀和理解古文學派的經書，從而達到“理群類、解謬誤、曉學者、達神旨”的目的。我們今天對古代的所有理解和認識，幾乎都是通過古書，通過古書上的文字來實現的，正如許慎在《説文解字》序中對文字的評價：“蓋文字者，經藝之本，王政之始。前人所以垂後，後人所以識古。”試想如果没有古書，没有保存了大量形音義訓釋的歷代的字典和韻書，我們對古代將一無所知。因此從這個角度説，保存了早期大量形音義訓釋的中國的第一部字典《説文解字》，正是連接古代與現代的橋梁，其重要性無論如何高估都不爲過。

中國古代對《説文解字》格外重視，北齊顔之推在《顔氏家訓·書證》篇中有一則對比孔子與許慎特點的評論：

> 客有難主人曰：“今之經典，子皆謂非，《説文》所言，子皆云是，然則許慎勝孔子乎？”主人拊掌大笑，應之曰：“今之經典，皆孔子手迹耶？”客曰：“今之《説文》，皆許慎手迹乎？”答曰：“許慎檢以六文，貫以部分，使不得誤，誤則覺之。孔子存其義而不論其文也。”

把許慎與孔子對舉，這本身就是對許慎的高度肯定。孔子存其義，許慎論其文。文字正確，義理才能正確且長久地流傳下來。這段論述可以反映出當時人們對孔子和許慎的極端推崇。唐宋之後的《説文解字》相關整理與研究漸趨成熟，到清代更是達到巔峰。清代經史大家王鳴盛曾説："讀遍天下書，不讀《説文》，猶不讀書也。"話雖稍顯極端，但從某種角度看卻並非無理。20世紀是大發現的時代，而21世紀則是特大發現的時代，因出土文獻與古文字資料的不斷井噴式面世，《説文解字》在出土文獻與古文字研究上的重要性得到進一步凸顯，而且隨着資料的豐富、手段的更新，人們越來越認識到這部著作的可貴與偉大。圍繞《説文解字》進行的相關研究催生了"説文學"的誕生和確立。利用出土文獻、古文字資料與《説文解字》進行互證，始終是學界的一個研究熱點，成果層出不窮，新見不斷涌現。尤其是出土的大量的秦漢時期的新資料，在修正《説文解字》的失誤、更深切地認識和理解《説文解字》的内涵等方面，爲我們提供了大量的新見新知，使得《説文解字》在新時代進一步提升了其利用價值和資料潛力。

20世紀90年代，王寧先生與董希謙先生曾主編過一套"許慎與《説文》小叢書"，由河南人民出版社出版，在學術界産生了很好的影響。這套小叢書的出版至今已過去三十年，隨着新材料的不斷增加和學術認識的不斷深入，有必要承續其業，踵事增華，再寫新篇。爲此，中國訓詁學研究會與語文出版社合作，擬推出"説文學小叢書"，以總結歸納《説文解字》研究領域的新觀點和新認識，推动"説文學"的進一步發展。叢書選聘在《説文解字》

相關研究領域學有所成、富有創見的學者，就某一專題展開討論。每個專題大約十萬字左右，既體現學術深度，又兼顧推廣普及。

值此百年未有之大變局，對標國家重大需求，配合國家文化發展戰略，在傳承弘揚中華優秀傳統文化中發揮作用，成爲每位人文學者必須承擔的重要任務。《説文解字》是中華優秀傳統文化中的典型代表，其歷史思想和文化價值值得不斷發掘。我們應對其内涵加以創造性轉化和創新性發展，從中提取鮮活的實例，用來講好中國故事，傳播好中國聲音，塑造好中國形象。在此願與學界同仁共勉。

因撰寫和編輯時間匆促，小叢書中一定存在着各種問題和錯誤，希望能持續得到學界同道和讀者朋友的不吝指正。

王雲路　劉　釗

2024 年 10 月

前　言

《説文》是中國第一部系統完備、體大思精的字書，歷來被奉爲文字學的經典。從詞彙的角度看，《説文》也是一部詞典。該書保存了大量的先秦兩漢詞彙，我們可以從中研究同義詞、反義詞、同源詞、方言詞、聯綿詞等。許慎運用形訓的方法分析了大量的漢字本義，也用聲訓的方法探究了不少詞語的語源義，這對詞義研究非常重要。

真正從詞彙學的角度對《説文》進行研究，要從“四大家”開始算起，尤其是段玉裁。郭在貽指出，段玉裁“在字與詞的關係、詞的音義關係、同義詞的辨析、詞的本義引申義假借義以及詞義變遷等方面的研究成果和方法論原則，不但在當時的‘小學’研究中達到了最高的水平，就是對于今天的漢語史和漢語詞彙學的研究，也不無一定的參考價值”。① 當然，桂馥、朱駿聲、王筠的著作也不同程度地涉及《説文》詞彙研究。新時期不少學者從詞彙學的角度研究《説文》，如馮蒸、宋永培等。馮蒸的《〈説文〉同義詞研究》一書對《説文》同義詞進行了全面而系統的整理與研究，他將《説文》同義詞分成非同源同義詞與同源同義詞兩大

① 郭在貽《〈説文段注〉與漢語詞彙研究》，《社會科學戰綫》1978年第3期，第330頁。

類型，同時也研究了《説文》同源詞。[①] 宋永培則着眼於《説文》的詞義系統，他的《〈説文〉與上古漢語詞義研究》一書將《説文》的詞義系統與上古社會的歷史文化相結合。[②] 近二十年來，不少碩博論文涉及《説文》詞彙研究。

本書旨在使讀者對《説文》詞彙有較爲全面的了解，包括《説文》詞彙的基本情况、意義類型、詞際關係，主要分成四個部分：

第一部分即第一章，爲《説文》詞彙研究學術回顧，主要介紹《説文》"四大家"——段玉裁、桂馥、朱駿聲、王筠在《説文》詞彙研究方面的貢獻。他們將《説文》作爲一個整體，不僅重視本義、引申義、假借義的研究，還注重同義詞的辨析、音義關係的探究、古今詞義的比較、歷史詞彙的區分等，又各自有自己的一些特點，值得我們學習。

第二部分即第二章，爲《説文》詞彙概况，包括《説文》詞彙的形式、内容及數量。《説文》詞彙的形式與内容相對容易説清楚；但《説文》詞彙的數量則比較複雜，需要討論異體字、聯綿字、偏旁字等不同情况。對《説文》詞彙數量的討論，實際上涉及《説文》本身的字詞關係問題。

第三部分即第三章，爲《説文》意義類型，包括本義、引申義、假借義、詞源義等。《説文》説解字義的主要方式是形訓，即通過分析字形結構以探求本義，因此《説文》所釋絶大多數是本義。但限於所掌握的資料，《説文》有時會把引申義、假借義

---

① 馮蒸《〈説文〉同義詞研究》，首都師範大學出版社，1995 年。
② 宋永培《〈説文〉與上古漢語詞義研究》，巴蜀書社，2001 年。

誤當作本義。此外，因受當時的政治、社會等因素影響，《説文》還涉及一些語源義。

第四部分即第四章至第六章，爲《説文》詞際關係（亦即詞與詞之間的關係），涉及同義詞、反義詞、同源詞三種類型。各章均先討論目前較爲主流的古漢語同義詞、反義詞或同源詞的看法，包括定義、成因、判定等問題，並舉例説明，然後介紹《説文》中的同義詞、反義詞或同源詞。談同義詞時，還順便討論了一些方言詞。

小書是劉釗老師的命題作文，作爲“説文學小叢書”中的一種。受命之初誠惶誠恐，唯有黽勉從事。限於叢書規模、截稿時間與個人學識，相關問題的討論還較粗淺，甚至可能存在不少錯誤，尚祈方家批評指正。寫作前後多次向汪維輝老師請教，與真大成老師、鄔可晶老師及邊田鋼兄也多有交流，又蒙劉釗老師、王雲路老師審閱指正，還請汪靖姗同學幫忙校核書稿，皆獲益匪淺，在此一並致謝！

王挺斌

2023年12月21日

於浙江大學漢語史研究中心

凡　例

1. 爲方便印刷及讀者閲讀，本書引用出土文獻釋文採用寬式處理。

2. 所引用的出土文獻或傳世古書中，“[　]”表示補文，“< >”表示訛誤，“□”表示缺文，“⧄”表示缺而未知其數。出土文獻編號中“+”表示綴合。

3. 按照裘錫圭《文字學概要》的做法，表示語言中的詞可以採用“{ }”這個符號。但由於本書討論的對象主要就是詞，通篇用“{ }”似無必要，個别地方討論字詞關係時請讀者注意區别字和詞。

4. 對引用較多的書籍採用簡稱形式，如下：

《甲骨文合集》	《合集》
《甲骨文合集補編》	《合補》
《殷周金文集成》	《集成》
《商周青銅器銘文暨圖像集成》	《銘圖》
《商周青銅器銘文暨圖像集成續編》	《銘續》
《小屯南地甲骨》	《屯南》
《殷契遺珠》	《遺珠》
《納西族象形標音文字字典》	《納典》

《古璽彙編》	《璽彙》
《説文解字》	《説文》
《京都大學人文科學研究所藏甲骨文字》	《京都》

5. 僅引用銅器字形時，只標出《集成》或《銘圖》片號。引用銅器銘文時，則標出器名以及《集成》或《銘圖》片號。

目　録

第一章 《説文》“四大家”與詞彙研究

《説文》是傳統小學的經典，研究文字學、音韻學、訓詁學都離不開它，一般將之視爲字書。直到清代《説文》“四大家”——段玉裁、桂馥、朱駿聲、王筠的出現，《説文》研究進入到一個新的歷史階段。從詞彙學的角度看，他們將《説文》作爲一個整體，不僅重視本義、引申義、假借義的研究，還注重同義詞的辨析、音義關係的探究、古今詞義的比較、歷史詞彙的區分等，這是巨大的進步。因此我們在討論《説文》詞彙之前，先來回顧一下他們的研究。

第一節　段玉裁與《説文》詞彙研究

段玉裁（1735—1815），字若膺，江蘇金壇人。主攻小學與經學，著有《説文解字注》《六書音均表》《古文尚書撰異》《詩經小學》《周禮漢讀考》《儀禮漢讀考》等。《説文解字注》是其《説文》研究的代表作。該書不僅在文字學、訓詁學、音韻學上具有卓越的成就，在詞彙學上也有重要意義。王力、郭在貽等學者皆有深入而全面的總結。[①] 限於篇幅，我們撮要談談自己的幾點認

---

① 王力《中國語言學史》，中華書局，2013 年，第 112—121 頁。郭在貽《〈説文段注〉與漢語詞彙研究》，《社會科學戰綫》1978 年第 3 期，第 330—345 頁。

識，在舉例時加以討論或做點補充。

（一）引申義

許慎以探求漢字本義爲宗旨，段玉裁以承繼許慎、疏解本義爲要務。如《説文·食部》："飯，食也。"段玉裁注："自饎篆已上皆自物言之，自餥篆已下皆自人言之。然則云食也者，謂食之也，此飯之本義也。引伸[①]之，所食爲飯。""食"有名詞與動詞兩種用法，段玉裁根據《説文》編排體例，認爲"飯"的本義是動詞的"食"，亦即吃。又《説文·言部》："謝，辤去也。"段玉裁注："辤，不受也。《曲禮》：'大夫七十而致事。若不得謝，則必賜之几杖。'此謝之本義也。引伸爲凡去之偁，又爲衰退之偁。"這是援引古書文句作爲例證。從這兩個例子也可以看出，段玉裁除了疏解本義，還會講解引申義，注重詞義的發展演變，擴大了《説文》説解詞義的範圍。我們再看一些例子。如：

【雨】《説文·雨部》："雨，水從雲下也。"段玉裁注："引申之，凡自上而下者偁雨。"甲骨文中"雨"兼有名詞與動詞兩種用法，名詞例如《合集》557："甲子卜，賓貞：夙求雨，娥于河。"動詞例如《合集》29272："旦至于昏不雨。大吉。"動詞"雨"不僅可以表示下雨，也可以表示下雪，如《詩經·邶風·北風》："北風其涼，雨雪其雱。"還可以表示其他事物自上而下，如《淮南子·本經》："昔者蒼頡作書，而天雨粟、鬼夜哭。"《呂氏春

① 段玉裁《説文解字注》雜用"引申""引伸"，術語用字未做統一。

秋·慎大》：“晝見星而天雨血，此吾國之妖也。”唐元稹《誨姪等書》：“吾每念此言，無不雨涕。”

【鳴】《説文·鳥部》：“鳴，鳥聲也。”段玉裁注：“引伸之，凡出聲皆曰鳴。”“鳴”爲鳥之叫聲，與牛之叫聲“哞”、羊之叫聲“咩”、犬之叫聲“吠”不同。早期文獻中“鳴”的用法多與鳥有關，如《合集》17366反：“☐之日夕有鳴鶴。”[1]《周易·中孚》：“鳴鶴在陰，其子和之。”《詩經·豳風·七月》：“春日載陽，有鳴倉庚。”《詩經·齊風·雞鳴》：“雞既鳴矣，朝既盈矣。”《左傳·襄公三十年》：“鳥鳴于亳社，如曰譆譆。”《論語·泰伯》：“鳥之將死，其鳴也哀。”《吕氏春秋·古樂》：“次制十二筒，以之阮隃之下，聽鳳皇之鳴，以别十二律。”後來用法有所擴展，“鹿”“牛”“蟬”“蜩”等動物或昆蟲、“玉”“鼓”等非生物出聲皆可以叫作“鳴”。

【絶】《説文·糸部》：“絶，斷絲也。”段玉裁注：“引申之，凡横越之曰絶，如絶河而渡是也。”“絶”本表示絲綫布匹的斷絶，如《吕氏春秋·本味》：“鍾子期死，伯牙破琴絶弦，終身不復鼓琴，以爲世無足復爲鼓琴者。”《史記·孔子世家》：“讀《易》，韋編三絶。”《史記·刺客列傳》：“秦王驚，自引而起，袖絶。”後來喻指横穿江河或沙漠，如《荀子·勸學》：“假舟檝者，非能水也，而絶江河。”《史記·李將軍列傳》：“南絶幕，遇前將軍、右將軍。”

---

① “鶴”之考釋參見單育辰《甲骨文所見動物研究》，上海古籍出版社，2020年，第307頁。

【戎】《説文·戈部》:“戎，兵也。”段玉裁注:“兵者，械也。……兵之引申爲車卒、步卒，故戎之引申亦爲卒旅。”這裏段玉裁用“兵”類比“戎”，比較互證。“兵”兼有兵器義與士卒義，如《左傳·隱公元年》:“繕甲兵，具卒乘。”《左傳·襄公元年》:“敗其徒兵於洧上。”“戎”亦兼有兵器義與士卒義，如《周易·萃》:“君子以除戎器，戒不虞。”《周易·同人》:“伏戎于莽。”兵器爲士卒手中所執，兵器義與士卒義兩個義位密切相關。

【張】《説文·弓部》:“張，施弓弦也。”段玉裁注:“張弛，本謂弓施弦解弦，引申爲凡作輟之稱。”這裏段玉裁以“張”“弛”反義連稱，以説明同步引申。“張”與“弛”本謂弓弦的施設與解開，如《禮記·曲禮上》:“張弓尚筋，弛弓尚角。”後來指治理國家的嚴苛與寬容，如《禮記·雜記下》:“張而不弛，文武弗能也；弛而不張，文武弗爲也；一張一弛，文武之道也。”也可以是抽象意義上的作爲與息止，如《後漢書·崔駰傳》:“道無常稽，與時張弛。”

【糞】《説文·華部》:“糞，棄除也。”段玉裁注:“古謂除穢曰糞，今人直謂穢曰糞，此古義今義之别也。”“糞”的本義是掃除，先秦用例甚多，如《左傳·昭公三年》:“小人糞除先人之敝廬。”《禮記·曲禮上》:“凡爲長者糞之禮，必加帚於箕上。”後來指污穢之物，如《論語·公冶長》:“朽木不可雕也，糞土之墻不可杇也。”段玉裁指出“糞”之古今異義，其實也説明了“糞”在後世多用其引申義。

段玉裁所謂的引申多數都是可信的，但也有説過頭的地方。如“莫”，《説文·茻部》:“莫，日且冥也。”段玉裁注:“引伸之義爲有無之無。”“莫”的本義爲日暮，與有無之“無”無關。又“憲”,《説文·心部》:“憲，敏也。”段玉裁注:“敏者，疾也。《謚法》:‘博聞多能爲憲。’引申之義爲法也。”“憲”之本義待考，但敏疾義與法令義無關。又“杕”,《説文·木部》:“杕，樹皃。”段玉裁注:“樹當作特，字之誤也。在顔黄門時已誤矣。《唐風》:‘有杕之杜。’毛曰:‘杕，特皃。’許所本也。引伸爲舟舵。高注《淮南》曰:‘杕，舟尾也。’柁、舵皆俗字。”段玉裁所説“樹”可能是“特”的誤字，應該是可信的，但孤特義與舟舵無關，難言引申。又“除”,《説文·𨸏部》:“除，殿陛也。”段玉裁注:“殿謂宫殿，殿陛謂之除。因之凡去舊更新皆曰除，取拾級更易之義也。”臺階義與去除義的關係並不密切，目前未見到平行例證；戰國文字中去除之“除”往往寫成“敘”，从攴、余聲，去除之“去”則寫成“故”，从攴、去聲，“故”“敘”即“去除”之本字。

（二）字詞關係

段玉裁不僅重視字的形音義，還重視字的使用，實際上已經在實踐字詞關係的研究。如：

【難】《説文·鳥部》:“䳡，鳥也。”段玉裁注:“今爲難易字，而本義隱矣。”“䳡”或作“難”，本義未見實際用例，從構形上説，當與隹鳥有關。“難”最爲常見的用例是難易之“難”，當出於假借，如中山王鼎（《銘圖》2517）:“事少如長，事愚如智，此易言而難行也。”郭店簡《窮達以時》2:“苟有其世，何難之有哉？”清華簡《厚父》9:“民心難測。”西周金文中祈求長壽之語“難老”見於古書，如《詩經·魯頌·泮水》:“既飲旨酒，永錫難老。”鄭玄箋：“已飲美酒，而長賜其難使老；難使老者，最壽考也。”可知“難”仍爲難易字。

【焉】《説文·鳥部》:“焉，焉鳥，黃色，出於江淮。”段玉裁注：“今未審何鳥也。自借爲詞助而本義廢矣。古多用焉爲發聲，訓爲於，亦訓爲於是。如《周禮》‘焉使則介之’,《晉語》‘焉作爰田’‘焉作州兵’,《左傳》‘晉鄭焉依’‘裔焉大國’,《公羊傳》‘焉爾’‘焉門者’‘焉閨者’,《呂覽》《淮南》‘焉始乘舟’,《三年問》‘焉爲之立中制節’‘焉使倍之’‘焉使不及也’,《招魂》‘巫陽焉乃下招’。”“焉”的本義目前未見用例，構形理據尚待研究，用作語氣詞、介詞、連詞等當出於假借。

【帥】《説文·巾部》:“帥，佩巾也。从巾、𠂤［聲］。帨，帥或从兑聲。”段玉裁注：“今音税。此二篆今人久不知爲一字矣。《召南》毛傳曰：‘帨，佩巾也。’……帨訓巾，帥訓率導、訓將帥，而帥之本義廢矣。”“帥”的本義爲佩巾，異體爲“帨”。後來“帥”用作將帥之“帥”，假借義大行其道而本義湮没希聞。但其異體“帨”一直保有佩巾義，讀音與“帥”也有不同。對於絶大多數人來説，“帥”與“帨”是兩個字、兩個詞。

【韋】《説文·韋部》:“韋，相背也。”段玉裁注：“故从舛。今字違行而韋之本義廢矣。《酒誥》:‘薄韋農父。’馬云：‘韋，違行也。’據《群經音辨》，則古文《尚書》當如是。”這是説“韋”的本義爲相背，後來這個意思用“違”來記録，“韋”的本義相背義不再使用。《説文·辵部》:“違，離也。”如《詩經·邶風·谷風》:“行道遲遲，中心有違。”毛傳：“違，離也。”《楚辭·離騷》:

“雖信美而無禮兮，來違棄而改求。”王逸注：“違，去也。”

【矢】《説文·艸部》：“菌，糞也。”段玉裁注：“《左氏傳》《史記》假借矢字爲之。官溥説糞字之上似米而非米者，矢字，是漢人多用矢也。”“矢”本義爲箭矢，後來假借表示糞便，如《左傳·文公十八年》：“殺而埋之馬矢之中。”《莊子·人間世》：“夫愛馬者，以筐盛矢。”《史記·廉頗藺相如列傳》：“廉將軍雖老，尚善飯，然與臣坐，頃之三遺矢矣。”段玉裁認爲本字是“菌”，漢代人多以“矢”記録糞便義的“菌”。

段玉裁曾用過“漢字”這個概念，指漢代的通行寫法或漢代人的用字習慣。如《説文·阜部》：“鄱，鄱陽，豫章縣。从邑、番聲。”段玉裁注：“字本作番。故《史》《漢》皆曰番君吴芮。《地理志》作鄱陽者，漢字也。”又《説文·阜部》：“鄦，炎帝太嶽之胤甫侯所封，在潁川。从邑、無聲。讀若許。”段玉裁注：“漢字作許，周時字作鄦。”又《説文·阜部》：“鄎，姬姓之國，在淮北。从邑、息聲。今汝南新鄎。”段玉裁注：“漢字作息。”又《説文·邑部》：“鄹，今南陽穰縣。从邑、襄聲。”段玉裁注：“鄹者，古字。穰者，漢字。……蓋許所見古籍作鄹，漢時縣名字從禾也。”有時則用“古今字”這個概念，如《説文·阜部》：“邟，沛國也。从邑、巿聲。”段玉裁注：“邟、沛，古今字。”又《説文·阜部》：“郰，魯縣，古邾婁國，帝顓頊之後所封。从邑、芻聲。”段玉裁注：“周時作郰，漢時作騶者，古今字之異也。”但是，這個術語在個别地方用得並不恰當。如《説文·尗部》：“尗，豆也。”段玉裁注：“尗、豆古今語，亦古今字。”“尗”“豆”可以算是“古今語”，但不能説是“古今字”。

段玉裁還曾提出“引申假借”的現象，與純粹的“引申”或“假借”不太一樣。如《説文·止部》：“止，下基也，象艸木出有址，故以止爲足。”段玉裁注：“此引伸假借之法。凡以韋爲皮韋、以朋爲朋黨、以來爲行來之來、以西爲東西之西、以子爲人之偁皆是也。以止爲人足之偁與以子爲人之偁正同。”這就是説，“止$_{下基}$”之於“止$_{足止}$”，猶“韋$_{相背}$”之於“韋$_{皮韋}$”、“朋$_{鳳鳥}$”之於“朋$_{朋黨}$”、“來$_{來麰}$”之於“來$_{行來}$”、“西$_{鳥棲}$”之於“西$_{西方}$”、“子$_{陽氣動，萬物滋}$”之於“子$_{人}$”，在許慎的説解中，每組字前後意思都有聯繫，或者説有意牽合前後意思；在段玉裁看來，這不是純粹的“引申”或“假借”，而是“引申假借”。以此例之，如《説文·木部》：“果，木實也。”段玉裁注：“引伸假借爲誠實勇敢之偁。”又《説文·丶部》：“主，鐙中火主也。”段玉裁注：“其形甚微而明照一室，引伸假借爲臣主、賓主之主。”現在看來，這些例子都太勉強，提法也不太科學，徑言“假借”即可。如《説文·木部》：“朱，赤心木，松柏屬。”段玉裁注：“朱本木名，引伸假借爲純赤之字。”這種情况可以直接視爲“引申”。

（三）詞義辨析

許慎有零星的詞義辨析，如《説文·艸部》：“落，凡艸曰零，木曰落。”《説文·艸部》：“蓏，在木曰果，在地曰蓏。”《説文·巫部》：“覡，能齋肅事神明也。在男曰覡，在女曰巫。”《説文·巢部》：“巢，鳥在木上曰巢，在穴曰窠。”《説文·肉部》：“脂，戴角者脂，無角者膏。”《説文·言部》：“言，直言曰言，論難曰語。”

段玉裁則更爲自覺，他運用了大量的"渾言—析言""對文—散文"等術語進行解説。如：

【走—趨】《説文·走部》："走，趨也。"段玉裁注："《釋名》曰：'徐行曰步，疾行曰趨，疾趨曰走。'此析言之，許渾言不別也。"上古漢語中"趨""走"都有跑步義，但在速度上有差別。一般情況下"趨"是快走或小跑，"走"是跑（包括小跑、快跑與奔跑）。《説文·走部》："趨，走也。""趨"在有些語境下就相當於"走"。《公羊傳·桓公二年》："殤公知孔父死，己必死，趨而救之，皆死焉。"何休注："趨，走也。"宋殤公知道孔父嘉如果死了那麼自己也一定會死，因此趕緊跑去救他，結果兩人都死了。既然是救人，行動速度必然要迅速，所以此處的"趨"可以换成"走"。但是像《論語·子罕》"子見齊衰者、冕衣裳者與瞽者，見之，雖少，必作；過之，必趨"與《禮記·曲禮上》"遭先生於道，趨而進，正立拱手"中的"趨"不能换成"走"，只是小步快走而已。

【皮—革】《説文·革部》："革，獸皮治去其毛，革更之，象古文革之形。"段玉裁注："皮與革二字對文則分別，如'秋斂皮，冬斂革'是也。散文則通用，如《司裘》之'皮車'即革路、《詩·羔羊》傳'革猶皮也'是也。"《説文·皮部》："皮，剥取獸革者謂之皮。"如其説，則"皮"是剥取獸皮，動詞；不過其名詞用例更爲常見。名詞的"皮"與名詞的"革"意思相同，經常連用，如《國語·楚語下》："龜珠角齒，皮革羽毛，所以備賦，以戒不虞者也。"嶽麓秦簡［陸］072/1956："禁黔首毋得買故徼外蠻夷筋角皮革。"兩者的區別，在於"皮"未去其毛，"革"治去其毛。睡虎地秦簡《秦律十八種·田律》6—7："百姓犬入禁苑中而不追獸及捕獸者，勿敢殺；其追獸及捕獸者，殺之。呵禁所殺犬，皆完入公；其它禁苑殺者，食其肉而入皮。”這是關於百姓之狗闖入公家禁苑如何處置的法律，如果狗追獸或捕獸，則要殺掉。在警戒嚴禁之處殺掉的狗，要完整地上繳官府；在其他禁苑中殺掉的狗，狗肉可以吃掉，狗皮則要上繳官府。這裏的“皮”不能換成“革”。

【宮—室】《説文・宀部》:“宮，室也。”段玉裁注：“《釋宮》曰:‘宮謂之室，室謂之宮。’郭云:‘皆所以通古今之異語，明同實而兩名。’按，宮言其外之圍繞，室言其内。析言則殊，統言不別也。《毛詩》:‘作于楚宮……作于楚室。’傳曰:‘室猶宮也。’此統言也。”“宮”“室”意思相同，經常連用，如《周易・繫辭下》:“上古穴居而野處，後世聖人易之以宮室，上棟下宇，以待風雨。”放馬灘秦簡《日書》甲種 15:“盈日，可築閒牢，可入牲，利築宮室、爲小嗇夫，有疾難瘳。”兩者的區別，段玉裁謂“宮言其外之圍繞，室言其内”。古書中“宮”有圍繞義，如《爾雅・釋山》:“大山宮小山，霍。”郭璞注：“宮，謂圍繞之。”《禮記・喪服大記》:“君爲廬，宮之。”鄭玄注：“宮，謂圍障之也。”“宮”還有圍墻義，如《禮記・儒行》:“儒有一畝之宮，環堵之室，篳門圭窬，蓬户甕牖。”鄭玄注：“宮謂牆垣也。”至於“室”，位於“堂”後，如《論語・先進》:“由也升堂矣，未入於室也。”唐玄應《一切經音義》卷六：“户外爲堂，户内爲室。”

【墳—墓】《説文・土部》:“墳，墓也。”段玉裁注：“此渾言之也。析言之則墓爲平處，墳爲高處。故《檀弓》孔子曰：‘古者墓而不墳。’邯鄲淳孝女曹娥碑曰：‘丘墓起墳。’鄭注《禮記》曰：‘墓謂兆域，今之封塋也。土之高者曰墳。’此其别也。”“墳”“墓”意思相同，經常連用，如清華簡《繫年》15—16：“周室既卑，平王東遷，止于成周，秦仲焉東居周地，以守周之墳墓，秦以始大。”但是“墳”是封土隆起，“墓”則不是。段玉裁所引的《禮記·檀弓》“古者墓而不墳”、曹娥碑“丘墓起墳”這兩條語料正强有力地説明了兩者的區别。

【道—路】《説文·足部》：“路，道也。”段玉裁注：“《釋宫》：‘一達謂之道路。’此統言也。《周禮》：‘澮上有道，川上有路。’此析言也。”“道”“路”意思相同，經常連用，如清華簡《越公其事》9：“吴王聞越使之柔以剛也，思道路之修險，乃懼，告申胥曰：‘孤其許之成。’”《周禮·夏官·司險》：“司險掌九州之圖，以周知其山林川澤之阻，而達其道路。”段玉裁雖然援引古書證明兩者析言有異，但仍然没有言明兩者的具體區别，這點尚待進一步研究。[①]

段玉裁關注同義詞，雖然有些地方没有標出“渾言—析言”“對文—散文”等術語，但其實也是在做詞義比較的研究。如《説文·丮部》：“埶，種也。”段玉裁注：“《齊風》毛傳曰：‘蓺猶樹也。’樹、種義同。”又《説文·言部》：“謀，慮難曰謀。”段玉裁注：“《口部》曰：‘圖，畫計難也。’圖與謀同義。”又《説文·广部》：“庰，蔽也。”段玉裁注：“此與《尸部》之屏義同而

① 汪維輝認爲“道”“路”可能存在地域差異，“道”是北方話，“路”是南方話。參見汪維輝《漢語核心詞的歷史與現狀研究》，商務印書館，2018年，第369頁。

所謂各異。”當然，標出“渾言—析言”“對文—散文”等術語後進行的詞義辨析，更加有助於我們對古漢語同義詞的研究。

（四）音義關係

段玉裁不僅重視義同義近之詞的辨析，還重視音義近同之詞的聯繫。如：

【薾—爾】《說文·艸部》：“薾，華盛。”段玉裁注：“薾與爾音義同。”

【富—福】《說文·宀部》：“富，備也。”段玉裁注：“富與福音義皆同。”

【照—昭】《說文·火部》：“照，明也。”段玉裁注：“與昭音義同。”

【赦—捨】《說文·攴部》：“赦，置也。”段玉裁注：“赦與捨音義同。”

【悈—急】《說文·心部》：“悈，疾也。”段玉裁注：“悈與急雙聲同義。”

【讋—慴】《說文·言部》：“讋，失气言。”段玉裁注：“此與慴音義同。”

【蘗—縈】《說文·艸部》：“蘗，艸旋皃也。”段玉裁注：“蘗與縈音義同。”

【葆—茂】《說文·艸部》：“葆，細草叢生也。”段玉裁注：“葆與茂音義同。”

【疏—疏】《說文·疋部》：“𤕟，通也。”段玉裁注：“此與《𠫓部》疏音義皆同。”

【徸—躍】《説文・彳部》:“徸,行皃。”段玉裁注:“此與《足部》躍音義同。”

【衜—徬】《説文・行部》:“衜,迹也。”段玉裁注:“此與《彳部》徬音義同。”

【訢—欣】《説文・言部》:“訢,喜也。”段玉裁注:“此與《欠部》欣音義皆同。”

【託—侂】《説文・言部》:“託,寄也。”段玉裁注:“與《人部》侂音義皆同。”

【釂—爝】《説文・酉部》:“釂,歙酒盡也。”段玉裁注:“按《欠部》爝,酒盡也。與此音義同。”

【竝—併】《説文・竝部》:“竝,併也。”段玉裁注:“《人部》併下曰:‘竝也。’二篆爲轉注。鄭注《禮經》古文竝今文多作併。是二字音義皆同之故也。”

【齦—豤】《説文・齒部》:“齦,齧也。”段玉裁注:“此與《豕部》豤音義同。疑古衹作豤,齦者後出分别之字也。”

這事實上已經在開展同源詞的研究,當然我們不能認爲標有“音義同”等術語的兩個詞都是同源詞,需要排除異體字的情況。因爲異體字其實還是一個字、一個詞,無所謂同源與否。

（五）古今詞彙差異

段玉裁具有詞彙史的眼光,注重詞的時代性,在很多地方標記出古今詞彙之别。如:

【甲—鎧】《説文·鎧部》:“鎧，甲也。”段玉裁注:“古曰甲，漢人曰鎧。故漢人以鎧釋甲。”先秦未見“鎧”，表示鎧甲的詞是“甲”，如《左傳·宣公二年》:“于思于思，棄甲復來。”《左傳·成公二年》:“擐甲執兵，固即死也。”清華簡《趙簡子》8—9:“就吾先君襄公，親冒甲胄，以治河濟之間之亂。”新郪虎符（《集成》12108）:“凡興士被甲，用兵五十人以上，［必］會王符，乃敢行之。”“鎧”見於西北漢簡，如居延新簡EPT20.3:“鐵鎧五。”居延新簡EPT59.183:“木質一、白玄甲十三領，革甲六百五十，鐵鎧二千七百一十二。”僞古文《尚書·説命中》:“惟甲胄起戎。”僞孔傳:“甲，鎧。胄，兜鍪也。”孔穎達疏:“經傳之文無鎧與兜鍪，蓋秦、漢已來始有此名，傳以今曉古也。”《周禮·夏官·敘官》:“司甲，下大夫二人，中士八人，府四人，史八人，胥八人，徒八十人。”鄭玄注:“甲，今之鎧也。”賈公彦疏:“今古用物不同，其名亦異。古用皮，謂之甲；今用金，謂之鎧。”西北漢簡多言“革甲”“鐵鎧”，可見此説有據。

【胄—兜鍪—盔】《説文·冃部》:“胄，兜鍪也。”段玉裁注:“古謂之胄，漢謂之兜鍪，今謂之盔。”先秦戰爭金文中表示頭盔的詞是“胄”，如鼬侯鼎（《集成》2457）:“鼬侯獲巢，孚厥金胄，用作旅鼎。”師同鼎（《集成》2779）:“孚戎金胄卅、戎鼎廿、鋪五十、劍廿。”䧹簋（《集成》4322）:“俘戎兵:盾、矛、戈、弓、箙、矢、裨、胄。”“胄”多與“甲”連用。“兜鍪”見於《東觀漢記》《後漢書》等。也叫“鞮鞪”，如《漢書·韓延壽傳》:“被甲鞮鞪居馬上。”顔師古注:“鞮鞪即兜鍪也。”或寫作“鞮瞀”，如《墨子·備水》:“劍甲鞮瞀。”西北漢簡中亦多見“鞮瞀”之名。

或寫作“鞮鍪”,《文選·揚雄〈長楊賦〉》:“鞮鍪生蟣蝨,介冑被霑汗。”李善注:“鞮鍪即兜鍪也。”《戰國策·韓策一》:“甲、盾、鞮鍪、鐵幕、革抉、㕹芮,無不畢具。”鮑彪注:“鍪,兜鍪。”按,當謂“鞮鍪,兜鍪”。“鞮鞏/鞮瞀/鞮鍪”這個詞當始於戰國,漢代音轉爲“兜鍪”。敦煌文獻或作“頭毛”“頭牟”。[①]“盔”則較爲晚起,《正字通·皿部》:“盔,俗呼首鎧曰盔。”金董解元《西廂記諸宮調》卷二:“着綾幡做甲,把鉢盂做頭盔戴着頂上。”明羅貫中《三國演義》第三十回:“三通鼓罷,袁紹金盔金甲,錦袍玉帶,立馬陣前。”

【丁寧—令丁】《説文·金部》:“鈴,令丁也。”段玉裁注:“令丁,疊韻字。《晉語十一》注:‘丁寧,令丁,謂鉦也。’《吴語十九》:‘丁寧,令丁,謂鉦也。’今《國語》皆奪‘令丁’字,而存於《舊音》《補音》。《廣韻》曰:‘鈴似鐘而小。’然則鐲、鈴一物也。古謂之丁寧,漢謂之令丁。”“鈴”這種樂器比“鐸”要小,《説文·金部》:“鐸,大鈴也。軍法:五人爲伍,五伍爲兩,兩司馬執鐸。”徐灝《説文解字注箋》:“鐲、鈴、鉦、鐃、鐸五者,形制皆同,唯鈴、鐸有舌爲異耳。”[②]出土的成周鈴(《銘圖》

① 張涌泉、張小艷、郜同麟《敦煌文獻語言大詞典》,四川辭書出版社,2022年,第544頁。

②《鹽鐵論·利議》:“吴鐸以其舌自破。”説明“鐸”確有舌。“鐸”分“金鐸”與“木鐸”,以其舌的材質劃分,《周禮·天官·小宰》:“徇以木鐸。”鄭玄注:“古者將有新令,必奮木鐸以警衆,使明聽也。木鐸,木舌也。文事奮木鐸,武事奮金鐸。”僞古文《尚書·胤征》:“遒人以木鐸徇于路。”僞孔傳:“木鐸,金鈴木舌,所以振文教。”“木鐸”是木舌,“金鐸”則是金舌。

15956），自名就是“鈴”。“令丁”指的是“鉦”，《說文·金部》：“鉦，鐃也。似鈴，柄中上下通。”“鉦”無舌，“鈴”有舌，大致形體相似，因此援以相釋。“鉦”或稱“丁寧”，“丁寧”是疊韻聯綿詞，“鉦”與“丁”聲近，“鉦”與“寧”韻同，因此“丁寧”當是“鉦”緩讀時所產生。“令丁”是漢人的叫法，但用例甚少。

除了上述例子，還有“昴”與“留”（《說文·日部》：“昴，白虎宿星。”段玉裁注：“古謂之昴，漢人謂之留。”）、“苑”與“囿”（《說文·艸部》：“苑，所㠯養禽獸。”段玉裁注：“是古謂之囿、漢謂之苑也。”）、“臛”與“羹”（《說文·肉部》：“臛，肉羹也。”段玉裁注：“是今謂之臛、古謂之羹。”）等。

另外，段玉裁還喜歡引用方言俗語，多標有“今俗語”“蘇州俗語”“江蘇俗語”“江浙俗語”“江東語”等，也是他關注古今詞彙差異的體現，對我們現在研究方言詞彙不無裨益。

第二節　桂馥與《說文》詞彙研究

桂馥（1736—1805），字冬卉，山東曲阜人。精擅書法與篆刻，兼治小學與金石學。所著《札樸》涉及經史、金石、方言、地理、名物等，涉獵極廣，考證甚精。《說文解字義證》是其《說文》研究的代表作。該書的主要功績是校勘文本、疏通字義，以考證疏釋見長，因此張之洞在《序》中說：“桂氏敷佐許說，發揮旁通，令學者引申貫注，自得其義之所歸。”所引資料極爲廣博，包括傳世經典、金石文物、方言俗語、傳抄古文、名字資料等，有利於我們理解《說文》字義，也有利於辭書編纂，這是該書最大的特點。王力曾指出：“桂書的最大優點是材料豐富，例證對於字義的説明非常重要，惟有例證豐富，然後字的真正含義才能清楚，從例證中還可以證明詞義的時代性。”[①] 這對我們的啓發是，現在疏證《説文》釋義還可以擴大至出土文獻，包括甲骨文獻、銅器文獻、簡帛文獻、璽印文獻等，甚至是各種圖像資料。這樣一方面可以證實《説文》的釋義，另一方面也可以糾正《説文》的釋義。下面分兩個方面舉例説明該書的資料徵引之功。

（一）文獻資料

【謨】《説文·言部》：“謨，議謀也。”桂馥義證：“耿勳碑：‘上納其謨。’”

【趬】《説文·走部》：“趬，走意。”桂馥義證：“石鼓文：‘其來趩趬。’”[②]

【干】《説文·干部》：“干，犯也。”桂馥義證：“《書·牧誓》：‘比爾干。’楚公子比，字子干。”

【釐】《説文·里部》：“釐，家福也。”桂馥義證：“薛尚功《鐘鼎款識》盄和鐘銘：‘以受屯魯多釐。’”[③]

【綽】《説文·素部》：“綽，緩也。”桂馥義證：“《汗簡》‘綽’見《古論語》。馥按，《論語》‘孟公綽’《釋文》：‘本又作綽。’”

---

① 王力《中國語言學史》，中華書局，2013年，第125頁。
② 此爲石鼓文《車工》篇，原文“趩”“趬”下各有重文號，二字分屬不同的短句，亦即“吾毆其特，其來趩趩；趬趬炱炱，即吾即時”。
③ 即秦公鎛（《銘圖》15827）。

【祖】《説文·示部》:“祖，始廟也。”桂馥義證:“《考工記》:‘匠人營國，左祖右社。’注云:‘祖，宗廟。’”

【户】《説文·户部》:“户，護也。半門曰户。”桂馥義證:“《易·節卦》:‘不出户庭。’《詩·豳風》:‘塞向墐户。’《論語》:‘誰能出不由户。’”

【及】《説文·又部》:“及，逮也。”桂馥義證:“《詩·皇皇者華》:‘每懷靡及。’陶潛《歸去來辭》:‘農人告余以春及。’《後漢書·黨錮傳》:‘張儉等八人爲八及。’”

【膺】《説文·肉部》:“膺，胸也。”桂馥義證:“《釋名》:‘膺，壅也，氣所壅塞也。’《漢書》:‘王莽好反膺高視。’字或作膺，漢繁陽令楊君碑:‘膺天鐘慶。’”①

【句】《説文·句部》:“句，曲也。”桂馥義證:“《大戴禮·曾子立事》篇:‘與其倨也，寧句。’《月令》:‘句者畢出。’《漢書·地理志》濟陰郡有冤句縣。”

【益】《説文·皿部》:“益，饒也。”桂馥義證:“《書·大禹謨》:‘謙受益。’《論語》:‘請益。’《易·益卦》釋文:‘益，增長之名。又以宏裕爲義。’應劭《地理風俗記》:‘疆壤益廣，故號益州。’”

【畺】《説文·畕部》:“畺，界也。”桂馥義證:“漢白石神君碑:‘萬壽無畺。’張公神碑:‘畺界家靜。’樊敏碑:‘華南西畺。’朱龜碑:‘綏我土畺。’呂君碑:‘慎守畺易。’字或作疆。《易乾坤鑿度》:‘天有太極，地有太疆。’”

【跛】《説文·足部》:“跛，行不正也。”桂馥義證:“《易·履

① 見於《隸辨》卷二·五十二。

卦》:‘跛能履。’宣十七年《左傳》:‘郤子登，婦人笑於房。’杜云：‘跛而能登階，故笑之。’成元年《穀梁傳》:‘衛孫良夫跛。’”

【過】《説文·辵部》:“過，度也。”桂馥義證：“《易·繫辭》:‘範圍天地之化而不過。’《書·禹貢》:‘東過洛汭，北過洚水。’《檀弓》:‘過之者，俯而就之。’《論語》:‘楚狂接輿歌而過孔子。’又云：‘孔子過之。’又云：‘有荷蕢而過孔氏之門者。’《孟子》:‘三過其門而不入。’又云：‘過我門而不入我室。’”

【寇】《説文·攴部》:“寇，暴也。”桂馥義證：“《書·舜典》:‘寇賊姦宄。’傳云：‘群行攻劫曰寇。’馥案,《魏志》辰韓名賊爲寇。又《費誓》:‘無敢寇攘。’鄭注：‘寇，劫取也。’文七年《左傳》:‘兵作於内爲亂，於外爲寇。’又十年《傳》注云：‘陳楚名司寇爲司敗。’”

【頌】《説文·頁部》:“頌，皃也。”桂馥義證：“漢楊統碑：‘庶考斯之頌儀。’通作容。《冠義》:‘禮文之始，在於正容體。’《玉藻》:‘君子之容舒遲，見所尊者齊遬，足容重，手容恭，目容端，口容止，聲容静，頭容直，氣容肅，立容德，色容莊。’賈誼書：‘容有四起：朝廷之容，師師然翼翼然整以敬；祭祀之容，遂遂然粥粥然敬以婉；軍旅之容，湢然肅然固以猛；喪紀之容，怮然慑然若不還。①《容經》也。’”

（二）方言資料

【斠】《説文·斗部》:“斠，量溢也。”桂馥義證：“今雲南順

① “還”，或據俞樾説改成“遝”。

寧以一斗爲斛。”

【侹】《説文・人部》：“侹……一曰箸地。”桂馥義證：“吾鄉謂倒地臥爲侹。”

【案】《説文・禾部》：“案，轢禾也。”桂馥義證：“言治登場之禾，吾鄉治場謂之案場。”

【僑】《説文・人部》：“僑，高也。”桂馥義證：“北方伎人足繫高竿之上，跳舞作八僊狀，呼爲高橇，當作此僑。”

【餈】《説文・食部》：“餈，稻餅也。”[1]桂馥義證：“俗以九月九日食糕，即餈糕。元日食者，謂之年糕。”

桂馥重視方言俗語，力求本字。其《札樸》卷九爲《鄉里舊聞》，所附《鄉言正字》就專門爲家鄉方言考求本字，分“身體”“飲食”“服飾”“器具”“禾稼”“疾病”“名稱”“雜言”。“身體”如：“頭後曰腦門。頭後骨曰項煩。”“飲食”如：“豆粥曰粖。烝餅曰糗頭。乾煎曰黏餅。”“服飾”如：“兩襠曰背心。婦人懷中小衣曰袜胸。”“疾病”如：“後病曰脱疘。”“名稱”如：“姥曰媽媽。養娘曰嬭子。”

第三節　朱駿聲與《説文》詞彙研究

朱駿聲（1788—1858），字豐芑，江蘇吴縣人。治學極廣，著述甚豐，撰有《六十四卦經解》《尚書古注便讀》《詩傳箋補》

---

① 即糍粑，主要以糯米爲原料，各地做法、叫法略有不同，我們家鄉（寧波象山）謂之“麻糍”。

《儀禮經注》《夏小正補傳》《大戴禮記校正》《説文通訓定聲》《説雅》《天算瑣記》《數度衍約》《戰國策評》等。

《説文通訓定聲》是其《説文》研究的代表作。該書在體例上有所創新，打破了《説文》原有的編排，舍形取聲，貫穿聯綴，分成十八部一千一百三十七母（或統計爲一千一百四十五母）。内容分成“説文”“通訓”“定聲”三部分，詳論字形、字義、字音。他對字義的研究較爲全面，在繼承許慎形訓説解方法的基礎上，深入探討形義關係，頗有發明，並且十分重視引申義與假借義，設有“轉注”“叚借”兩欄，以補許慎專講本義之不足；又專設“聲訓”一欄，收録語源義，與本義、引申義、假借義相區别，做法比較科學。他還關注到特殊詞義，專設“别義”一欄以備查考，研究態度非常謹慎。[①] 該書在文字學、音韻學、訓詁學上均有超高的成就，學者或稱其爲“小學之大成”（朱鏡蓉《後敘》）、“不朽之盛業”（謝增《跋》）。他對詞義的研究較爲全面而科學，具有詞彙學、詞典學上的巨大功績。

其《説雅》一書，纂集《説文》同訓之詞，仿照《爾雅》的形式加以編排。他在書前小序中説：“循《爾雅》之條理，貫許書之説解，五百四十目紀之以形，十八部緯之以聲，十九篇經之以意。”可以説，《説文》是分别部居、以形繫聯，《説文通訓定聲》是舍形取聲、以聲繫聯，《説雅》則是舍形取義、以義繫聯。該書在内容上無所增補考訂，但在形式上有所創新，對研究《説

① 這個做法或許影響了王力，其《王力古漢語字典》有“備考”一欄專收漢字僻義。

文》同義詞是極爲有用的。

由上可見，朱駿聲的《説文》研究呈現出多維度的特點，成就亦是非凡。下面就《説文通訓定聲》一書談談朱駿聲在詞彙學方面的研究。

（一）本義

朱駿聲具有深厚的文字學修養，注重漢字的形義分析。他將本義或訓釋本義稱爲“本訓”，有些地方優於許慎，并未墨守拘泥，且可得到古文字資料的驗證。如：

【履】《説文·履部》：“履，足所依也。从尸、从彳、从夊，舟象履形。一曰尸聲。”朱駿聲謂：“此字本訓踐，轉注爲所以踐之具也。”[①] 此説甚確。“履”本爲踐踏義，動詞，如五祀衛鼎（《集成》2832）：“帥履裘衛厲田四田。”《詩經·小雅·小旻》：“戰戰兢兢，如臨深淵，如履薄冰。”上博簡《子羔》12：“遊於玄咎之内，冬見芺，搴而薦之，乃見人武，履以祈禱。”後來才用來表示鞋子，名詞，如《莊子·讓王》：“原憲華冠縰履，杖藜而應門。”北大秦簡《泰原有死者》“毋決其履，毋毀其器”中“履”也是鞋子義。張家山漢簡《遣册》13—14：“緣履一……漆履一兩。”居延新簡 EN.14：“白革履一兩。”段玉裁宗許慎之説，認爲“引伸之，訓踐”，弄反了順序。

【元】《説文·一部》：“元，始也。从一、从兀。”朱駿聲謂：“當

---

① 爲行文之便，我們引述朱駿聲《説文通訓定聲》時直接簡稱爲“朱駿聲謂”。

訓首也。从古文人、古文上。首於人體最上，故从人上。會意。長者，首髮也，故古文亦从人上，與元同字。《左・襄九傳》：‘元，體之長也。’《儀禮・士冠禮》：‘始加元服。’《左・僖三十三傳》：‘狄人歸其元。’《哀十一傳》：‘歸國子之元。’《孟子》：‘勇士不忘喪其元。’又《禮記・曲禮》：‘牛曰一元大武。’注：‘頭也。’”“元”古文字作“”（《集成》5278）、“”（《合集》19642）、“”（清華簡《四告》1），字形正突出人頭。朱駿聲雖受限於當時所見材料，導致字形分析略有不當，但他結合“元”的早期用例，仍然得出了較爲正確的認識。①

【嗇】《説文・嗇部》：“嗇，愛濇也。从來、从㐭。來者㐭而藏之，故田夫謂之嗇夫。”朱駿聲謂：“此字本訓當爲收穀，即穡之古文也。”“嗇”古文字作“”（《合集》9633）、“”（《合集》21306），从“來”或从二“禾”，皆表示莊稼，許慎認爲“嗇”上部之“來”爲行來之“來”，失之。“嗇”本義爲收莊稼，如《儀禮・少牢饋食禮》：“宰夫以籩受嗇黍，主人嘗之，納諸内。”鄭玄注：“收斂曰嗇，明豐年乃有黍稷也。”出土文獻用例如清華簡《皇門》6：“王邦用寍，小民用叚能稼嗇，咸祀天神，戎兵以能興，軍用多實。”泛指農事，如《史記・殷本紀》：“我君不恤我衆，舍我嗇事而割政。”

【且】《説文・且部》：“且，薦也。从几，足有二横，一其下地也。”朱駿聲謂：“且者，疑即俎之古文。”説“且”是“俎”之古文，可以用古文字形體證明。“且”古文字作“”（《合集》34290），“俎”古文字作“”（《集成》9727），兩者形近，“俎”比“且”多出案俎之足形。“宜”古文字作“”

① 此説或本宋戴侗《六書故》，但較之詳細。

(《合集》6157)、“”(《集成》4320),字形表示案俎上放置着兩塊肉。案俎之形即“且”。上博簡《天子建州》甲 10:“尊且不制事。”“尊且”即“尊俎 / 樽俎”。

【制】《説文·刀部》:“制,裁也。从刀、从未。未,物成,有滋味,可裁斷。一曰止也。㓞,古文制如此。”朱駿聲謂:“以刀斷木,从未猶从木也。木老而堅,中材用,故从未。古文从彡,象斫木紋。《淮南·主術》:‘猶巧工之制木也。’《廣雅·釋詁一》:‘制,折也。’《孟子》:‘可使制挺。’注:‘作也。’”① 此説大體可信,援引《淮南子·主術》《孟子·梁惠王上》作爲本義使用書證亦甚合適,可見“制”之本義確爲截斷,裁衣當爲引申義。他還引用《廣雅·釋詁一》“制,折也”。“制”“折”的關係十分密切,戰國文字中以“折”表“制”的例子很多,兩者可能存在同源關係。

【叟】《説文·又部》:“叟,老也。从又、从灾。”朱駿聲謂:“即搜之古文,从又持火屋下索物也。會意。爲長老之稱者,發聲之詞,非本訓。”此説影響較大,俞樾從其説,其《兒笘録》指出:“因叟字借爲尊老之偁,故又製从手之搜。……然則尊老之偁當作何字?曰:叟下有重文傁,即其字也。”王襄《簠室殷契類纂》正編·十二將甲骨文中的“”(《合集》5624)、“”(《合集》8185)等釋爲“叟”,于省吾、丁山、孫海波、饒宗頤、王獻唐等皆信從朱駿聲的形義分析。② 現在學者一般也都這樣認爲。

此外,朱駿聲對《説文》的理解有些地方要優於段玉裁、桂

① “挺”,同“梃”。

② 于省吾《甲骨文字詁林》,中華書局,1996 年,第 3366 頁。

馥、王筠等人。如“鈁”,《説文·金部》:“鈁，方鐘也。”該字廁於樂器字“鏄”“鏞”“鐘”之後、“鎛”之前，會讓人誤以爲也是樂器，桂馥、王筠無説，段玉裁注:“《廣韻》曰:‘鑊屬。’今義也。”未能釋疑。張舜徽受《説文》體例的影響，認爲“鈁”夾在樂器字“鏄”“鏞”“鐘”“鎛”中間，“則爲樂器固明甚”。[①] 朱駿聲則認爲《説文·金部》“鈁，方鐘也”中的“鐘”當爲“鍾”，即“酒器之方者”。此説甚是。戰國晚期至秦漢時期出土的方形腹壺一般就自名爲“鈁”，如《陶齋吉金録》卷六·十一所收漢元始四年銅鈁:“銅鈁，容六升，重廿九斤。”

圖 1 珍秦齋藏咸陽銅鈁[②]

圖 2 河南洛陽出土銅鈁[③]

① 張舜徽《説文解字約注》(第四册)，華中師範大學出版社，2009 年，第 3451 頁。
② 蕭春源《珍秦齋藏金·秦銅器篇》，澳門基金會，2006 年，第 117 頁。
③ 故宫博物院《故宫青銅器》，紫禁城出版社，1999 年，第 310 頁。

（二）引申義

朱駿聲認爲傳統“六書”中的“轉注”就是引申，他在《通訓》中説：“數字或同一訓，而一字必無數訓。其一字而數訓者，有所以通之也，通其可通，則爲轉注。通其所不通，則爲叚借。如网爲田漁之器，轉而爲車网、爲蛛网，此通以形；又轉而爲文網，此通以意。防爲隄障之偁，轉而爲邨坊、爲埵坊，此通以形；又轉而爲勸防，此通以意。”義位與本義有聯繫，那就是引申，也就是他所謂的“轉注”；如果没有聯繫，則是假借。《轉注》中又重申：“一意之貫注，因其可通而通之，爲轉注。一聲之近似，非其所有而有之，爲叚借。”下面我們舉一些例子。如：

【藥】《説文·艸部》：“藥，治病艸。”朱駿聲謂：“轉注《家語·正論》：‘不如吾聞而藥之也。’注：‘療也。’”“藥”从“艸”，指能够治病的植物，名詞；也可以指治療，動詞。

【根】《説文·木部》：“根，木株也。”朱駿聲謂：“轉注《廣雅·釋詁一》：‘根，始也。’《老子》：‘是謂天地根。’注：‘元也。’”“根”本義爲樹根，引申爲開始、根源。

【仆】《説文·人部》：“仆，頓也。”朱駿聲謂：“轉注《漢書·鄒陽傳》：‘卒仆濟北。’注：‘僵仆也。’”“仆”指頭撞地，頭撞地勢必身體傾倒，後來泛指倒下。

【坐】《説文·土部》：“坐，止也。”朱駿聲謂：“轉注爲坐落之坐，《左·桓十二傳》：‘楚人坐其北門。’注：‘猶守也。’又爲坐罪之坐，《左·昭廿三傳》：‘使與邾大夫坐。’注：‘訟曲直也。’《蒼頡篇》：‘坐，辠也。’”“坐”本義爲跪坐，引申爲鎮守、訴訟、犯罪等。

【涉】《説文·林部》:“涉，徒行濿水也。”朱駿聲謂:“轉注《穀梁·襄二十七傳》:‘與之涉公事矣。’徐邈曰:‘猶歷也。’《漢書·高帝紀》贊:‘涉魏而東，遂爲豐公。’晉灼曰:‘猶入也。’”“涉”爲徒步過水，引申指經歷、涉入等。

【鑠】《説文·金部》:“鑠，銷金也。”朱駿聲謂:“轉注《秦策》:‘秦先得齊、宋，則韓氏鑠。’《莊子·胠篋》:‘下爍山川之精。’又:‘爍絶竽瑟。’《方言》七:‘鑠，摩也。’《廣雅·釋詁三》:‘鑠，磨也。’”“鑠”本謂銷鎔，引申指削弱、消磨等；或作“爍”。

【徑】《説文·彳部》:“徑，步道也。”朱駿聲謂:“轉注《爾雅·釋水》:‘直波爲徑。’《周髀算經》:‘徑隅五。’按，即邪弦也。又‘夏正<至>日道之徑也。’注:‘圓中之直者也。’又《老子》:‘而民好徑。’注:‘邪不平正也。’《荀子·修身》:‘莫徑由禮。’注:‘捷速也。’《性惡》:‘少言則徑而省。’注:‘易也。’《文選·上書諫吴王》:‘徑而寡失。’注:‘直也。’”“徑”本指捷徑、小路，引申指直流的水波、直角三角形的斜邊、圓的直徑，又可以指走近路、抄近道，動詞，還可以表示動作直接簡便、言語直截了當等。

（三）假借義

朱駿聲對本義、引申義與假借義的區别是清楚的，他在《轉注》中舉了“令”的例子:“自公令之，爲本訓，命也；秦郎中令，爲轉注，官也；令聞令望，爲叚借，善也。”許慎解釋“來”時有意牽合來麥之“來”與行來之“來”，段玉裁謂之“引申假借”；

但到朱駿聲這兒，已經徹底分開。如《説文·來部》："來，周所受瑞麥來麰，一來二縫。象芒束之形。天所來也，故爲行來之來。"朱駿聲謂："轉注《説文》：'來麰，天所來也，故爲行來之來。'《爾雅·釋詁》：'來，至也。'駿按，往來之來，正字是麥；菽麥之麥，正字是來。三代以還，承用互易。"雖然這幾句話放在"轉注"一欄下，但從其言説内容尤其是"正字"這個術語看，説明他認爲"來""麥"互用是出於假借。

但有時他也感到引申與假借不容易區分。如《説文·川部》："川，貫穿通流水也。"朱駿聲謂："轉注《北山經》：'倫山有獸焉，其川在尾上。'注：'竅也。'按，竅者，物身之水道也。或曰：'借爲穿。'"他認爲"川"訓爲"竅"，可能是"川"之水道義的引申。但同時也引了假借説，這表明他對此問題尚未有定見，在引申與假借之間猶豫不決。[①] 又《説文·鼠部》："鼠，穴蟲之總名也。"朱駿聲謂："轉注《詩·雨無正》：'鼠思泣血。'箋：'憂也。'按，鼠晝伏夜動，多畏者也。"老鼠的"鼠"與憂鼠之"鼠"難以聯繫，一般還是以假借視之。

有時他又把假借看得太寬。如《説文·貝部》："貸，施也。"朱駿聲謂："叚借爲貣，《廣雅·釋詁二》：'貸，借也。'""貸""貣"實爲分化關係，並非假借。又《説文·犬部》："臭，禽走臭而知其迹者，犬也。"朱駿聲謂："叚借爲殠，《後漢書·梁鴻傳》：'愍芳香兮日臭。'注：'敗也。'""臭"之動詞嗅聞義轉爲名詞氣味義，

① 也有學者如郝懿行、王引之等認爲"川"即"州"之訛字，"州"訓爲"竅"，如《爾雅·釋畜》："白州，驠。"郭璞注："州，竅。"

本是上位概念，兼有香臭義，後來詞義縮小，專表下位概念香臭之“臭”，“殠”是爲這個意義而造的，兩者非假借。

朱駿聲在實踐考證時雖會犯難犯錯，但在理論上是非常清楚的。如前文提到的，他在《通訓》中說：“其一字而數訓者，有所以通之也，通其可通，則爲轉注。通其所不通，則爲叚借。”又如他在《叚借》中說“夫叚借之原三：有後有正字、先無正字之叚借，如爰古爲車轅，洒古爲灑埽；有本有正字、偶書他字之叚借，如古以堲爲疾，古以莫爲蔤；有承用已久、習訛不改、廢其正字、嫥用別字之叚借，如用草爲艸，用容爲頌也”，將假借的情況分成三種，即：先無正字，後有正字；本有正字，偶書他字；承用已久，專用別字。他在書中設列“叚借”一欄，專門收集或考證相關例子，範圍甚廣，數量甚多，這對於我們訓釋古代文獻、探討字詞關係、編纂字典辭書等大有幫助。[①] 下面再舉一些例子。如：

【怠】《説文·心部》：“怠，慢也。”朱駿聲謂：“叚借爲殆，《方言》六：‘怠，壞也。’”

【孜】《説文·支部》：“孜，汲汲也。”朱駿聲謂：“叚借爲仔，

① 朱駿聲把形訛的情况也收入此欄，如《説文·貝部》：“責，求也。”朱駿聲謂：“叚借爲貨，《穆天子傳》：‘債車受載。’按，貨之誤字。”《説文·口部》：“哇，諂聲也。”朱駿聲謂：“叚借爲吐，按，《孟子》：‘出而哇之。’《論衡·刺孟》正作吐。《莊子·大宗師》：‘其嗌言若哇。’皆吐字之形誤。”《説文·示部》：“祼，灌祭也。”朱駿聲謂：“叚借《周禮·鬯人》：‘凡祼事用概。’鄭謂埋字之誤。”《説文·京部》：“京，人所爲絶高丘也。”朱駿聲謂：“叚借又爲原之誤字。《禮記·檀弓》：‘以從先大夫于九京也。’《晉語》：‘趙文子與叔向游于九京。’”此種處理不太妥當，完全可以另設“訛誤”一欄。

《説苑·君道》：‘弗時孜肩。’”

【灸】《説文·火部》：“灸，灼也。”朱駿聲謂：“叚借爲久，《考工·廬人》：‘灸諸墻。’注：‘猶柱也。’”

【胎】《説文·肉部》：“胎，婦孕三月也。”朱駿聲謂：“叚借爲鮐，孔耽碑：‘背有胎文。’又爲駘，《方言》十三：‘胎，逃也。’按，銜脱則馬逃。”

【异】《説文·廾部》：“异，舉也。”朱駿聲謂：“叚借爲異，《列子·楊朱》：‘何以异哉？’《魏都賦》：‘异乎交益之士。’注：‘異也。’”

【喿】《説文·品部》：“喿，鳥群鳴也。”朱駿聲謂：“叚借爲銚，《方言》五：‘臿，趙、魏之間謂之喿。’注：‘亦作鍫。’《廣雅·釋詁三》：‘喿，臿也。’”

【佳】《説文·人部》：“佳，善也。”朱駿聲謂：“叚借託名幖幟字，《東京賦》注：‘佳已，帝魁之母也。’”①

【可】《説文·可部》：“可，肯也。”朱駿聲謂：“叚借爲娿，《禮記·内則》：‘擇於諸母與可者。’注：‘可者，傅御之屬也。’”

【窺】《説文·穴部》：“窺，小視也。”朱駿聲謂：“叚借爲跬，《漢書·息夫躬傳》：‘未有能窺左足而先應者也。’又重言形况字，《荀子·非十二子》：‘瞡瞡然。’注：‘小見之皃。’”

【議】《説文·言部》：“議，語也。”朱駿聲謂：“叚借爲儀，《易·繫辭傳》：‘議之而後言。’《鄭語》：‘伯翳能議百物。’”

---

① 託名幖幟字，指人名、地名、國名等，朱駿聲認爲這些字皆非用其本義，都應看作假借。

【仕】《説文·人部》:“仕,學也。”朱駿聲謂:“段借爲事,《詩·四月》:‘盡瘁以仕。’箋:‘事也。’《文王有聲》:‘武王豈不仕。’傳:‘事也。’又爲司,《詩·節南山》:‘弗問弗仕。’箋:‘察也。’”

【我】《説文·戈部》:“我,施身自謂也。”朱駿聲謂:“段借爲俄,《説文》或説:‘我,頃頓也。’又爲義,齊闞止字子我,猶高止字子容也。又爲餓,《莊子·山木》:‘吾無糧,我無食。’又發聲之詞,《説文》:‘身自謂也。’按,如卬、台、朕、陽之比。《易》:‘觀我生。’虞注:‘身也。’”

(四)方言俗語

和段玉裁一樣,朱駿聲也喜歡引用方言俗語,尤其是蘇州方言,多言稱“蘇俗”。如:

【湒】《説文·水部》:“湒,灩也。”朱駿聲謂:“蘇俗音轉如衮。”

【溲】《説文·水部》:“溲,浸沃也。”朱駿聲謂:“蘇俗言溲粉、溲麵皆是。”

【蔫】《説文·艸部》:“蔫,菸也。”朱駿聲謂:“今蘇俗謂物之不鮮新者曰蔫。”

【笋殼】《説文·竹部》:“箬,竹箬也。”朱駿聲謂:“蘇俗謂之笋殼。”

【編笄】《説文·竹部》:“筐,取蟣比也。”朱駿聲謂:“蘇俗謂之編笄是也。”

【秀頂】《説文·禿部》:“禿,無髮也。”朱駿聲謂:“今蘇俗老而秃頂曰秀頂。”

【吊子】《説文·皿部》：“盄，器也。”朱駿聲謂：“今蘇俗煎茶器曰吊子，即此盄字。”

【魁首】《説文·頁部》：“顝，大頭也。”朱駿聲謂：“今俗凡言大曰魁首，當作此顝字。”

【匡當】《説文·木部》：“櫎，筐當也。”朱駿聲謂：“今蘇俗謂物之腔子曰匡當。”

【搭棚】《説文·木部》：“棚，棧也。”朱駿聲謂：“今蘇俗諺語曰搭棚，蓋空中樓閣之謂。”

【木鎖】《説文·木部》：“楗，限門也。”朱駿聲謂：“今蘇俗謂之木鎖，其牝爲管爲閉，其牡爲楗。”

【籰頭】《説文·竹部》：“籰，收絲者也。”朱駿聲謂：“今蘇俗謂之籰頭，有車曳者，有手轉者。”

【磊竨】《説文·立部》：“竨，磊竨，重聚也。”朱駿聲謂：“今蘇俗尚有此語，其音如磊堆。”

【鑷子】《説文·竹部》：“籋，箝也。”朱駿聲謂：“凡脅持物，以竹曰籋、曰箝；以鐵曰鑈、曰鉗、曰鈷、曰鉺。蘇俗謂之鑷子。”

【楦頭】《説文·木部》：“楥，履法也。”朱駿聲謂：“蘇俗謂之楦頭，削木如履，置履中，使履成如式，平直不皺。”

【冷狧狗】《説文·犬部》：“狧，犬食也。”朱駿聲謂：“蘇俗謂犬不吠而猝噬人曰冷狧狗。”

【臂撑子】《説文·肉部》：“肘，臂節也。”朱駿聲謂：“吾蘇俗謂之臂撑子。”

【鬥雞眼】《説文·人部》：“倸，左右兩視。”朱駿聲謂：“蘇俗謂之鬥雞眼。”

【瞟白眼】《説文·目部》：“瞟，瞭也。”朱駿聲謂：“今俗語謂邪視曰瞟白眼。”

【膀牽筋】《説文·足部》：“跔，天寒足跔也。”朱駿聲謂：“蘇俗所謂膀牽筋。”

【隔生飯】《説文·皀部》：“皀，飯剛柔不調相著。”朱駿聲謂：“蘇俗謂之隔生飯。”

【門印子】《説文·木部》：“椳，門樞謂之椳。”朱駿聲謂：“淵中以居樞，蘇俗謂之門印子。”

【白蒲棗】《説文·木部》：“樸，棗也。”朱駿聲謂：“今蘇俗稱御棗曰白蒲棗，白蒲即枹樸之轉語也。”

【積受罐】《説文·缶部》：“缿，受錢器也。……古以瓦，今以竹。”朱駿聲謂：“瓦者，如今之撲滿，蘇俗謂之積受罐。竹者，如蘇俗市中錢筩。皆爲小孔，錢入而不可出。”

【礱糠】【糠】《説文·禾部》：“糠，穀皮也。”朱駿聲謂：“今蘇俗穀皮之粗大者曰礱糠，米皮之粉細者曰糠。”

【茶匙】【湯匙】【調羹】【飯橾】《説文·匕部》：“匙，匕也。”朱駿聲謂：“蘇俗所謂茶匙、湯匙、調羹、飯橾者也。古人取飯載牲之具，其首必鋭而薄，可挹亦可刺，故矢鏃曰匕劍、曰匕首。”

當然有些不是方言俗語，但是當時的流行説法，反映了朱駿聲對古今詞彙差異的認識。如《説文·黑部》：“黳，小黑子。”朱駿聲謂：“古謂之黶子，今謂之痣。”又《説文·木部》：“柭，棓也。”朱駿聲謂：“如今馱鞍。”又《説文·魚部》：“鮒，魚名。”朱駿聲謂：“今之鰌魚。”

另外，我們前面提到段玉裁也喜歡引用方言俗語，他與朱駿聲都是江蘇人，因此所引方言俗語亦可比較合觀。如《説文·尣部》："尲，尲尬，行不正也。"段玉裁注："今蘇州俗語謂事乖剌者曰尲尬。"朱駿聲謂："今蘇俗謂事乖剌難處曰尷尬，字俗作尷。"又《説文·水部》："涫，灊也。"段玉裁注："今江蘇俗語灊水曰滚水，滚水即涫，語之轉也。"朱駿聲謂："蘇俗音轉如衮。"二人所言大致相合。又《説文·肉部》："肘，臂節也。"段玉裁注："肘，今江蘇俗語曰手臂擃注是也。"朱駿聲謂："吾蘇俗謂之臂撑子。"二人所記略有差異。

（五）詞義辨析

朱駿聲雖然没有像段玉裁那樣系統性地運用"渾言—析言""對文—散文"這類術語對詞義進行辨析，但他對義同義近之詞也是非常關注的。《説雅》是利用《説文》同訓進行類聚，未作區分考證；《説文通訓定聲》則有不少簡要的辨析。如：

【飶—苾】《説文·食部》："飶，食之香也。"朱駿聲謂："草香曰苾，食香曰飶。"

【關—閉】《説文·門部》："關，以木横持門户也。"朱駿聲謂："豎木爲閉，横木爲關。"

【民—氓】《説文·民部》："民，衆萌也。"朱駿聲謂："土箸者曰民，外來者曰氓。"

【肘—掔】《説文·手部》："肘，臂節也。"朱駿聲謂："其内曰掔，其外曰肘。"

【根—柢】《説文·木部》:“柢，木根也。”朱駿聲謂:“蔓根爲根，直根爲柢。”

【了—尥】《説文·了部》:“了，尥也。”朱駿聲謂:“手之攣曰了，脛之㲻曰尥。”

【質—贅】《説文·貝部》:“質，以物相贅。”朱駿聲謂:“以錢受物曰贅，以物受錢曰質。”

【籩—豆】《説文·竹部》:“籩，竹豆也。”朱駿聲謂:“豆盛溼物，籩盛乾物。豆重而籩輕。”

【梃—竿—莛】《説文·木部》:“梃，一枚也。”朱駿聲謂:“竹曰竿，艸曰莛，木曰梃。”

【戰—瞂—櫓】《説文·戈部》:“戰，盾也。”朱駿聲謂:“小者曰戰，中者曰瞂，大者曰櫓，總名曰盾。”

【髺—鬠—髼】《説文·髟部》:“鬠，屈髮也。”朱駿聲謂:“歛其髮曰髺；盤其髮曰鬠；歛之而盤之，盤之而簪之，既成曰髼。”

第四節　王筠與《説文》詞彙研究

王筠(1784—1854)，字貫山，山東安丘人。著有《説文釋例》《文字蒙求》《説文繫傳校録》《説文解字句讀》等，其中《説文釋例》《説文解字句讀》是其《説文》研究的代表作。《説文釋例》成書較早，專講《説文》體例，條理明晰，細緻深入，有不少發明創造。《説文解字句讀》主要擇取嚴可均《説文校議》、段玉裁《説文解字注》、桂馥《説文解字義證》三家著作增删改定而成，以便初學者入門之用，故稱“句讀”。但有些校勘考訂、疏證釋義，實已超過“句讀”。這裏簡單談幾點其詞彙學方面的研究。

（一）聯綿詞

王筠專門收集過雙聲疊韻的資料，其在《説文釋例》卷十二《雙聲疊韻》中説：“梵書有二合音，吾儒未嘗無也。彼有二合音，不復有兩字分其音，是以長存也。吾儒有二合音，又有兩字分寄其音，是以沿襲而不覺也，雙聲疊韻非乎？茨，蒺藜也；茨、蒺雙聲，茨、藜疊韻。之于，諸也；諸、之雙聲，諸、于疊韻。經典中形容之詞，如窈窕、參差之等，莫不皆然。”“參差”雙聲，“窈窕”疊韻，各自本記録一個語素，是雙音節單純詞，亦即聯綿詞。他輯録了大量此類例子：“雙聲之爲人名者，伊尹也，嫫母也，王育也，譚長也。其爲物名者，螮蝀，虹也，是天類也。唐庩，石也，是地類也。鏞銻，火齊也，是寶器也。其在毛物，則騊駼也。其在羽物，則鸝離也。嬰薁、荎藸、藷蔗，皆植物也。……疊韻之爲物名者，在地則巀嶭之大山，附婁之小山，女墻之名俾倪也。在人則嬰娸也，嫛婗之爲嬰兒也，髑髏之爲首骨也。其在動物，解廌、委虒、觰拏、觪令，皆獸也。鸑鷟、刀鷯、鷦鷯、舊留、鵅鵙，皆鳥也。……”把雙聲疊韻集爲一篇，頗便閲讀。但是他最後總結説：“聖人正名百物，大物皆一字爲名，小物乃兩字爲名，其尤不足道者，乃以雙聲疊韻爲名。”這種看法恐怕並不符合實際。

王筠重視聯綿詞，《説文解字句讀》不少地方都標記出“雙聲”或“疊韻”字樣。如《説文・口部》：“呝，喔也。”王筠句讀：“二字雙聲。”《説文・示部》：“禍，害也。”王筠句讀：“禍、害，雙聲。"《説文·走部》:"走，趨也。"王筠句讀:"走、趨，亦疊韻字。"《説文·馬部》:"駧，馳馬洞去也。"王筠句讀:"洞、駧，疊韻。"《説文·丰部》:"丰，艸盛丰丰也。"王筠句讀:"丰、豐，疊韻。"這樣標記的目的或原因是探求音義關係。如《説文·走部》:"赾，緣大木也。"王筠句讀:"赾與趫雙聲，故得此義。""趫"的意思與"赾"確實相似，《説文·走部》:"趫，善緣木走之才。"王筠點出兩者"雙聲"，又説"故得此義"，顯然是覺得兩者音義都有聯繫，實際上這已是在進行同源詞的研究。

他還根據聯綿詞的知識來校勘《説文》脱誤。如《説文·走部》:"趁，擅也。"王筠句讀:"有捝文。《集韻·十七真》:'趁，知鄰切，趁擅，行不進皃。'"《説文·走部》:"擅，趁也。"王筠句讀:"以《馬部》駗驙例推之，此當作趁擅也。"《説文釋例》卷十二《捝文》謂:"趁擅雙聲，乃形容之詞，不當割裂，且當更有釋義之詞。"

（二）漢代詞彙

王筠注重詞的時代性，尤其是漢代詞彙，指出"許君説解多漢時恒言"（《説文解字句讀·凡例》）、"漢人解經用漢語"（《説文·冂部》"央"字句讀），經常説到"漢名""漢語""漢人語""漢時語""漢時恒言"等。如:

【船】《説文·舟部》:"舟，船也。"王筠句讀:"以漢名釋古名也，經不言船。"

【除】《説文·𨸏部》:"除，殿陛也。"王筠句讀:"除，亦漢名。”

【匹】《説文・匸部》:“匹，四丈也。”王筠句讀:“古之布帛，自兩頭卷之，一匹兩卷，故古謂之兩，漢謂之匹也。”

【幢】《説文・羽部》:“翳，華蓋也。”王筠句讀:“翳、翿皆古名，幢則漢名。”《説文・㫃部》:“旄，幢也。”王筠句讀:“以漢名釋古名，取其易曉也，故《巾部》不收幢字。”

【比】【梳】《説文・竹部》:“笸，取蟣比也。”王筠句讀:“笸者，古名；比者，漢名。比者，漢字；篦者，六朝字也。”《説文・木部》:“櫛，梳比之總名也。”王筠句讀:“漢時曰梳曰比者，周秦統謂之櫛也。”

【柘桑】《説文・木部》:“柘，柘桑也。”王筠句讀:“柘桑者，漢人語也。”

【令甓】《説文・瓦部》:“甓，瓴甓也。”王筠句讀:“瓴，當作令。……令甓，爲漢名。”

【搯捾】《説文・手部》:“捾，搯捾也。”王筠句讀:“搯捾，蓋漢時恒言，乃複語也。”

【行馬】《説文・木部》:“梐，行馬也。”王筠句讀:“以漢名釋古名也。”

【叡叔】《説文・奴部》:“叡，叡叔，探堅意也。”[①] 王筠句讀:“蓋漢時語。”

【校獵】《説文・犬部》:“獵，校獵逐禽也。”王筠句讀:“以校獵説獵者，以漢語釋古語也。”

---

① 此處文本有出入，這裏引王筠校本。小徐本則爲:“叡，叡叔，深堅意。”

【訑叕】《説文·言部》：“訑，扣也。如求婦先訑叕之。”王筠句讀：“蓋漢時恒言，亦叩問之意。”

【𤋱燎】《説文·炙部》：“𤎰，炙也。从炙，尞聲。讀若𤋱燎。”王筠句讀：“𤋱燎，蓋漢時恒言也，因有此讀。”

【時加丑】《説文·丑部》：“丑，紐也。十二月，萬物動，用事。象手之形。時加丑，亦舉手時也。”王筠句讀：“云時加丑者，漢人語也。”

（三）分別文與滋生詞

王筠在《説文釋例》卷八中提出了“分別文”“累增字”的概念，他説：“字有不須偏旁而義已足者，則其偏旁爲後人遞加也。其加偏旁而義遂異者，是爲分別文。其種有二：一則正義爲借義所奪，因加偏旁以別之也；一則本字義多，既加偏旁，則只分其一義也。其加偏旁而義仍不異者，是謂累增字。其種有三：一則古義深曲，加偏旁以表之者也；一則既加偏旁，即置古文不用者也；一則既加偏旁而世仍不用，所行用者反是古文也。”這段話主要論述文字的分化現象。按照現在的認識，加注意符有三種情况：其一，爲本義加注意符；其二，爲引申義加注意符；其三，爲假借義加注意符。[1]

① 爲假借義加注意符，王筠有時也稱“後起之專字”，可參“韘”“軾”“甥”“坩”“廑”“滇”“痍”“嶷”“蔕”“鬓”等字説解。裘錫圭稱爲“後起本字”，參見裘錫圭《文字學概要》(修訂本)，商務印書館，2013年，第177、221、245頁。這些論述其實也可以看成王筠在字詞關係上的研究與認識。

從詞的角度來説，爲本義或假借義加注意符，前後仍是一個詞；但爲引申義加注意符，前後就是兩個詞。光景之“景”引申爲陰影義（《集韻》於境切），後來加注“彡”旁變成“影”。從字的角度説，“景”與“影”是母字與分化字；從詞的角度説，“景”與“影”是母詞與滋生詞。王筠所標記的“分別文”中，有一類情况就是這樣的。如：

【丩—糾】《説文·丩部》：“丩，相糾繚也。”王筠句讀：“以糾説丩，以見糾爲丩之分別文也。”《説文·糸部》：“糾，繩三合也。”糾繚義與繩子義相因，“糾”爲“丩”之引申義而造。

【取—娶】《説文·女部》：“娶，取婦也。”王筠句讀：“以取釋娶，明娶爲取之分別文也。”《説文·又部》：“取，捕取也。”“取”之捕取義，引申爲獲取、擇取，再引申爲娶妻，如《周易·蒙》：“勿用取女，見金，夫不有躬，無攸利。”《詩經·豳風·伐柯》：“取妻如何？匪媒不得。”九店簡 13：“凡建日，大吉，利以取妻、祭祀、築室、立社稷、帶劍、冠。”“娶”爲“取”之取妻義而造。

【臭—殠】《説文·歺部》：“殠，腐氣也。”王筠釋例：“殠爲臭之分別文。”並且説：“古者臭爲氣之總稱，不分美惡。”我們在上一節討論朱駿聲《説文通訓定聲》時已經指出，“臭”作爲名詞的氣味義，本是上位概念，兼有香臭義，後來詞義縮小，專表下位概念香臭之“臭”，“殠”專爲此義而造。

王筠還將“弟”與“娣”視爲分別文，這個例子與上述三例略有不同，可以重點討論一下。《説文·女部》：“娣，女弟也。”王筠句讀：“娣者弟之分別文也。”“弟”本次弟義，《説文·弟部》：

“弟，韋束之次弟也。”引申表示兄弟之“弟”，《爾雅·釋親》：“男子先生爲兄，後生爲弟。”同時也表示女弟之“弟”，亦即妹妹，如《孟子·萬章上》：“彌子之妻與子路之妻，兄弟也。”《史記·管蔡世家》：“蔡侯怒，嫁其弟。”司馬貞索隱：“弟，女弟。”《漢書·樊噲傳》：“噲以呂后弟呂須爲婦，生子伉。”“娣”爲女弟之“弟”而造，標記了性别，但“娣”與“弟”同音。這與現代漢語中“他”“她”“它”的情況很像，是用不同的字來表示同一個詞的不同用法。[1] 三者讀音完全相同，都是第三人稱代詞，雖適用對象有差異，但一般還是認爲是一個詞。還能想到的例子是，金文中“媵”或从女（如《集成》3815“”），或从士（如《集成》10267“”），《詩經·小雅·我行其野》“求爾新特”孔穎達疏：“媵之名不專施妾，凡送女適人者，男女皆謂之媵。”因此从“女”和从“士”有性别區分，亦即陪嫁之女、陪嫁之士（男子）。[2] 从“貝”的“媵”也很常見（如《集成》3974“”），這個字形側重於陪嫁之物。這三個字音義相同，意符小異，但還是一個詞。“弟”“娣”本該與此同理，只是後來人們可能覺得差異較大，把“弟”“娣”視爲兩個詞。[3]

---

① 裘錫圭《文字學概要》（修訂本），商務印書館，2013 年，第 232—233 頁。

② 从“士”的“媵”舊釋爲“媵”，周飛對此作了考證，認爲从“士”起到表意作用，參見周飛《談金文中媵的幾種異體》，復旦大學出土文獻與古文字研究中心網站，http://fdgwz.org.cn/Web/Show/753，2009 年 4 月 20 日。

③ 這一看法主要蒙鄔可晶提示。

小　結

《説文》“四大家”在《説文》研究上取得了極高的成就，解決了一系列文字學、音韻學、訓詁學上的問題；而且關注語言本身，不僅重視意義類型，還注重字際關係、字詞關係、詞際關係、時空關係等。他們的觀點與論著，對現在研究《説文》詞彙非常具有啓發性。我們應該充分吸收《説文》“四大家”的成果，有機結合新材料、新學説，更爲科學地研究《説文》詞彙，以推進新世紀説文學的發展。

第二章 《説文》詞彙概況

《説文》是一部字書，但文字是記録語言的，站在語言的角度看,《説文》也是一部詞典，保存了大量的先秦兩漢詞彙。以《説文》爲基礎來研究文字學，主要考察被訓釋的字；同樣，以《説文》爲基礎來研究詞彙學，主要考察被訓釋的字所記録的詞。但訓釋語言或説解語言也不應完全忽視，因爲《説文》是面向社會大衆的，需要遵循語言的社會性，所以訓釋語言或説解語言反映了許慎生活的時代的語言情況，也是重要的語料。這樣來考察才會比較全面。但限於時間與精力，本書僅以《説文》字頭之詞爲主要的研究對象，個别地方會照顧説解之詞。

第一節 《説文》詞彙的形式

（一）《説文》中的單音節詞

《説文》中絶大多數是單音節詞，一個詞往往用一個漢字來記録。先秦至秦漢雖然雙音節詞逐漸增多，但是單音節詞仍然占據主體。如：

【石】《説文·石部》："石，山石也。"意思是石頭，用例如《周易·困》："困于石，據于蒺藜。"《詩經·小雅·鶴鳴》："它山之石，可以攻玉。”《詩經·小雅·漸漸之石》：“漸漸之石，維其高矣。”上博簡《魯邦大旱》4：“夫山，石以爲膚，木以爲民。”

【本】《説文·木部》：“本，木下曰本。”意思是樹根，用例如《詩經·大雅·蕩》：“枝葉未有害，本實先撥。”《國語·晉語八》：“枝葉益長，本根益茂。”

【引】《説文·弓部》：“引，開弓也。”意思是開弓，用例如《莊子·田子方》：“列禦寇爲伯昏无人射，引之盈貫。”《孟子·盡心上》：“羿不爲拙射變其彀率，君子引而不發，躍如也。”

【相】《説文·目部》：“相，省視也。”意思是仔細看，用例如《尚書·無逸》：“相小人，厥父母勤勞稼穡，厥子乃不知稼穡之艱難。”《史記·周本紀》：“及爲成人，遂好耕農，相地之宜，宜穀者稼穡焉。”

【解】《説文·角部》：“解，判也。”意思是分解，用例如《墨子·節葬》：“昔者越之東有輆沐之國者，其長子生，則解而食之，謂之宜弟。”《左傳·宣公四年》：“宰夫將解黿。”《莊子·養生主》：“庖丁爲文惠君解牛。”

【禄】《説文·示部》：“禄，福也。”意思是福祉，用例如《詩經·大雅·既醉》：“天被爾禄。”《儀禮·少牢饋食禮》：“使女受禄于天，宜稼于田。”《戰國策·趙策二》：“臣無隱忠，君無蔽言，國之禄也。”

（二）《説文》中的雙音節詞

除了單音節詞，《説文》中也有雙音節詞，這裏主要指雙音節單純詞。如：

【薢茩】《説文·艸部》："薢，薢茩也。"《説文·艸部》："茩，薢茩也。"

【荎藸】《説文·艸部》："荎，荎藸，艸也。"《説文·艸部》："藸，荎藸也。"

【鴛鴦】《説文·鳥部》："鴛，鴛鴦也。"《説文·鳥部》："鴦，鴛鴦也。"

【鸚鴞】《説文·鳥部》："鸚，鸚鴞，能言鳥也。"《説文·鳥部》："鴞，鸚鴞也。"

【趑趄】《説文·走部》："趑，趑趄，行不進也。"《説文·走部》："趄，趑趄也。"

【秎穙】《説文·禾部》："秎，秎穙，穀名。"《説文·禾部》："穙，秎穙也。"

【鍡鑸】《説文·金部》："鍡，鍡鑸，不平也。"《説文·金部》："鑸，鍡鑸也。"

【鋃鐺】《説文·金部》："鋃，鋃鐺，瑣也。"《説文·金部》："鐺，鋃鐺也。"

【驒騱】《説文·馬部》："驒，驒騱，野馬也。"《説文·馬部》："騱，驒騱馬也。"①

【駃騠】《説文·馬部》："駃，駃騠，馬父贏子也。"②《説文·馬部》："騠，駃騠也。"

---

① "馬"字疑衍，段注本無"馬"字。

② 段玉裁注："蓋當作'馬父驢母贏也'六字。"

【鼅鼄】《説文・黽部》:“鼅,鼅鼄,鼄也。”《説文・黽部》:“鼄,鼅鼄也。”

【嫛娩】《説文・女部》:“嫛,娩也。”①《説文・女部》:“娩,嫛娩也。”

【醔醶】《説文・酉部》:“醔,醔醶,榆醬也。”《説文・酉部》:“醶,醔醶也。”

【蝄蜽】《説文・虫部》:“蝄,蝄蜽,山川之精物也。”《説文・虫部》:“蜽,蝄蜽也。”

【蚣蝑】《説文・虫部》:“蚣,蚣蝑,以股鳴者。”《説文・虫部》:“蝑,蚣蝑也。”

【蝙蝠】《説文・虫部》:“蝙,蝙蝠也。”《説文・虫部》:“蝠,蝙蝠,服翼也。”

【邯鄲】《説文・邑部》:“邯,趙邯鄲縣。”《説文・邑部》:“鄲,邯鄲縣。”

【珊瑚】《説文・玉部》:“珊,珊瑚,色赤,生於海,或生於山。”《説文・玉部》:“瑚,珊瑚也。”

這些例子前後兩個漢字所代表的音節多爲雙聲或疊韻,一般稱爲聯綿詞。釋義上必須將前後兩字結合在一起作爲整體才能讓人明白。如“蝙蝠”,《方言》卷八:“蝙蝠,自關而東謂之服翼,或謂之飛鼠,或謂之老鼠,或謂之䍡鼠。自關而西秦隴之間謂之蝙蝠。北燕謂之蟙蠌。”實際用例如《易林・豫之小畜》:“蝙蝠夜藏,不敢晝行。”《抱朴子・仙藥》:“千歲蝙蝠,色白如雪,集

① “娩”前疑脱“嫛”字,段注本補“嫛”字。

則倒縣，腦重故也。”出土文獻中或作“扁幅”“扁輻”“扁蝠”，如嶽麓秦簡［陸］111/1938：“□曰：燕、顫鶉、扁幅泥幔宮上，其令諸宮皆羅去之，勿令泥幔，以爲恒。”馬王堆帛書《五十二病方》445/435：“□蠱者：燔扁輻以荊薪，即以食邪者。”周家臺秦簡《病方及其它》321：“人所恒吹者，上橐莫以丸礜，大如扁蝠矢而乾之。”“蝙蝠”與“扁幅”“扁輻”“扁蝠”都是同一個詞的不同書寫形式，但“蝙蝠”這種寫法大概略晚。裘錫圭指出：“爲雙音節語素造的形聲字，往往是通過加偏旁或改偏旁等辦法，由假借字改造而成的。”[①] 如“徜徉”本作“尚羊”，“蜈蚣”本作“吴公”“蜈公”，“鶬鶊”本作“倉庚”“倉鶊”，“瑇瑁”本作“毒冒”，“婀娜”本作“阿那”，“騄駬”本作“緑耳”“騄耳”，“葡萄”本作“蒲陶”“蒲萄”，等等。[②]“蝙蝠”與“扁幅”“扁輻”“扁蝠”也屬於這種情況。“蝙蝠”還可以省稱爲“蝠”，出現的時代較晚，如宋李石《續博物志》卷十：“燕避戊己，蝠伏庚申。”明李時珍《本草綱目·禽部·伏翼》：“或云鼉蝨化蝠，鼠亦化蝠，蝠又化魁蛤，恐不盡然。”

有的例子前後兩個漢字所代表的音節既不雙聲也不疊韻，像“鸚鴞”“駃騠”“嫛婗”“珊瑚”等，有些學者認爲也是聯綿詞，如徐振邦指出：“確定聯綿詞的範圍，標準是雙音詞的兩個音節是一個詞素還是兩個詞素。”[③] 如“嫛婗”，《説文·女部》“嫛，婗

---

① 裘錫圭《文字學概要》（修訂本），商務印書館，2013年，第19頁。
② 以上例子參見裘錫圭《文字學概要》（修訂本），商務印書館，2013年，第19、177、224頁。
③ 徐振邦《聯綿詞大詞典》，商務印書館，2013年，第4頁。

也”上疑脱“嫛”字，本當爲“嫛，嫛婗也”，段玉裁注：“嫛婗合二字爲名，不容分裂。”《釋名·釋長幼》：“人始生曰嬰兒，或曰嫛婗。”王筠句讀：“《雜記》云：‘中路嬰兒失其母。’鄭注：‘嬰猶鷖彌也。’《孟子》：‘反其旄倪。’趙注：‘倪，弱小緊倪者也。’案鷖彌、緊倪，皆嫛婗之借字。……大約疊韻雙聲，皆不可以義求之。”朱駿聲謂：“嫛婗，雙聲連語，即嬰兒之音轉。”按照現在的古音分部來看，“嫛”古音在影母脂部，“婗”古音在疑母支部，兩者没有嚴格的雙聲或疊韻關係，但這不妨礙把“嫛婗”判定爲聯綿詞。該詞見於郭店簡《語叢四》。

《説文》中有些聯綿詞以單字的形式出現，並不是前後二字連續出現、釋義前後相連而言。如《説文·木部》：“枇，枇杷，木也。”“枇杷”是一種水果，《廣韻·脂韻》：“枇，枇杷，果木，冬花夏熟。”漢司馬相如《上林賦》：“枇杷橪柹，楟奈厚朴。”按照《説文》慣例，“枇”下應該緊接着説解“杷”，亦即當説：“杷，枇杷也。”但實際情況是，“杷”遠在“枇”之後，《説文·木部》：“杷，收麥器。”這是一種農具，如《急就篇》卷三：“捃穫秉把插捌杷。”顔師古注：“無齒爲捌，有齒爲杷，皆所以推引聚禾穀也。”漢王褒《僮約》：“屈竹作杷，削治鹿盧。”可見這裏的“杷”並非“枇杷”之“杷”。又《説文·木部》：“栙，栙雙也。”“栙雙”是一種船帆，朱駿聲謂：“栙，栙雙，疊韻連語，即笨也。如今糧艘以篷席爲帆。”又寫作“栙䉶”“夆䉶”。也叫作“笨”，《説文·竹部》：“笨，栙雙也。”《廣雅·釋器》：“夆䉶謂之笨。”應是同物異名。

《説文》中單音節詞占絶大多數，雙音節單純詞只有一小部分。如果算上説解之詞，當然還有雙音節合成詞。如“瑾瑜”，見於《説文·玉部》“瑾”“瑜”的説解，出現2次。“瑾”和“瑜”是兩種美玉，古人喜歡連用，籠統地指代美玉，如《左傳·宣公十五年》：“高下在心，川澤納污，山藪藏疾，瑾瑜匿瑕。”《楚辭·九章·懷沙》：“懷瑾握瑜兮，窮不知所示。”① 又“禽獸”，見於《説文·艸部》“苑”、《説文·歺部》“殑”、《説文·田部》“疃”等的説解，出現6次。泛指各種飛禽走獸，如《孟子·滕文公上》：“五穀不登，禽獸逼人。”《禮記·曲禮上》：“猩猩能言，不離禽獸。”又“請子”，見於《説文·烏部》“焉”、《説文·乚部》“孔”“乳”的説解，出現4次。《説文·烏部》：“焉，焉鳥，黄色，出于江淮。象形。凡字，朋者羽蟲之屬，烏者日中之禽，舄者知太歲之所在，燕者請子之候，作巢避戊己。所貴者，故皆象形。焉亦是也。”《説文·乚部》：“孔，通也。从乚、从子。乚，請子之候鳥也。乚至而得子，嘉美之也。古人名嘉字子孔。”《説文·乚部》：“乳，人及鳥生子曰乳，獸曰産。从孚、从乚。乚者，玄鳥也。《明堂月令》：玄鳥至之日，祠于高禖以請子。故乳从乚。請子必以乚至之日者，乚春分來，秋分去，開生之候鳥，帝少昊司分之官也。”“請子”即求子、祈子，亦即請求神靈降賜子女。此外，還有三音節詞。三音節合成詞，如“周文王”“周武王”“牛百葉”等。三音節單純詞，如“醫無閭”“珣玗琪”等。② 多音節合成詞在漢代已有長足的發展，但《説文》限於體例而未收進來，只能在説解中體現。

---

① 還可用於人的名字，如三國時期周瑜字公瑾，諸葛瑾字子瑜。

②《説文·玉部》：“珣，醫無閭珣玗琪，《周書》所謂夷玉也。”“醫無閭”是地名，“珣玗琪”是玉名，《爾雅·釋地》“東方之美者，有醫無閭之珣玗琪焉”郭璞注：“醫無閭，山名，今在遼東。珣玗琪，玉屬。”

第二節 《説文》詞彙的内容

（一）《説文》中的基本詞彙

《説文》總括了大量的先秦兩漢詞彙，内容非常豐富，涉及政治、經濟、社會、軍事、交通、自然、人體、思想等多個方面。有些詞具有常用性、穩定性、能産性等特點，詞彙學上把它們叫作基本詞彙。如：

【山】《説文·山部》："山，宣也。宣气散，生萬物，有石而高。象形。"古文字作""（《合集》34167）、""（《集成》8356），象山之形。"山"這個詞出現較早，《合集》30456："□其遍侑于小山，有大雨。"豳公盨（《銘圖》5677）："天令禹敷土，隓山濬川。"《詩經·召南·草蟲》："陟彼南山，言采其蕨。""山"在秦漢時期仍然常用，《史記·高祖本紀》："於是令祠官祀天地四方上帝山川，以時祀之。"《漢書·食貨志下》："是時，吴以諸侯即山鑄錢，富埒天子，後卒叛逆。"後來一直沿用至今。汪維輝指出，"山"是一個超穩定的泛時空性核心詞，古今南北幾乎完全一致，差異很小。[1]

【魚】《説文·魚部》："魚，水蟲也。象形。魚尾與燕尾相似。"古文字作""（《合集》10472）、""（《集成》4916），象魚之形。"魚"這個詞出現較早，《合集》10471："癸卯卜：亥獲魚，其三萬。

① 汪維輝《漢語核心詞的歷史與現狀研究》，商務印書館，2018年，第375頁。汪維輝審閲本書後指出，莊初升曾提及客家話不説"山"而説"嶺"。

不□。”老簋（《銘圖》5178）：“唯五月初吉，王在荠京，魚于大池，王蔑老懋，錫魚百。”[①]《詩經·大雅·旱麓》：“鳶飛戾天，魚躍于淵。”“魚”在秦漢時期仍然常用，《淮南子·説山》：“宋君亡其珠，池中魚爲之殫。”居延漢簡 274.26A：“出魚卅枚。”後來一直沿用至今，也是一個超穩定的泛時空性核心詞，古今南北基本一致。

【象】《説文·象部》：“象，長鼻牙，南越大獸，三年一乳，象耳、牙、四足之形。”古文字作“”（《合集》10222）、“”（《集成》1512），象象之形。“象”這個詞出現較早，《合集》10222：“□獲象。”《左傳·定公四年》：“王使執燧象以奔吳師。”《呂氏春秋·古樂》：“商人服象，爲虐于東夷。”“象”在秦漢時期仍然常用，《漢書·地理志下》：“（粵地）處近海，多犀、象、毒冐、珠璣、銀、銅、果、布之湊，中國往商賈者多取富焉。”現在多説“大象”。

【首】《説文·首部》：“首，百同。古文百也。巛象髮，謂之鬊，鬊即巛也。”古文字作“”（《合集》6037）、“”（《集成》4241），象長有毛髮的頭首。“首”這個詞出現較早，《合集》6037：“貞：翌庚申我伐，易日。庚申明陰，王來達首，雨。”[②]南宫乎鐘（《集成》181）：“乎拜手稽首，敢對揚天子丕顯魯休。”《詩經·衛風·碩人》：“手如柔荑，膚如凝脂，領如蝤蠐，齒如瓠犀，螓首蛾眉。”《孟子·梁惠王下》：“今王鼓樂於此，百姓聞王鐘鼓之聲，管籥之音，舉疾首蹙頞而相告。”“首”在秦漢時期仍然使用，

① 銘文中第一個“魚”是捕魚義，動詞，後來寫作“漁”。
② 甲骨文“達”字的釋讀以及“達首”的含義，參見趙平安《“達”字新證》，《中國史研究》2023 年第 4 期，第 61—72 頁。

但受到“頭”的影響，後來逐漸被替換，口語中的替換要早一些。[①]許慎在説解時主要用“頭”，如《説文·走部》：“�，低頭疾行也。”《説文·頁部》：“碩，頭大也。”《説文·革部》：“勒，馬頭絡銜也。”《説文·金部》：“鐊，馬頭飾也。”《説文·夨部》：“夨，傾頭也。”有時也用“首”，如《説文·頁部》：“頓，下首也。”《説文·頁部》：“頼，傾首也。”有些材料中，引用先秦經典時用“首”，説解時用“頭”，如《説文·疒部》：“痟，酸痟頭痛。从疒、肖聲。《周禮》曰：春時有痟首疾。”這説明當時還是習慣上用“頭”。

（二）《説文》中的一般詞彙

1.《説文》中的先秦詞彙

除了基本詞彙，《説文》中還有大量的一般詞彙。《説文》中的一般詞彙，從時間上分，可以分成先秦詞彙和秦漢詞彙。前者占絶大多數。因爲許慎站在古文經學的立場上撰寫《説文》，目的是求五經之正解，文字乃其根本，所以《説文》絶大多數的詞都來自於先秦經典，屬於先秦詞彙。如：

【仁】《説文·人部》：“仁，親也。”意思是與人親善，《詩經·鄭風·叔于田》：“叔于田，巷無居人。豈無居人，不如叔也，洵美且仁。”“仁”是儒家所倡導的一種崇高的道德，核心思想是

① 池昌海《〈史記〉同義詞研究》，上海古籍出版社，2002年，第180頁。汪維輝《漢語核心詞的歷史與現狀研究》，商務印書館，2018年，第102頁。

愛人，《論語·顔淵》："樊遲問仁。子曰：'愛人。'""仁"在處理人際關係上至關重要，《論語·雍也》："夫仁者，己欲立而立人，己欲達而達人。"甚至可以將"仁"施行於政治，《孟子·公孫丑上》："以德行仁者王。"在"仁"的體系下，還有"孝""信""忠"等道德概念。

【取】《説文·又部》："取，捕取也。从又、从耳。《周禮》：獲者取左耳。《司馬法》曰：載獻聝。聝者，耳也。"意思是捕取，字形表示以手取耳。古代戰爭時往往取下敵軍左耳作爲戰功，可聯繫"聝"。《説文·耳部》："聝，軍戰斷耳也。《春秋傳》曰：以爲俘聝。从耳、或聲。馘，聝或从首。""聝""馘"是異體，古文字中多見"馘"，如""（清華簡《繫年》124），辭例爲："晉公獻齊俘馘於周王。""馘"這個異體顯然偏重於獲取首級作爲戰功，但在實戰中略有不便，於是就割取左耳，遂有異體"聝"。古代兵刑合一，割取耳朵也是一種刑罰，即"刵刑"，《尚書·呂刑》："爰始淫爲劓、刵、椓、黥。"孔穎達疏："刵，截人耳。"除了戰爭和刑罰，田獵時也會割取耳朵，《周禮·地官·山虞》："若大田獵，則萊山田之野，及弊田，植虞旗于中，致禽而珥焉。"鄭玄注引鄭司農云："珥者，取禽左耳以效功也。"

【鼎】《説文·鼎部》："鼎，三足，兩耳，和五味之寶器也。昔禹收九牧之金，鑄鼎荊山之下，入山林川澤，螭魅蝄蜽莫能逢之，以協承天休。《易》卦：巽木於［火］下者爲鼎，象析木以炊也。""鼎"是一種器皿。古文字作""（《合集》20294）、""（《集成》2252），象鼎之形。商至西周有大量的青銅鼎，形制多樣，製造精良，器名也是五花八門，《説文·鼎部》所收的

"鼐"是"鼎之圜掩上者","鼐"是"鼎之絶大者",大概本自《爾雅》。《爾雅·釋器》:"鼎絶大謂之鼐,圜弇上謂之鼒。"《詩經·周頌·絲衣》:"鼐鼎及鼒,兕觵其觩。"毛傳:"大鼎謂之鼐,小鼎謂之鼒。""鼎"的文化意義更是重要,相傳大禹鑄了九鼎,三代視爲國寶,《左傳·宣公三年》:"楚子伐陸渾之戎,遂至于雒,觀兵于周疆。定王使王孫滿勞楚子,楚子問鼎之大小輕重焉。"楚子(楚王)問鼎之大小輕重,就是覬覦王權君位。

【舂】《説文·臼部》:"舂,擣粟也。从廾持杵臨臼上。午,杵省也。古者雝父初作舂。"段玉裁注:"言粟以晐他穀,亦言粟以晐米。""舂"是雙手執杵以擣臼,去除穀物皮殼。古文字作""(《合集》26898)、""(《集成》9399),正表其意。用例如《詩經·大雅·生民》:"或舂或揄,或簸或蹂。"《史記·淮南衡山列傳》:"一尺布,尚可縫;一斗粟,尚可舂。兄弟二人不能相容。"《論衡·量知》:"穀之始熟曰粟,舂之於臼,簸其粃糠。"居延新簡EPT65.422:"十月戊午,鄣卒十人,省卒六人:其一人守邸。一人守閣。一人馬下。一人門□。二人木工。二人作席。二人吏卒養。一人舂。五人受錢。"後來"舂"作爲一種懲罰措施,《漢書·惠帝紀》:"有罪當刑,及當爲城旦、舂者。"顔師古注引應劭曰:"舂者,婦人不豫外徭,但舂作米。"

2.《説文》中的秦漢詞彙

《説文》中的秦漢詞彙,梳理確指的難度很大,這裏試作討論。

第一,有些事物秦漢時期才有,或産於本土,或自外而來,指稱之詞自然就是秦漢詞彙。如:

【紙】《説文·糸部》:“紙，絮一苫也。”段玉裁注:“‘箈’，各本譌‘笘’。今正。‘箈’下曰:‘潎絮簀也。’‘潎’下曰:‘於水中擊絮也。’《後漢書》曰:‘蔡倫造意，用樹膚、麻頭及敝布、魚网以爲紙。元興元年奏上之，自是莫不從用焉。天下咸稱蔡侯紙。’按，造紙昉於漂絮，其初絲絮爲之，以箈荐而成之。今用竹質木皮爲紙，亦有緻密竹簾荐之是也。《通俗文》曰:‘方絮曰紙。’《釋名》曰:‘紙，砥也。平滑如砥。’”《後漢書·蔡倫傳》:“自古書契多編以竹簡，其用縑帛者謂之爲紙。”考古出土實物中有不少西漢紙，如陝西西安灞橋漢墓、居延漢代遺址、甘肅天水放馬灘漢墓等地就有發現古紙，是植物纖維紙。《説文》反映的則是絲質絮紙，符奎指出:“在長期漂絮的過程中，人們發現一些弊絮在竹箈上積結的薄膜，可以作爲書寫載體。”[1]“紙”這個字形目前最早見於睡虎地秦簡《日書》甲種61背，但是否記録“紙”這個詞一直存在爭議。即便可以成立，因睡虎地秦簡主要是秦始皇時期的材料，也可以將“紙”視爲秦漢詞彙。目前確切無疑的關於“紙”這個詞的語料多見於東漢，如長沙五一廣場東漢簡。

【驘】《説文·馬部》:“驘，驢父馬母。”又寫作“騾”或“贏”。“驘”是驢馬雜交所生，多産於西域，《史記·大宛列傳》:“牛十萬，馬三萬餘匹，驢、騾、槖它以萬數。”《史記·匈奴列傳》:“其奇畜則槖駝、驢、騾、駃騠、騊駼、驒騱。”《説文·馬部》“驢”段玉裁注:“驢、騾、駃騠、騊駼、驒騱，大史公皆謂爲匈奴奇畜，本中國所不用，故字皆不見經傳，蓋秦人造之

① 符奎《長沙東漢簡牘所見“紙”“帋”的記載及相關問題》,《中國史研究》2019年第2期，第68頁。

耳。”就目前所見資料來看，“驢”字見於秦印（《秦印文字彙編》195）、敦煌漢簡 1906 等，“駃騠”見於睡虎地秦簡《秦律雜抄》27、《史記·魯仲連鄒陽列傳》等，“贏”見於《呂氏春秋·愛士》、肩水金關漢簡 T37：1089 等，可見段玉裁所謂“秦人造之”應該是可信的，這些都是秦漢時期中西文化交流中産生的詞彙。

【碓】《説文·石部》：“碓，舂也。”王筠句讀：“杵臼任手，碓則任足。又有水碓，不勞人力。”《廣韻·隊韻》：“碓，杵臼。”漢桓譚《新論·離事》：“宓犧之製杵臼，萬民以濟，及後人加功，因延力借身重以踐碓，而利十倍。”先秦以手執杵擣臼爲“舂”，漢代則是以足踏“碓”，提高了勞動效率。“碓是利用杠桿的基本原理，以長横桿的一個合適位置作爲支撑點，一端是杵擣穀物的碓頭，另一端則以人脚踏之，使其上下起伏工作。”[①] 漢墓中有不少陶碓模型，可見應用之廣。“碓”這個詞也見於西北漢簡，如敦煌漢簡 290A：“范况持米一石，詣臨要燧，就舂碓毇米，令□三石以上，卒甲午日出時□。”先秦古書未見“碓”，其生産方式由杵臼舂擣發展改進而來，應屬秦漢詞彙。敦煌文獻中“碓”亦習見，如斯 684《天尊説禁誡經》：“一旦身死，便入九幽十八地獄，吞火食炭、碓擣磑磨、鑊湯煎煮、鐵犁耕舌……”伯 2433《天尊説隨願往生罪福報對次説預修科文妙經》：“鐵犁耕背、惡鳥啄睛、碓擣磑磨，以報斜眉角眼之罪。”[②]

---

① 韓國河等《中國古代物質文化史·秦漢》，開明出版社，2014 年，第 137 頁。

② 張涌泉、張小艷、郜同麟《敦煌文獻語言大詞典》，四川辭書出版社，2022 年，第 584 頁。

圖 3　四川新都出土春米畫像磚[①]

第二，有些詞不見於先秦古書而始見於秦漢古書，但先秦古書已有表示該概念的詞，兩者或爲古今語，或爲方言詞，這類詞可能爲秦漢詞彙。如：

【㛴】《説文·女部》："㛴，有所恨也。从女、𡿺聲。今汝南人有所恨曰㛴。""㛴"是方言詞，用例未見於先秦古書，後世文獻有見，如元馬致遠《黄粱夢》第四折："早則絶憂愁，没㛴聒。"又寫作"惱"，如唐盧仝《寄男抱孫》："任汝惱弟妹，任汝惱姨舅。"許慎説"今汝南人有所恨曰㛴"，可能是反映了秦漢時期汝南方言的情况（主要是口語），因此"㛴"可看作秦漢詞彙。先

① 《中國畫像磚全集·四川漢畫像磚》，四川美術出版社，2006年，第93頁。納西文中表示老熊舂碓的字寫作"[納西文字]"（《納典》918），説明納西族也有這種生産工具。

秦多用“怨”“忿”“懟”“慍”“憾”等詞來表示怨恨義。[1]

【匙】《説文·匕部》:“匙，匕也。”“匙”是方言詞,《方言》卷十三:“匕謂之匙。”先秦一般用“匕”表示取食器,《詩經·小雅·大東》:“有饛簋飧，有捄棘匕。”朱熹注:“棘匕，以棘爲匕，所以載鼎肉而升之於俎也。”“匕”可以和“鼎”“豆”等配套使用，如《儀禮·公食大夫禮》:“雍人以俎入陳於鼎南，旅人南面加匕於鼎，退。”《管子·弟子職》:“左執虛豆，右執挾匕。”又寫作“朼”，如《禮記·雜記上》:“朼以桑，長三尺，或曰五尺。”鄭玄注:“朼，所以載牲體者，此謂喪祭也，吉祭朼用棘。”武威漢簡《儀禮》或寫作“杺”。出土的微伯興匕（《集成》972—973), 類似現在的尖勺子, 即“”[2]; 魚鼎匕（《銘圖》6319—6320）則類似現在的橢圓勺。“柶”與“匕”屬於一類,《説文·木部》:“柶,《禮》有柶。柶，匕也。”段玉裁注:“蓋常用器曰匕，禮器曰柶。”《廣韻·至韻》:“柶，角匕，大喪用之。”但形制與“匕”小異,《儀禮·士冠禮》:“有篚、實勺、觶、角柶。”鄭玄注:“柶，狀如匕，以角爲之者，欲滑也。”《禮記·喪大記》:“小臣楔齒用角柶，綴足用燕几。”孔穎達疏:“柶，以角爲之，長六寸，兩頭屈曲。”或以木製,《儀禮·士喪禮》:“東方之饌：兩瓦甒，其實醴酒，角觶，木柶。”現在也有不少學者結合考古文物，認爲“柶”可能是調酒棒。張光裕曾在《文物》上發表

① 先秦時期汝南方言中也可能有“嫍”, 但目前没有語言材料能反映這點。
② 林巳奈夫《殷周青銅器綜覽：殷周時代青銅器的研究》（第一卷）, 上海古籍出版社，2017年，第163頁。按，匕器尖嘴，則可以刺肉。

了一件西周銅爵（圖 5），其中配有附器，可能就是“醴柶”，與高本漢 *A Catalogue of the Chinese Bronzes in the Alfred F. Pillsbury Collection* 中著録的龍鳥匕（圖 6）相似。此問題尚可進一步研究，但總之，“匕”“柶”相似而有别。“匙”則始見於《方言》，當爲方言詞[①]，後來使用範圍擴大，替代了“匕”“柶”之名。

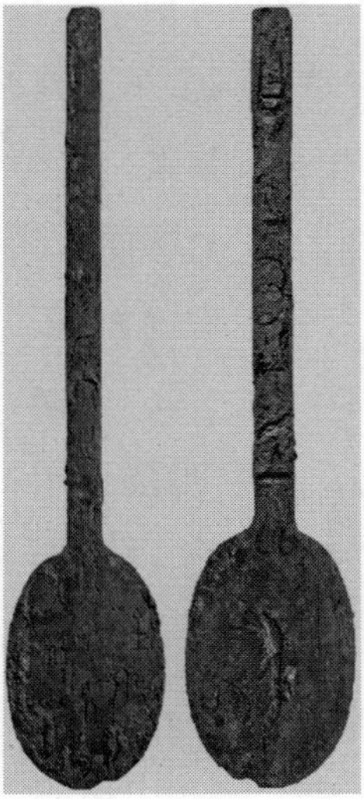

圖 4　魚鼎匕[②]

圖 5　銅爵及附件[③]

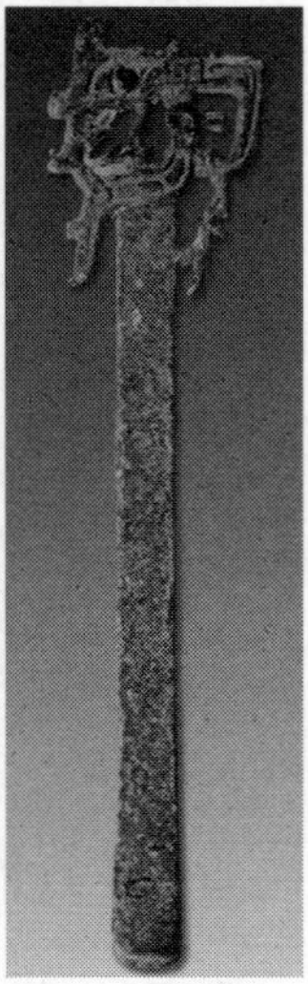

圖 6　扁長帶柄條狀銅器[④]

---

①《後漢書・隗囂傳》：“牽馬操刀，奉盤錯鍉，遂割牲而盟。”“鍉”，或説爲“題”，亦即“匙”，小盆；李賢等則認爲“鍉”就是“匙”。

② 吴鎮烽《“魚鼎匕”新釋》,《考古與文物》2015 年第 2 期，第 55 頁。

③ 張光裕《從新見材料談〈儀禮〉飲酒禮中之醴柶及所用酒器問題》，《文物》2013 年第 12 期，第 69 頁。

④ 張光裕《從新見材料談〈儀禮〉飲酒禮中之醴柶及所用酒器問題》，《文物》2013 年第 12 期，第 71 頁。

第三，有些滋生詞從母詞派生出來，人們會在字形上進行分化。如果字形在秦漢時才産生，它所記録的詞應該算是秦漢詞彙，因爲字形具有區别意義的作用。① 如：

【肢】《説文·肉部》：“胑，體四胑也。从肉、只聲。肢，胑或从支。”據此，“胑”“肢”是異體字。“肢/胑”與“枝/枳”的關係非常密切，《釋名·釋形體》：“胑，枝也，似木之枝格也。”人的四肢，猶如樹木之枝，“肢/胑”這個詞當由“枝/枳”分化而來。出土文獻往往用“枝/枳”表示肢體義，如郭店簡《唐虞之道》26：“四枳倦惰，耳目聰明衰。”上博簡《相邦之道》3：“庶人勸於四枳之藝，以備軍旅。”張家山漢簡《二年律令》27—28：“其非用此物而眄人，折枳、齒、指，肤體，斷決鼻、耳者，耐。”馬王堆漢簡《十問》67：“今四枝不用，家大亂，治之奈何？”傳世古書也是如此，如《荀子·儒效》：“行禮要節而安之，若生四枝。”《呂氏春秋·圜道》：“人之有形體四枝，其能使之也，爲其感而必知也；感而不知則形體四枝不使矣。”後來專門造了“肢/胑”這個字來表示這一引申義。在“肢/胑”這個字没有造出來之前，人們用“枝/枳”表示肢體義，肢體義應視爲“枝/枳”之樹枝義的引申，亦即肢體

① 這就是爲引申義造分化字，典型的例子如“聽”本聽聞義，引申表示聽治某事，包括聽謀、聽訟等，後來專門爲名詞聽事義造了“廳”這個字，表示聽事的處所。《集韻·青韻》：“廳，古者治官處謂之聽事。後語省，直曰聽，故加广。”《正字通·广部》：“廳，中庭曰廳。古作聽。凡官治所曰聽事。毛氏曰：‘聽事，言受事察訟于是。’漢晉皆作聽，六朝以來始加广。”“廳”之於“聽”，亦猶“閣”之於“省”。

義是“枝/枳”這個詞的一個義位；讀音没有發生變化，《廣韻》都是章移切。後來人們感到肢體義與樹枝義差别較大，於是造出“肢/胑”這個字專門記録肢體義。此後“枝/枳”與“肢/胑”是兩個詞，一般情况下不相通用。

【妊】《説文·女部》：“妊，孕也。从女、从壬，壬亦聲。”“妊”這個詞從“任”分化出來，“任”的意思是抱負，《詩經·大雅·生民》：“是任是負，以歸肇祀。”鄭玄箋：“任，猶抱也。”孔穎達疏：“以任、負異文，負在背，故任爲抱。”婦女懷孕正如身抱物體，因此“任”很自然地能够從抱負義引申出懷孕義，如《漢書·敍傳上》：“初，劉媪任高祖，而夢與神遇。”顔師古注：“任謂懷任也。”後來用“妊”這個字形專門來記録懷孕義。①“妊”還可以寫作“姙”，分化的痕迹更加明顯。

第四，《説文》的説解訓釋語言中有不少秦漢詞彙，因爲説解訓釋就是用今語解釋古語，時人要能看得懂。如：

【豆】先秦時指一種器皿，秦漢時又指豆類植物，但許慎未專門説解，只在釋義中體現，如《説文·尗部》：“尗，豆也。象尗豆生之形。”《説文·艸部》：“萁，豆莖也。”《説文·豆部》：“䜲，豆飴也。”《説文·黍部》：“䵖，治黍禾豆下潰葉。”《説文·水部》：“灝，豆汁也。”“豆”甲骨文作“”（《合集》29364），象器皿之形，《説文》小篆“”與古文“”亦尚存古意，先秦經典中“豆”也只有器皿義，因此對“豆”本身的釋義要圍繞相關字形以及經典中的用法。但作爲説解之詞，“豆”

① 金文中的“妊”是姓氏，與懷孕義的“妊”非一字，屬於同形字。

則可以用當時的意義與用法。從相關例子上看，當時“豆”的植物義是大衆所熟悉的。出土秦漢資料中這種“豆”的用例很多，如居延漢簡 310.2：“胡豆四石七斗。”居延新簡 EPT44.5：“牛食豆四石。”肩水金關漢簡 73EJT2：41：“王□卿取豆二斗。”西安三兆村 M3 漢墓陶倉墨書：“大豆一京。”[①] 洛陽燒溝漢墓陶倉朱書：“小豆萬石。”

【行馬】《説文·木部》：“梐，行馬也。从木、互聲。《周禮》曰：設梐枑再重。”王筠句讀：“以漢名釋古名也。”“行馬”是攔阻人馬通行的木架，後來也叫“鹿角”“拒馬”，先秦時叫“梐枑”，《漢語大詞典》所收“行馬”最早例子爲《周禮·天官·掌舍》“掌舍掌王之會同之舍，設梐枑再重”漢鄭玄注：“梐枑謂行馬，行馬再重者，以周圍，有外内别。”事實上《説文》“枑”字釋義中“行馬”一詞要早於這條《周禮》鄭玄注。[②]“行馬”又見於“銜”字釋義中，《説文·金部》：“銜，馬勒口中。从金、从行。銜，行馬者也。”“銜”就是馬嘴中的金屬物，俗稱“馬嚼子”，用以控制馬匹的行動，是馴馬的重要工具。現在許多詞典未注意到這個“行馬”用例。兩個“行馬”非一物。

第五，《説文》説解訓釋中的民間俗語也可算作秦漢詞彙。如：

【𦘔】《説文·聿部》：“𦘔，聿飾也。……俗語以書好爲𦘔。”

【㚔】《説文·㚔部》：“㚔，所以驚人也。……一曰：俗語以

① “京”義爲穀倉，參見趙平安《“京”“亭”考辨》，《復旦學報（社會科學版）》2013 年第 4 期，第 91 頁。

② 《六韜·虎韜·軍用》：“三軍拒守木螳螂，劍刃扶胥，廣二丈，百二十具，一名行馬。”如果此例可靠，則時代更早一些。

盜不止爲夲。”

【大殑】《説文・歺部》:“殑，弃也。……俗語謂死曰大殑。”

【般緧】《説文・革部》:“靶，馬尾駝也。……今之般緧。”

【鼻子】《説文・王部》:“皇，大也。……今俗以始生子爲鼻子。”

【䫏頭】《説文・頁部》:“䫏，醜也。……今逐疫有䫏頭。”[①]

第六，段玉裁、王筠等研究《説文》時，往往用“漢時語”“漢人語”“漢謂之”等術語，能幫助我們確定《説文》説解訓釋中的漢代詞彙。如：

【動搈】《説文・手部》:“搈，動搈也。”段玉裁注：“動搈，漢時語。”

【鞅沙】《説文・革部》:“鞅，鞮鞅沙也。”段玉裁注：“謂鞮之名鞅沙者也。鞠角、鞅沙皆漢人語。”

【靡麗】《説文・㸚部》:“爾，麗爾，猶靡麗也。”段玉裁注：“麗爾，古語。靡麗，漢人語。以今語釋古語，故云猶。”

【巧㓞】《説文・㓞部》:“㓞，巧㓞也。”段玉裁注：“巧㓞，蓋漢人語。”王筠句讀：“巧㓞，蓋漢人語。”

【𦿆爰】《説文・竹部》:“𥳑，𦿆爰也。”段玉裁注：“𦿆爰，漢人語，俗字加竹。”朱駿聲謂：“𦿆爰，疊韻連語，秦漢謂簡册曰𦿆爰也。”

【槍唐】《説文・金部》:“鋸，槍唐也。”段玉裁注：“槍唐，蓋漢人語。”

---

① 指逐疫所用的面具。

【令丁】《説文·金部》:“鈴，令丁也。”段玉裁注:“古謂之丁寧，漢謂之令丁。”

【兜鍪】《説文·冃部》:“冑，兜鍪也。”段玉裁注:“古謂之冑，漢謂之兜鍪，今謂之盔。”

【搯捾】《説文·手部》:“捾，搯捾也。”王筠句讀:“搯捾，蓋漢時恒言，乃複語也。”

【熊燎】《説文·炙部》:“𤎫，炙也。从炙，尞聲。讀若熊燎。”王筠句讀:“熊燎，蓋漢時恒言也，因有此讀。”

此外,《説文·敘》中也有不少秦漢詞彙。如“大篆”“小篆”之名,《説文·敘》:“秦始皇帝初兼天下，丞相李斯乃奏同之，罷其不與秦文合者。斯作《倉頡篇》，中車府令趙高作《爰歷篇》，太史令胡毋敬作《博學篇》，皆取《史籒》大篆，或頗省改，所謂小篆者也。”

第三節 《説文》詞彙的數量

前面説過,《説文》既是一部字書，也是一部詞典。上古漢語以單音詞爲主，理論上説,《説文》有多少字就有多少詞，但實際情况並没有那麼簡單。《説文》的字頭數量，據許慎《説文·敘》爲“此十四篇，五百四十部，九千三百五十三文，重一千一百六十三，解説凡十三萬三千四百四十一字”。但這“九千三百五十三文”與今天見到的大徐本《説文》字頭數量不符，黄天樹指出:“這在當時，自然是極其可靠的字數。但經過兩千年的傳寫，其中不免有所脱落或後人附增的字，所以傳到今天，它的字數也就與原數不符了。”[①] 相比之下，《説文》的詞彙數量問題要複雜得多。[②] 有時，字頭與字頭是異體字關係，那只能算一個詞。有時，字頭與字頭是聯綿詞的記音字，也只能算一個詞。還有時，《説文》有些部首是爲分析字形而離析出來的，本來不成字，後來被聯繫認同爲某個詞；或只是分析其形體，讀音未知，欠缺成爲詞的條件。此外，《説文》字頭有釋義錯誤的情況，這種也不能看作一個詞。總之，《説文》的詞彙數量問題事實上涉及複雜的字詞關係問題，下面分頭討論。

（一）《説文》中的異體字

異體字是彼此音義相同而外形不同的字。[③]《説文》中有些字原是一字異體，但被視爲兩個字、兩個詞。如：

【朢—望】《説文・壬部》：“朢，月滿，與日相望，以朝君也。”《説文・亡部》：“望，出亡在外，望其還也。”瞻望、看望之“望”本寫作“”（《合集》347）、“”（《合集》7222），字形表示極目遠望。金文中增加意符“月”，如“”（《集成》9454），一般表示朔望之“望”，從字形上説就是“朢”。“朢”後來左上“臣”旁被改造成音近的“亡”，遂變成“望”這個形體，如“”（《集

① 黄天樹《説文解字通論》，北京大學出版社，2014 年，第 246 頁。
② 有的學者統計：“《説文》9353 文之中有單音詞 8834 個。”參見宋永培《〈説文解字〉與先秦文獻詞義》，王雲路主編《漢語詞彙核心義》，商務印書館，2023 年，第 44 頁。
③ 裘錫圭《文字學概要》（修訂本），商務印書館，2013 年，第 198 頁。

成》2814），銘文中仍然記録朔望之“望”。戰國時期秦系文字多用“朢”；楚系文字多用“望”，在此基礎上還有其他形體；秦至西漢文字中多用“朢”。《説文》釋“朢”爲朔望義，但“朢”仍可表示瞻望、看望這類意思，如北大漢簡《蒼頡篇》6“趣遽觀朢”、張家山漢簡《蓋廬》30“旦朢其氣，夕朢其埃”等。《説文》“朢”字釋義“以朝君也”與“望”字釋義“出亡在外”均在遷就字形，又限於資料，没有正確理解構形及其變化。

【得—㝵】《説文·彳部》：“得，行有所得也。”《説文·見部》：“㝵，取也。”得到、獲得之“得”既可以寫作“”（《合集》439）一類形體，即“得”；也可以寫作“”（《合集》508）一類形體，即“㝵”。戰國時期楚、晉、齊三系文字多用“㝵”，燕、秦二系文字多用“得”。秦漢文字似只有“得”，極少見“㝵”。“得”“㝵”所从之“貝”在小篆中均訛爲“見”。

【悳—德】《説文·心部》：“悳，外得於人，内得於己也。”《説文·彳部》：“德，升也。”道德、德行之“德”既可以寫作“”（《集成》10175）一類形體，即“德”；也可以寫作“”（《集成》9719）一類形體，即“悳”。戰國時期楚、晉、齊三系文字多用“悳”，秦系文字用“德”。秦漢文字“德”“悳”都有出現，通用無别。《説文》“德”字訓爲“升”，未見實際用例。“德”古音在端母職部，“升”古音在書母蒸部，聲母均爲舌音，韻部有對轉關係，許慎這裏用的是聲訓，目的是揭示其語源。

【啗—啖】《説文·口部》：“啗，食也。”《説文·口部》：“啖，噍啖也。……一曰噉。”朱駿聲謂：“自食爲啖，食人爲啗。”但實際使用中兩者並無這種區别，“啗”也可以是自食（自己吃），如《韓非子·外儲説左下》:“仲尼先飯黍而後啗桃，左右皆揜口而笑。”《史記·項羽本紀》:“樊噲覆其盾於地，加彘肩上，拔劍切而啗之。”《北史·魏濟陰王暉業傳》:“暉業以時運漸謝，不復圖全，唯事飲啗，一日三羊，三日一犢。”食人（給人吃）也可以用“啖”，如《漢書·王吉傳》:“東家有大棗樹垂吉庭中，吉婦取棗以啖吉。”唐李白《俠客行》:“將炙啖朱亥，持觴勸侯嬴。”唐吴兢《貞觀政要·君道》:“若損百姓以奉其身，猶割股以啖腹，腹飽而身斃。”“啖”“啗”古音相同，釋義相近，用法又無太大差别，本爲一字異體，無須強分。

【𠌶—華】《説文·𠌶部》:“𠌶，艸木華也。”《説文·華部》:“華，榮也。”這是《説文》兩個相鄰的部首。“𠌶”多見於先秦古文字，如“”（《集成》4112）、“”（《集成》2735）、“”（《集成》2836）、“”（《集成》245）等；“華”是在“𠌶”的基礎上累增意符“艸”，多見於秦漢文字，如“”（睡虎地秦簡《編年記》34）、“”（銀雀山漢簡［貳］1697）、“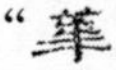”（肩水金關漢簡 73EJT8：63）等。可見“𠌶”“華”本是一字異體。

有時《説文》自己認定的異體字可能也有問題。如：

【歾—朽】《説文·歺部》:“歾，腐也。从歺、丂聲。朽，歾或从木。”“朽”爲樹木之腐，“歾”爲骨肉之腐，兩者在意思上略有區别。如果看成異體字，“朽/歾”既可以表示樹木之腐，也可以表示骨肉之腐，兩種用法應視爲同一個詞的不同義位。如果看成兩個字、兩個詞，“朽”“歾”音義關係密切，具有同源分化關係，或者可以説“朽”本來表示樹木之腐，後來引申表示骨肉之腐，人們爲這個引申義又造了“歾”這個字形。第二種看法顯然符合漢語漢字發展的一般規律。以“枯”與“殆”作爲對比會更好理解。許慎將“枯”“殆”作爲兩個字、兩個詞，《説文·木部》：“枯，槀也。”《説文·歺部》：“殆，枯也。”“枯”本爲喪失水分、缺乏生機而枯槁的樹木，如《新序·雜事三》“枯木朽株”之“枯”。又表示没有皮肉的骸骨或無法活動的肌體，如《管子·度地》“枯骨朽脊”與《莊子·盜跖》“禹偏枯”之“枯”，後來專門用“殆”表示這一引申義。《莊子·盜跖》“禹偏枯”，張家山漢簡《盜跖》31 作“禹偏殆”。[①]“萎”與“矮”的情況也與之相類。“朽”與“歾”亦同理，“朽”本爲樹木之腐，引申爲骨肉之腐，後來專門用“歾”這個字形來記録。“朽”與“枯”是同義詞，“枯木朽株”中兩者同義並舉；詞義引申也一致，“枯骨朽脊”中兩者仍然同義並舉，即便寫成“殆骨歾脊”也可以。許慎既然將“枯”“殆”視爲兩個字、兩個詞，爲什麼不把“朽”“歾”也視爲兩個字、兩個詞呢？[②]

（二）《説文》中的聯綿字

聯綿字是記録聯綿詞的漢字，共同表義，不可分訓，形式上

① “偏枯”的“偏”，後來寫作“痛”，《説文·疒部》：“痛，半枯也。”

② 不過後來“歾”“殆”行用不廣，通行時間不長，人們仍然習慣使用“朽”“枯”，亦即“歾”併入“朽”，“殆”併入“枯”。這種分化字併入母字的現象，參見裘錫圭《文字學概要》（修訂本），商務印書館，2013 年，第 236 頁。文字合併以後還是應該看成一個詞，樹木之腐與骨肉之腐當視爲“朽”的兩個義位，樹木枯槁與骨肉枯槁也應視爲“枯”的兩個義位。由此可見，漢語字詞分合問題頗爲複雜，需要用歷史的眼光來看待。

多爲雙聲或疊韻，有時也可省稱或單用。聯綿詞是一個詞，不是兩個詞。前面已經提到，這裏再舉一些例子。如：

【蝦蟆】《説文·虫部》："蝦，蝦蟆也。"《説文·虫部》："蟆，蝦蟆也。""蝦"古音在匣母魚部，"蟆"古音在明母魚部，兩字爲疊韻。"蝦蟆"爲青蛙與蟾蜍的統稱，《淮南子·齊俗》："夫蝦蟆爲鶉，水蠆爲蟌，皆生非其類，唯聖人知其化。"《春秋繁露·求雨》："取五蝦蟆，錯置社之中。池方八尺，深一尺，置水蝦蟆焉。"《史記·龜策列傳》："月爲刑而相佐，見食于蝦蟆。"可以省稱爲"蝦"，《文選·賈誼〈吊屈原文〉》："偭蟂獺以隱處兮，夫豈從蝦與蛭螾？"[①] 李善引韋昭曰："蝦，蝦蟆。"也可以省稱爲"蟆"，唐韓愈《月蝕詩效玉川子作》："臣有一寸刃，可刳凶蟆腸。"宋蘇軾《蝦蟆培》："蟆背似覆盂，蟆頤如偃月。謂是月中蟆，開口吐月液。"

【螮蝀】《説文·虫部》："螮，螮蝀，虹也。"《説文·虫部》："蝀，螮蝀也。""螮"古音在端母月部，"蝀"古音在端母東部，兩字爲雙聲。"螮蝀"就是虹，《爾雅·釋天》："螮蝀謂之雩。螮蝀，虹也。"郭璞注："俗名爲美人虹，江東呼雩。"《晉書·夏統傳》："螮蝀之氣見，君子尚不敢指。"唐李白《古風五十九首》之二："螮蝀入紫微，大明夷朝暉。"又寫作"蝃蝀"，《詩經·鄘風·蝃蝀》："蝃蝀在東，莫之敢指。"毛傳："蝃蝀，虹也。"可以省稱爲"蝀"，明徐霞客《徐霞客遊記·遊白岳山日記》："一山

---

① "蝦"，《漢書·賈誼傳》同；《史記·屈原賈生列傳》則作"蝦"，疑是涉上文"豈"而誤。

横跨而中空，即石橋也。飛虹垂蝀，下空恰如半月。”清毛奇齡《會稽倪孝子記傳序》:“根雲作母，升氣成蝀。”

【騊駼】《説文 · 馬部》:“騊，騊駼，北野之良馬。”《説文 · 馬部》:“駼，騊駼也。”“騊”古音在定母幽部，“駼”古音在定母魚部，兩字爲雙聲。“騊駼”是一種馬，本非中原所有，《爾雅 · 釋畜》:“騊駼，馬。”《山海經 · 海外北經》:“北海内有獸，其狀如馬，名曰騊駼。”《逸周書 · 王會》:“禺氏騊駼，大夏兹白牛。”據《漢書 · 百官公卿表上》，太僕屬官有“龍馬、閑駒、櫜泉、騊駼、承華五監長丞”，可知秦漢時有專門負責騊駼的職官。

【狻麑】《説文 · 犬部》:“狻，狻麑，如虦貓，食虎豹者。”《説文 · 鹿部》:“麑，狻麑，獸也。”“狻麑”是外來語，意思即“獅子”,《爾雅 · 釋獸》:“麑，狻麑。如虦貓，食虎豹。”郭璞注:“即獅子也。”或説來自梵語，或説來自粟特語，或説來自巴比倫語，迄今無有定説，來源待考。[1] 又寫作“狻猊”,《集韻 · 齊韻》:“麑，《説文》:‘狻麑，獸也。’……或从犬。”上博簡《三德》21+18:“枸株覆車，善游者死於梁下，鼾鯢飤（食）虎。”一般認爲“鼾鯢”就是“狻猊”。

（三）《説文》中的偏旁字

《説文》有一部分字其實本不成字，只是作爲偏旁而存在的，

① 徐振邦《聯綿詞大詞典》，商務印書館，2013 年，第 978 頁。史有爲《漢語外來詞》（增訂本），商務印書館，2013 年，第 43 頁。

我們稱之爲“偏旁字”。下面分兩種情况（部首字與反向字）來談。

第一，《説文》部首多數是實際存在、獨立成字並有用例，無疑都是詞。但有些部首是爲分析漢字而離析出來的，字形從未單獨使用過；或曾經使用過但後來不再單用，至少戰國和秦漢時期絶少單獨使用（如有較古字形，按照體例會以古文或籀文的形式列出）。許慎説解時把它們當作獨立的字，訓釋其義，賦予讀音，或與其他字聯繫認同，於是便具有“僞詞”的性質。[①] 如：

【厹】《説文·厹部》：“厹，獸足蹂地也。象形，九聲。《爾雅》曰：‘狐貍貛貉醜，其足蹞，其迹厹。’凡厹之屬皆从厹。人九切。蹂，篆文从足、柔聲。”“厹”亦作“内”。[②] 這個部首從不單用，是許慎從“禽”“禹”“萬”等字中離析出來的。[③] 離析之後，又

① 這個道理和現代漢語中很多偏旁不成字一樣。我們分析“伯”“仲”“傾”等字，可以得出“亻”這個偏旁，但現代漢語中“亻”根本不成字，它只是一個記號形體，但没有意義，也無讀音，更不能獨立使用，我們管它叫“單人旁”只是用詞組的形式來指稱這個偏旁而已。但是古人缺乏現在的語言學概念，往往把離析的部首或偏旁看成獨立的字，《龍龕手鑑·亠部》：“亠，徒侯反。”“亠”音徒侯反，當爲後人所擬增。張自烈已經注意到這個問題，《正字通·亠部》：“亠字，六書不用爲字母，本無音義。猶人字在下之文作儿，亠、儿皆不獨用，不煩訓釋。非如口、乚、匸、凵、宀、广之各有所指，各具音義也。”唐蘭也曾指出：“《説文》部首很靠不住，有些字是壓根兒没有的……只爲分部而杜撰出來的。”參見唐蘭《中國文字學》，上海古籍出版社，2023年，第89頁。另外，還有一點也要在此加以提醒，用這些部首來考釋古文字也需要慎之又慎，許慎根據秦漢文字離析出的部首不一定都單獨成字，有些音義（尤其是音）亦不能確定是否來自商周。

② 非“㕯”之異體“厹”。

③ 字形的變化參見劉釗《古文字構形學》（修訂本），福建人民出版社，2011年，第24頁。

賦予其“蹂”這個詞的音義，《廣雅·釋詁一》：“蹂，履也。”《玉篇·足部》：“蹂，踐也。”《史記·項羽本紀》：“王翳取其頭，餘騎相蹂踐爭項王。”並將“蹂”這個字作爲其異體。“厹”字形從未單用，也無所謂音義，但離析出來之後，與“蹂”産生了聯繫，記詞上經歷了從無到有的過程。

【囪】《説文·囪部》：“囪，在牆曰牖，在屋曰囪。象形。凡囪之屬皆从囪。窗，或从穴。四，古文。”“囪”未見單用之例，該部下只有一個“悤”字，因此“囪”是許慎從“悤”割裂出來的部首。至於“囪”的音義，取自“窗”。秦漢文字“窗”寫作“窓”，如“”（馬王堆帛書《五十二病方》329）、“”（北大漢簡《蒼頡篇》54）、“”（銀雀山漢簡825），後來變成“窻”這個形體，《説文·穴部》：“窻，通孔也。”就是指窗户。“窗”是“窻”的簡省。《説文·疋部》的“䟽”，訓爲“門户疏窻”，亦即窗户，是“疏”由疏通義引申爲窗户義後换旁産生的字，未見於先秦兩漢的出土文字資料，字形應較晚。

【彳】《説文·彳部》：“彳，小步也。象人脛三屬相連也。凡彳之屬皆从彳。”“彳”在出土文獻中從不單獨使用，是爲分析字形而離析出的部首（或把“行”拆成“彳”與“亍”）。傳世古書中有一例，即漢張衡《舞賦》：“蹇兮宕往，彳兮中輒。”張衡是東漢人，與許慎大致同時，可能當時社會上已離析出了“彳”，也可能是張衡此賦文字爲後人所改。

【廴】《説文·廴部》：“廴，長行也。从彳，引之。凡廴之屬皆从廴。”《説文》从“廴”之字“廷”“建”所从本與“廴”無關，而“延”所从與“廴”有關，“延”即“征”，所从之“廴”

即由“彳”變來；“延”“延”所从的“廴”，古文字中也本是“彳”。許慎觀察到小篆中的“廷”“建”“延”等字偏旁存在共性，於是離析出“廴”這個部首，分析爲“从彳，引之”，音義遂與“引”這個詞相聯繫。《玉篇·廴部》：“廴，長行也。今作引。”《玉篇》是以“廴”“引”爲古今字，應據《説文》“从彳，引之”一語而來。

【白】《説文·白部》：“白，此亦自字也。省自者，詞言之气，从鼻出，與口相助也。凡白之屬皆从白。”《白部》所收之字“皆”“魯”“者”本从“口”，“智”“百”“疇”本不从“白”，許慎爲分析小篆中的“皆”“魯”“者”“智”“百”“疇”，於是離析出“白”這個部首，並與“自”聯繫認同。

【㕯】《説文·㕯部》：“㕯，言之訥也。从口、从内。凡㕯之屬皆从㕯。”這個部首是從“商”“矞”離析出來的，秦漢時期未有單獨用例，不可能成爲獨立的漢字。許慎訓爲“言之訥也”，顯然是把它與“訥”（或作“吶”）聯繫認同，在此之前從未有“㕯”記録言訥之“訥”的用例。古文字中確實有从口、从内的字，如“”（《璽彙》2077），不少工具書將它釋爲“㕯”，實際上是不能根據《説文》“㕯”字立説的，因爲當時没有“㕯”，許慎只是爲分析字形而離析出這個部首，音義乃比附而成。

【儿】《説文·儿部》：“儿，仁人也。古文奇字人也。象形。孔子曰：在人下，故詰屈。凡儿之屬皆从儿。”這個部首是爲分析“兀”“兒”“允”“兑”“充”等字而離析出來的，本身從未單獨行用，没有獨立性。許慎聯繫到“人”，在形體源流上有一定合理性，《六書故·人一》：“‘人’‘儿’非二字，特因所合而稍變其勢。合於左者，若‘伯’若‘仲’，則不變其本文而爲人；合於下者，若‘兒’若‘見’，則微變其本文而爲儿。分爲二者，誤也。”“儿”本不是獨立的字，離析出來後被附上“人”的音義。

【宀】《説文·宀部》：“宀，交覆深屋也。象形。凡宀之屬皆从宀。”“宀”作“宀”（《合集》13517），象房屋之形，本義即房屋，用例如《合集》13517：“丁卯卜：作宀于兆。”“作宀”即建造房屋，“宀”確爲房屋義，但讀音尚未可知。後來“宀”不再單用，秦漢時期未有一例，應是許慎分析“家”“室”“宇”“安”等字而離析出來的。《説文·髟部》“鬌”下“讀若宀”，可見當時已經被賦予了“鬌”一類的讀音。

【彡】《説文·彡部》：“彡，毛飾畫文也。象形。凡彡之屬皆从彡。”出土文獻中這個部首未有單用的情況，“須”“龙”所从確實爲“彡”，象毛髮之形；“形”所从也確實爲“彡”，表畫飾義。但是“髟”以及从“髟”之字本來均無“彡”，應經過系統整改。从“彡”的“修”“彦”“彨”“鬱”“彬”“形”等字也較晚起。許慎分析這些字以及“彣”“彰”“彪”“参”等而離析出“彡”這個部首，表毛髮、畫飾等義，但未有單用之例，亦即不成字。[①] 後世用例如北周衛元嵩《元包經·太陽·大有》：“燾宀宀，彡龘龘。”這是受《説文》的影響，誤以爲“宀”“彡”是獨立的字。[②]

---

①《漢書·馮奉世傳》：“永光二年秋，隴西羌彡姐旁種反。”《集韻·琰韻》：“彡，羌姓。漢有西羌彡姐。”這個“彡”的用例很可疑，和《説文》“彡”未必有關係。

②《元包經》一書多用《説文》古字，包括本不成字的部首。

【广】《説文·广部》:“广，因厂爲屋，象對刺高屋之形。凡广之屬皆从广。讀若儼然之儼。”“广”很少單用，目前只見於肩水金關漢簡 73EJT37: 470 一例，辭例爲“齊郡鉅定广里不更宿延□”，是地名用字。作爲偏旁的“广”，有些是由“宀”變來，有些與“石”有關，來源不一，本不成字，是離析出來的部首而已。桂馥義證:“广，即庵字，隸嫌其空，故加奄，變象形爲諧聲。”不可信從。肩水金關漢簡 73EJT37: 470 地名用字“广”可能是其他漢字的減省，尚待進一步考證。

【屵】《説文·屵部》:“屵，岸高也。从山、厂，厂亦聲。凡屵之屬皆从屵。”甲骨文“”(《合集》6816)上部像是《説文》所謂的“屵”，但是這個部首從未單獨使用。何琳儀認爲“”(《璽彙》2057)就是“屵”。[①] 但那是人名用字，字形也有出入，釋法非常可疑。“屵”很可能就是從“岸”“崖”“崔”等字中離析出來，音義來自於“岸”，本非獨立的漢字。

【疒】《説文·疒部》:“疒，倚也。人有疾病，象倚箸之形。凡从疒之屬皆从疒。”甲骨文有“”(《合集》13771)一類形體，象人病卧牀之形，現在釋讀爲疾病之“疾”。[②] 這類字雖然可以隸

① 何琳儀《戰國古文字典》，中華書局，1998 年，第 978 頁。

② 該字最早由丁山釋出(參見于省吾主編《甲骨文字詁林》，中華書局,1996 年，第 3094 頁)。其所據字形爲秦兩詔橢量銘文中的“疾”，但目前未見到其上“疾”所从爲“人”，倒是有些殘損的“疾”所从之“矢”看起來像“人”(參見王輝主編《秦文字編》，中華書局，2015 年，第 1207 頁)，因此他所用的字形證據是靠不住的，但對辭例的把握比較到位，結論可信。

定爲“疒”，但應括注爲“疾”。戰國至秦漢“疒”未見實際用例，許慎只是根據“痛”“病”“疴”“痡”“瘼”等字而離析出這個部首，釋義可信，讀音未知。《唐韻》女戹切，《廣韻》尼戹切，這類讀音是後人所擬。

【几】《説文·几部》：“几，鳥之短羽飛几几也。象形。凡几之屬皆从几。讀若殊。”該部在“殳”“殺”之後，收有“鳧”與“㞼”二字。《説文·几部》：“鳧，舒鳧，鶩也。从鳥、几聲。”“鳧”古文字或作“”（《集成》10181），下部一般認爲是“俯”的表意初文，這裏作爲聲符。《説文·几部》：“㞼，新生羽而飛也。从几、从彡。”該字與“参”形音相似，但義不同，字形來源待考。“几”可能是離析出來的部首，本不成字，讀音可能來自於“殳”。

【亼】《説文·亼部》：“亼，三合也。从入、一，象三合之形。凡亼之屬皆从亼。讀若集。”林義光指出“亼”象倒口，从“令”“合”“食”等字的早期形體來看是有道理的。[1] 但古文字資料中單獨的“亼”並不太行用，是否真的存在一個讀若“集”、訓爲“三合”的獨立漢字“亼”頗爲可疑。“亼”很有可能就是許慎離析出來的部首。後人受此影響，偶有使用，如清徐珂《清稗類鈔·經術類》：“字書之形聲義，辨識毫釐，宋人所略，往往洞貫巪硋，會亼乖踳。”魯迅《域外小説集》初版題寫爲“或外小説亼”。

① 林義光《文源》，中西書局，2012年，第59頁。

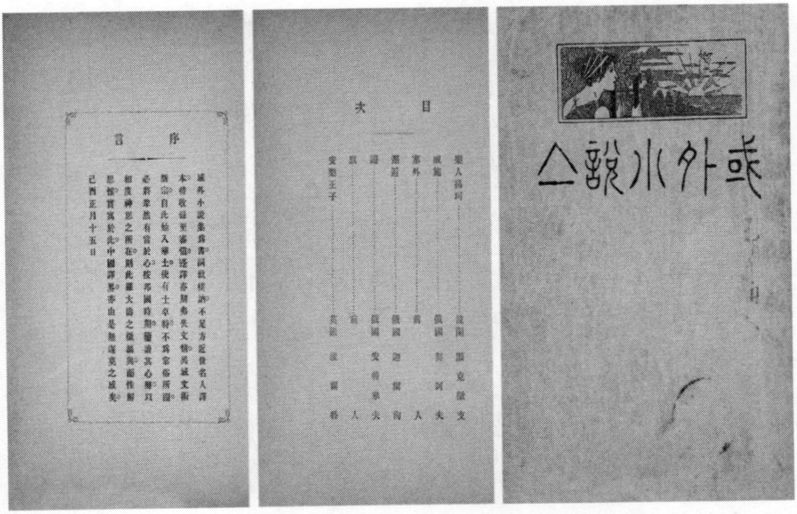

圖 7 《域外小説集》初版封面、目録及序言

【皀】《説文·皀部》:“皀，穀之馨香也。象嘉穀在裹中之形，匕所以扱之。或説:皀，一粒也。凡皀之屬皆从皀。又讀若香。”此部首從“即”“既”等字中離析出來，但許慎已不知“即”“既”等所从即器物“簋”之象形，因而釋義爲“穀之馨香”，同時又保留了其他的説法，訓爲“一粒”，可見他難以抉擇。他另外列出了“簋”字，《説文·竹部》:“簋，黍稷方器也。从竹、从皿、从皀。匭，古文簋，从匚、飢。匦，古文簋或从軌。朹，亦古文簋。”其實，甲骨文中“皀”（《合集》32879）一類形體多認爲就是“簋”的象形，但後來多用“毁”（《集成》4288）這類字形。許慎雖然離析出“皀”這個部首，但未明其音義，猶疑不定。

【叒】《説文·叒部》:“叒，日初出東方湯谷所登榑桑，叒木也。象形。凡叒之屬皆从叒。”“叒”下只收了一個“桑”字，所謂“日初出東方湯谷所登榑桑，叒木也”，釋義當與“桑”有關。“叒”未實際行用，應是從“桑”離析出來的部首。其籀文“”實即古文字中的“若”，許慎誤以爲從“桑”離析出來的“叒”與“”有關，遂牽合在一起。

【𩠐】《説文·𩠐部》：“𩠐，兩𦣻之閒也。从二𦣻。凡𩠐之屬皆从𩠐。”段玉裁注：“似醉切。按，此字不得其音。大徐依𤈧讀也。《廣韻》《玉篇》扶救切，又依阜音讀也。”王筠句讀：“依此義，則𩠐即‘大風有隧’之‘隧’。”看來“𩠐”的讀音存有異説。這個部首在傳世古書與出土文獻中皆未見，未嘗單用。實即許慎分析“䁥”“䢾”等字而來，讀音自然不明。

【夰】《説文·夰部》：“夰，放也。从大而八分也。凡夰之屬皆从夰。”此部首未見實際行用，應是離析而出的部首。“奡”字古文字作“”（上博簡《三德》11），字形突出頭首之形，表示昂首傲慢；下面所从則是“大”，即正面的人形。[①]“夰”這個部首應從位於下部的“大”演變而來。

【𠙴】《説文·𠙴部》：“𠙴，𠙴盧，飯器，以柳爲之。象形。凡𠙴之屬皆从𠙴。笶，𠙴或从竹、去聲。”該部首下無從屬之字，其後一部首爲“去”。從表述看，許慎以“𠙴”爲“笶”的象形初文，但該部首未見實際用例，其實是許慎離析“去”而産生的，音義附會於“笶”。所謂“𠙴盧”即“去盧”，“去盧”見於居延新簡《候粟君所責寇恩事》。

---

① 趙平安《上博簡〈三德〉“毋奡貧”解讀》，《簡帛語言文字研究》第三輯，巴蜀書社，2007年，第6—11頁。

【夲】《説文·夲部》:“夲,進趣也。从大、从十。大十,猶兼十人也。凡夲之屬皆从夲。讀若滔。”該部首未見實際用例,應是由小篆“奏”“皋”等字離析出來的。而“奏”“皋”等字的古文字形體本來也不从“夲”,訛變以後才形成“夲”。所謂“讀若滔”,不知所本。①

【虍】《説文·虍部》:“虍,虎文也。象形。凡虍之屬皆从虍。”徐鍇繫傳:“象其文章屈曲也。”這個部首見於甲骨文,多用作地名。戰國秦漢絶少單用,頂多用作偏旁時作爲“虎”的減省,並非獨立漢字。這應是許慎離析出來的部首,訓爲“虎文”似無根據。

【㐆】《説文·㐆部》:“㐆,歸也。从反身。凡㐆之屬皆从㐆。”從小篆形體上看,許慎認爲該部首即“身”之反書,所以訓爲“歸”(反身即歸來)。形體本身未曾單用,是爲分析“殷”字而離析出來的部首。

【丨】《説文·丨部》:“丨,上下通也。引而上行,讀若囟;引而下行,讀若退。凡丨之屬皆从丨。”該部首未見實際用例,當爲離析而出。豎筆“引而上行”或“引而下行”恐難成爲區別寫法,讀音不知所本。

【勹】《説文·勹部》:“勹,裹也。象人曲形,有所包裹。凡勹之屬皆从勹。”甲骨文中的“”(《合集》14294),字形表示人俯下身子,即“俯”字初文。古文字以此爲偏旁之字,皆與此有關,有時用作聲符。許慎分析的“勹”,從其他漢字中離析出來,

① 甲骨文有“”(《合集》3941)、“”(《合集》3516)一類字的考釋,歷來爭議較大,目前主流的看法是“桒(禱)”,主要根據就是“夲”之“讀若滔”。但“夲”本不成字,讀音可疑,因此這個意見不無疑問。

音義來自於“包”。

【㗊】《説文·㗊部》:“㗊，衆口也。从四口。凡㗊之屬皆从㗊。讀若戢，又讀若呶。”甲骨文中雖然有零星例子，但秦漢時許慎未必能見到，應是離析而出。

【吅】《説文·吅部》:“吅，驚嘑也。从二口。凡吅之屬皆从吅。讀若讙。”該部首未見實際用例，當爲離析而出，音義來自於“讙”。

【匕】《説文·匕部》:“匕，變也。从到人。凡匕之屬皆从匕。”該部首未見實際用例，當爲離析而出，音義來自於“化”。[①]

【𦫳】《説文·𦫳部》:“𦫳，羊角也。象形。凡𦫳之屬皆从𦫳。讀若乖。”該部首未見實際用例，當爲離析而出，釋義根據“羊”而來，讀音根據“乖”而來。

【㠭】《説文·㠭部》:“㠭，極巧視之也。从四工。凡㠭之屬皆从㠭。”該部首未見實際用例，當爲離析而出。

【彑】《説文·彑部》:“彑，豕之頭。象其鋭，而上見也。凡彑之屬皆从彑。讀若罽。”該部首非獨立漢字，未見實際用例，當爲離析而出。

【㸚】《説文·㸚部》:“㸚，二爻也。凡㸚之屬皆从㸚。”該部首未見實際用例，當爲離析而出。

由於《説文》的巨大影響，這些本不成字的部首所形成的“僞詞”也可能成爲“真詞”，後世文人遣詞造句爲求古雅深奥，可能會使用這些“僞詞”。像上面提到的北周衛元嵩《元包經》、清

① 古文字中有倒人之字，象人顛落之形，但與許慎分析得出的部首不是一回事。

徐珂《清稗類鈔·經術類》以及魯迅《域外小説集》等，可以算是《説文》對後世漢語詞彙影響的一種特殊情況。

第二，《説文》中存在一些反向構形的字，原本也不獨立成字，未見實際用例，多用為偏旁。許慎收進《説文》中，有時加個“讀若”，有時不明其音，也有“僞詞”性質。[①] 如：

【少】《説文·止部》：“少，蹈也。从反止。讀若撻。”“少”即反向的“止”，但未見實際用例，一般用作偏旁，如“步”字所从。徐灝《説文解字注箋》認爲“少”爲古“蹋”字，但並未提供用例上的支持，難以信從。

【亍】《説文·止部》：“亍，步止也。从反彳。讀若畜。”“亍”即反向的“彳”，同時也是“行”的右半邊，出土文獻中未見實際用例（排除特殊的減省）。傳世古書中有兩例，即《文選·左思〈魏都賦〉》：“喬雲翔龍，澤馬亍阜。”《文選·顔延之〈赭白馬賦〉》：“纖驪接趾，秀騏齊亍。”可能當時社會上已離析出了“亍”，也可能是後人改字。

【爫】《説文·爪部》：“爫，亦丮也。从反爪。闕。”“爫”即反向的“爪”，讀音未明。段玉裁注：“蓋以覆手反之，即是掌也。”《漢書·揚雄傳上》：“河靈矍踢，爫華蹈衰。”顔師古注：“蘇林曰：‘掌據之，足蹈之也。’……爫，古掌字。”説“爫”是古“掌”字，不知所本。揚雄賦一例可能本是“爪”字，也可能是後人改動而成。“爫”在出土文獻中未見單獨用例，頂多用作偏旁，這個字形與手掌也不相似。

---

① 上面提到的“㡀”也是。

【㐄】《説文·夊部》:“㐄，跨步也。从反夊。䠆从此。”“㐄”即反向的“夊”，未見實際用例，一般用作偏旁，如“䠆”“韋”等字所从。

【𨸏】《説文·邑部》:“𨸏，从反邑。𨛜字从此。闕。”“𨸏”即反向的“邑”，或用作偏旁，如“鄉”字所从，但未見單獨用例。

【𠃨】《説文·丮部》:“𠃨，拖持也。从反丮。闕。”“𠃨”即反向的“丮”，未見實際用例。甲骨文“埶”、金文“揚”或反向書寫，所从“丮”就成了“𠃨”。

【㔾】《説文·卩部》:“㔾，卪也。闕。”“㔾”即反向的“卩/卪”，未見實際用例，見於“卿”所从。甲骨文“卩/卪”無論正向反向都是“卩/卪”，不是《説文》中的“㔾”。

古文字有時正反無別，一個字正反逆向（包括左右反向、上下顛倒）仍然還是一個字、一個詞，這是古文字學常識。當然反向構形、變向造字的情況也存在，如“曰”與“今”、“𠂇（左）”與“又（右）”。[1]但上面幾個例子均無較早的實際用例，可知它們本不成字，無所謂詞。當然，同樣由於《説文》的影響，這些“僞詞”也可能會成爲“真詞”。

除了以上討論的兩種情況（部首字與反向字），有些單字可能也是離析得出，如“屰”“皃”等。這些字在秦漢時期的文字中往往找不到實際用例，如果許慎見到先秦古文字的相關用例，按照體例一般會作爲古文或籀文收進《説文》。當然，這絶非在抹煞許慎的成就，而是以秦漢時期的語言文字背景來更好地理解許慎與《説文》。

---

① 《合集》33006:“丁酉貞：王作三師，右、中、左。”

（四）《説文》中的誤訓字

《説文》字頭中個別漢字的訓釋尚有疑問，可能是誤訓字，也有點“僞詞”的性質。如：

【也】《説文·乁部》：“也，女陰也。象形。”古文字作“”（《集成》10008）、“”（上博簡《孔子詩論》7）、“”（郭店簡《語叢一》73）、“”（郭店簡《唐虞之道》29）等，上部从“口”，或許與言説有關，但整體構形尚不清楚。許慎認爲“也”象女陰之形，這是根據小篆“”而説的，並不可信。《正字通·乙部》：“也，盥器。即古文匜字。”王筠《文字蒙求·象形》：“也，古匜字，沃盥器也。”王玉樹《説文拈字》説法亦同。其實這種説法不可信，因爲“匜”本从“它”（用作聲符），“它”“也”是不同的兩個字，从“也”乃是訛形。楊樹達根據“眍/施”有交合義，遂認爲“也”當有女陰義。[①]這種説法也不好，因爲“眍/施”亦本从“它”（用作聲符）。

【不】《説文·不部》：“不，鳥飛上翔不下來也。从一，一猶天也。象形。”古文字作“”（《合集》13266）、“”（《集成》2778），構形理據尚待研究。許慎根據小篆形體立説，認爲字形表示“鳥飛上翔不下來”之狀。其下一部首爲“至”，能幫助我們理解其形義邏輯。《説文·至部》：“至，鳥飛从高下至地也。从一，一猶地也。象形。不，上去；而至，下來也。”由此可知，許慎是根據“不”與“至”小篆即“”與“”對比得出的認識，“不”即鳥兒向上飛，“至”即鳥兒向下飛。但是古文字字形

① 楊樹達《積微居小學述林》，中華書局，1983年，第33頁。

並不支持這種認識，“至”字形表示箭矢射至某處，本義即到達，“不”之構形尚不明確，本義尚不清楚。《漢語大字典》（第二版）在“不”之“（二）fǒu《廣韻》方久切，上有，非。之部”下專門列出義項“鳥向上飛翔貌”，並不妥當；至於“至”，又根據《説文》釋義列出義項“鳥兒從高處飛到地上”，也不妥當。

【丌】《説文·丌部》：“丌，下基也，薦物之丌。象形。凡丌之屬皆从丌。讀若箕同。”一般認爲“丌”由“其”分化而來，本來是飾筆，字形演變可與“奠”下部類比。①確切地説，“丌”是由“其”下部截除分化而來。“其”或作“”（《集成》245），下部就是“丌”。單獨的“丌”在戰國之前未曾出現，戰國“丌”作“”（郭店簡《語叢四》15）、“”（上博簡《緇衣》10），或上加一橫爲飾筆如“”（上博簡《用曰》18）、“”（新蔡簡零338）、“”（秦駰玉版），用例多同“其”或从“其”得聲之字；並且“箕”“期”“基”等字所从的“其”都可以寫作“丌”。因此，“丌”由“其”截除分化而來，原本帶有飾筆性質，其形體自然不是“下基也，薦物之丌”。

【爲】《説文·爪部》：“爲，母猴也。其爲禽好爪，爪，母猴象也，下腹爲母猴形。王育曰：爪，象形也。”古文字作“”（《合集》18150）、“”（《合集》15188）、“”（《集成》2531）等，字形表示以手馭象、驅使做事，本義即作爲。②《合集》15179：“丁

① 劉釗《古文字構形學》（修訂本），福建人民出版社，2011年，第25頁。黄德寬《古文字譜系疏證》，商務印書館，2007年，第54頁。

② 古人馭象做事的例子如《呂氏春秋·古樂》：“商人服象，爲虐于東夷。”

未卜，殻貞：我爲賓。”“爲賓”之“爲”，意思即《合集》1655與《合集》6497中的“作”。[①]“爲”還有治理、學習、療治、種植、謀求、變成、充當、施用等詞義，均與《説文》所訓“母猴”無關。羅振玉最早根據甲骨文“爲”以糾正《説文》釋義之誤。[②]但也有研究者認爲“爲”字雖不象母猴形，但確有母猴義。[③]段玉裁提到《左傳·哀公十一年》“公叔務人”，《禮記·檀弓下》作“公叔禺人”。《説文·由部》：“禺，母猴屬也。”名“爲”字“禺”，正好相應。其實，“公叔務人”與“公叔禺人”爲同名異寫有問題，“務”古音在明母侯部，“禺”古音在疑母侯部，兩者聲母不近。[④]衆所周知，《説文》一書釋義的主要方式是形訓，也就是根據形

---

① “賓”字原从宀从万，可能表示某種建築，據《合集》30282“其爲祖丁賓門”可知。

② 羅振玉《增訂殷虚書契考釋》，《殷商貞卜文字考（外五種）》，上海古籍出版社，2013年，第263頁。

③ “母猴”一詞也見於其他古書，如《韓非子·外儲説左上》：“宋人有請爲燕王以棘刺之端爲母猴者，必三月齋，然後能觀之。”《吕氏春秋·察傳》：“夫得言不可以不察，數傳而白爲黑，黑爲白，故狗似玃，玃似母猴，母猴似人，人之與狗則遠矣。”“母猴”也叫“沐猴”。張永言指出，這個詞是“一個由非漢語成分加漢語成分組成的‘合璧詞’”，參見張永言《詞源探索三例·“沐猴”解》，《語文學論集》（增訂本），復旦大學出版社，2015年，第236頁。

④ 邊田鋼指出，《孔子家語·曲禮子貢問》記載此事作“公叔務人遇人入保負杖而息”，傳世古書和出土文獻中多以“禺”表“遇”，該故事可能存在“公叔務人禺（遇）人……”一類的記録形式，《禮記·檀弓下》在創作或流傳過程中，誤將“務人”抄作緊鄰之“禺人”，因而這條異文可能本身與音韻無涉。此爲同事邊田鋼面聊賜告（具體可參見邊田鋼《上古漢語唇、牙喉聲母通轉僞例辨析及啟示》，《中國語言學集刊》第16卷第2期，2023年）。

體探求本義，緊緊圍繞着形義關係進行説解，釋義與析形相互統一。按照這種釋義邏輯，“爲”之所以訓爲“母猴”，是因爲看到“爲”的小篆“”正象猴之形。許慎説：“爲，母猴也。其爲禽好爪，爪，母猴象也，下腹爲母猴形。王育曰：爪，象形也。”“其爲禽好爪，爪，母猴象也，下腹爲母猴形”就是在解釋小篆“”這一形體，猴爪正舉在頭頂。

圖 8　河南湯陰出土銅帶鈎[①]

圖 9 《西遊記》中的孫悟空[②]

圖 10　故宮博物院藏清代倒流壺[③]

當然，誤解字形不一定代表釋義就一點也不可信。形義關係雖未得其正解，但意義説解卻有根據。如：

---

① 圖片參見李零《十二生肖中國年》，生活·讀書·新知三聯書店，2020 年，第 158 頁。
② 圖片參見《西遊記》，時代文藝出版社，2001 年，第 6 頁。
③ 圖片參見故宮博物院網站。

【古】《説文·古部》:“古，故也。从十、口，識前言者也。”古文字作“”（《合集》16750）、“”（《集成》2837），上部爲盾牌之形，下部加“口”分化，表示物體堅固之義，是“固”的初文。類似的分化現象如“吉”“高”等字。許慎釋義爲“故”，分析爲“从十、口，識前言者也”，意思是衆人口耳相傳，後人可以識記先民往事。這裏雖然析形不確，但釋義有據，訓“故”自然和“古”的詞義系統密切相關，也是當時常見的意思。

【習】《説文·白部》:“習，數飛也。从羽、从白。”小徐本作“从羽、白聲”，可見文本尚有出入，但都認爲从“羽”。“習”古文字作“”（《合集》31671），上部並非“羽”而是“彗”，甲骨文“雪/䨮”作“”（《合集》34039）即从“彗”得聲，可證“習”上部本非“羽”。唐蘭指出“習”本从日、彗聲，本義爲暴乾。[①]“習”與“襲”音近古通，“襲”有重複義，故而“習”也有重複義，《左傳·襄公十三年》:“先王卜征五年，而歲習其祥，祥習則行。”杜預注:“五年五卜皆同吉，乃巡狩。”“習”自然可以指鳥兒數飛，《禮記·月令》:“（季夏之月）鷹乃學習。”《文選·張華〈鷦鷯賦〉》:“飛不飄颺，翔不翕習。”許慎對“習”字字形分析不確，但是釋義仍有語言事實的基礎，只是没有説對形義關係而已。

（五）《説文》中的一曰字

《説文》中“一曰”問題比較複雜，“一曰”前後釋義有些是

① 唐蘭《殷虚文字記》，上海古籍出版社，2016年，第34頁。

本義與引申義的關係，有些是本義與假借義的關係，有些則是同形關係，屬於兩個字、兩個詞。如：

【若】《説文・艸部》："若，擇菜也。从艸、右。右，手也。一曰：杜若，香艸。"鄔可晶將甲骨文中舊釋爲"芻"的字改釋爲"若"，如""（《合集》11418）、""（《合集》11409）等，《合集》11406"于敦大若"之"若"即擇菜義。[①] 香草名杜若之"若"，如《楚辭・九章・惜往日》："自前世之嫉賢兮，謂蕙若其不可佩。"洪興祖補注："若，杜若也。"擇菜義與杜若義没有引申關係，擇菜之"若"與杜若之"若"可能是同形字。

【茭】《説文・艸部》："茭，乾芻。从艸、交聲。一曰：牛蘄艸。"乾芻義的"茭"，如《尚書・費誓》："魯人三郊三遂，峙乃芻茭，無敢不多，汝則有大刑。"牛蘄義的"茭"，説本《爾雅・釋草》："茭，牛蘄。"郭璞注："今馬蘄。葉細鋭似芹，亦可食。"乾芻義與牛蘄義没有引申關係，乾芻之"茭"與牛蘄之"茭"可能是同形字。

【榮】《説文・木部》："榮，桐木也。从木、熒省聲。一曰：屋梠之兩頭起者爲榮。""榮"指桐木，本自《爾雅・釋木》："榮，桐木。"郭璞注："即梧桐。"也可指屋檐，如《儀禮・士冠禮》："夙興，設洗直於東榮。"鄭玄注："榮，屋翼也。"《文選・司馬相如〈上林賦〉》："偓佺之倫，暴於南榮。"李善注引郭璞曰："榮，屋南檐也。"桐木義與屋檐義没有引申關係，桐木之"榮"與屋檐

① 鄔可晶《"芻、若"補釋》，《古文字研究》第三十二輯，中華書局，2018年，第274—280頁。

之“桊”可能是同形字。

需要注意的是，同形與假借有時難以區分，我們也可以說這裏是借擇菜義的“若”來表示杜若義的“若”、借乾芻義的“茭”來表示牛蘄義的“茭”、借桐木義的“桊”來表示屋檐義的“桊”。不過站在詞的角度上，兩個字無論是同形還是假借，都算兩個詞。

第三章 《説文》中的意義類型

《説文》一書的意義類型比較豐富，可以分成本義、引申義、假借義以及語源義。

第一節 《説文》中的本義

（一）字的本義與詞的本義

本義問題比較複雜，涉及字的本義與詞的本義的關係問題。字的本義，就是它所代表的詞在造字時的意義。[①] 詞的本義，就是一個詞本來的或最初的意義。[②] 文字是記録語言的符號，但在文字産生之前，語言已有漫長的歷史。房德里耶斯認爲："語言是隨着人腦的發達和社會的建立而逐漸創造的。……只有當人腦充分發達，能够使用語言的時候，語言才能作爲社會事實而産生。" [③] 這是相當古遠的事，文字的産生要大大晚於語言的産生。一個詞經歷了很長一段時間，後來才配備了文字；

---

① 裘錫圭《文字學概要》(修訂本)，商務印書館，2013 年，第 144 頁。

② 蔣紹愚《古漢語詞彙綱要》，商務印書館，2021 年，第 57 頁。

③ 約瑟夫·房德里耶斯《語言》，岑麒祥、葉蜚聲譯，商務印書館，2012 年，第 10、15 頁。

當文字記録它的時候，它可能仍然保持最初的意義，也可能已經發生了詞義的發展變化。因此，字的本義與詞的本義有時一致，有時不一致。甲骨文“止”寫作“”（《合集》33193），象足趾之形，就是爲足趾之“趾”這個詞而造的字。[①]《合集》13683：“貞：疾止，唯有害。”《合集》13689：“貞：疾止，于妣庚禦。”《合集》2627：“甲戌卜，殼貞：弜緩禦婦好止于父乙。”這幾個用例用的就是“止”的本義。[②]人們在爲“止”這個詞配備文字之前，詞義有没有發生變化？應該説可能性較小，當然也無從得知。裘錫圭指出：“就多數字來説，它們的本義就是它們所代表的詞能够爲我們所能追溯到的最古意義。”[③]“我們所能追溯到的”，自然是憑藉文字資料，尤其是出土的早期

---

① 這裏需要注意的是，“止”或“趾”原本所指的就是今天所謂的脚，大致爲包括脚踝在内、接觸地面的整個脚掌，而非脚指，《儀禮·士昏禮》：“御衽于奥，媵衽良席在東，皆有枕，北止。”鄭玄注：“止，足也。”《詩經·豳風·七月》：“三之日于耜，四之日舉趾。”毛傳：“四之日，周四月也，民無不舉足而耕矣。”《詩經·周南·麟之趾》：“麟之趾，振振公子。”《爾雅·釋言》：“趾，足也。”郭璞注：“足，脚。”《漢書·刑法志》：“當斬左止者，笞五百。”顔師古注：“止，足也。”脚指一般用“指”，《左傳·定公十四年》：“闔廬傷將指，取其一屨。”杜預注：“其足大指見斬，遂失屨，姑浮取之。”《史記·高祖本紀》：“漢王傷匈，乃捫足曰：‘虜中吾指。’”後來“趾”轉指爲脚指，《洪武正韻·紙韻》：“趾，足指。”以上説法主要參見王力《漢語詞彙史》，中華書局，2013年，第93頁。

② 清華簡《管仲》3—4“從人之道，止則心之本，手則心之枝，目、耳則心之末，口則心之竅”中“止”亦用本義。

③ 裘錫圭《文字學概要》（修訂本），商務印書館，2013年，第144頁。

文字資料。蔣紹愚指出："就漢語而言，我們現在所知道的漢語詞彙的較古的意義，都是憑藉文字記載而知道的；而在這些意義裡面，當然是文字産生階段的意義最爲古老。而甲骨文和其他古文字的字形所反映出來的意義，一般來説就是文字産生階段的意義，所以，它們既是字的本義，又是我們所知道的最古老的詞義，這樣，字的本義和詞的本義就一致了。"① 王力主編的《古代漢語》也指出："所謂詞的本義，就是詞的本來的意義。漢語的歷史是非常悠久的，在漢字未産生以前，遠古漢語的詞可能還有更原始的意義，但是我們現在已經無從考證了。今天我們所能談的只是上古文獻史料所能證明的本義。"② 正因如此，甲骨文"止"字的本義足趾義可以當成"止"這個詞的本義。

在文字産生之後，語言還會繼續發展，詞義的發展變化可以看得較爲清楚一些。"止"原本表示人的足趾，也可以表示其他事物的下端，如周家臺秦簡《病方及其它》329—330："已齲方：以菽七，脱去黑者。操兩瓦，之東西垣日出所燭，先埋一瓦垣止下，復環禹步三步。""垣止"即墻腳，"止"指墻體的下端、接近地面之處。嶽麓秦簡［貳］179/1747："城止深四尺，廣三丈三尺，袤二丈五尺，積尺三千三百。術曰：'以廣乘袤又乘深即成。唯築城止與此等。'""城止"即城墻地基。後來人們爲"止"的這一引申義專門造了"址"這個字；亦作

---

① 蔣紹愚《古漢語詞彙綱要》，商務印書館，2021年，第57頁。

② 王力《古代漢語》（校訂重排本），中華書局，1999年，第93頁。

“阯”,《説文·𨸏部》:“阯,基也。从𨸏、止聲。址,阯或从土。”“址”是獨立的新詞,對於一般人來説,“止”“址”就是兩個不同的詞,人們已經能明顯感覺到兩者在詞義上的差異,儘管讀音相同。[①]但從語源上看,它是從“止”這個詞中滋生出來的。就字而言,“址”既然是爲“止”的引申義即基址義而造的字,那麼“址”這個字的本義只能是基址義;就詞而言,“址”作爲一個滋生詞,由“止”這個母詞分化而來,我們可以説“址”這個詞的本義是足趾義。這種情況下,字的本義與詞的本義没有相一致。

爲了更好地理解上面所説的,我們做了如下圖示:

---

① 這裏要我們充分重視文字的作用。文字是記録語言的符號,新字没有産生之前,到底看作一個詞的兩個義位,還是兩個形體相同、音義略别的詞,不太容易判斷。拿現在來説,漁网的“网”和网絡的“网”到底看作一個詞還是兩個詞?我們覺得,恐怕還是一個詞。吕叔湘説:“一個語素可以有幾個意思,只要這幾個意思聯得上,仍然是一個語素。例如工有工作、技術、精巧等意思,都聯得上,只是一個語素。如果幾個意思聯不上,就得算幾個語素。”參見吕叔湘《漢語語法分析問題》,商務印書館,1979年,第15頁。所以漁网的“网”和网絡的“网”應該還是一個詞,可以説“网”這個詞擁有漁网義和网絡義這兩個義位。但是,假如人們給网絡的“网”造一個“𬌗”(从电、网)字,人們必然會覺得“网”與“𬌗”是兩個字,漁网的“网”和网絡的“𬌗”是兩個詞。因此,“址”這個字産生後,足趾的“止”與基址的“址”是兩個字、兩個詞。不過“解”與“懈”的情况有所不同,兩者前後語音有所變化,在没有産生“懈”這個字之前,到底看作一個詞的兩個義位(分解義與懈怠義),還是兩個詞,只能看語音什麼時候變,但這種準確的語音信息卻不好掌握。

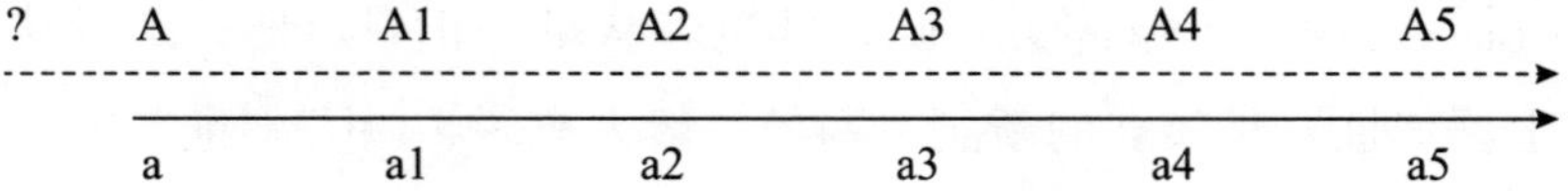

説明：A 表示詞，虛綫表示語言的發展，A1、A2、A3、A4、A5 是 A 的滋生詞；a 表示文字，實綫表示文字的發展，a1、a2、a3、a4、a5 是 a 的分化字。A 這個詞出現之前，由於缺乏文字資料未必能確定是否有更早的語源，故用問號表示。當 A 這個詞出現之後，人們用 a 這個字來記録 A，a 的本義就等於 A，此時字的本義與詞的本義一致。當 A 這個詞滋生出 A1 這個詞時，人們用 a1 這個字來記録 A1，而 a1 由 a 分化而來，那麼 a1 的本義只是 A1 而不是 A，此時字的本義與詞的本義没有一致。後面的情況可以類推。

（二）字的形體與字的本義

一般來説，字形反映出來的意義就是字的本義，形體和本義的關係是非常密切的。甲骨文名物類字往往是“形即本義”。人們給“馬”這個詞配備一個字，那就寫作“”（《合集》10405），字形象一匹馬，關鍵特徵在於鬃毛。《合集》10405：“癸巳卜，殼貞：旬亡憂。王占曰：乃茲亦有咎，若偁。甲午王往逐兕，小臣由，馬硪，攷王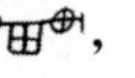，子央亦顛。”卜辭中還有一些疑難字詞，這裏簡述一下大意。癸巳那一天，殼這個貞人向神靈卜問未來十天内有無災禍。用龜占卜後，出現了裂紋（亦即卜兆），商王看了卜兆之後，認爲未來十天會有不好的事發生。結果真的像商王所説，第二天甲午商王去打獵，在追捕犀牛的時候，小臣由所乘之車的車軸突然斷了，馬受驚亂竄，撞翻了商王的車，商王不幸顛落，大臣子央也墜下車來。卜辭中“”與“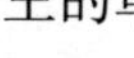”無法隸定，但表意性很強，意思一看便知，分別表示車軸斷裂、車廂倒置。“馬硪”之“硪”目前没有確釋的意見，只是根據字

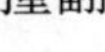

形勉強隸定，意思大約是馬受驚亂竄，或如《禮記·檀弓上》“魯莊公及宋人戰于乘丘。縣賁父御，卜國爲右。馬驚，敗績，公隊。佐車授綏”之“驚，敗績”。“𩡧”在這裏用作本義，記録牛馬之“馬”這個詞。

文字源於圖畫，早期文字帶有濃重的表意性，用以表達具象事物是其優點。不唯古漢字如此，納西文也是如此。我們來看幾組形義對比：

表 1　古漢字表意字與納西文表意字形義對比表

古漢字		納西文	
 《合集》3291	形大象之形（豎置，突出大象長鼻之形） 義大象	 《納典》805	形大象之形（横置，突出大象長鼻之形） 義大象
 《合集》21071	形女子腹中懷子（未突出女子之形） 義懷孕	 《納典》529	形女子腹中懷子（突出女子之形） 義懷孕
 《合集》137	形人站立撒尿（尿水以三點表示） 義撒尿	 《納典》277	形人站立撒尿（尿水以實綫表示） 義撒尿

不難看出，古漢字與納西文在表意上存在諸多相似之處。出現這種現象的原因，是造字心理與形象思維上的相似。

具象化的表意字還可以表示抽象的概念。有些具象化的表意字由於詞義引申而表示引申義，如“日”“月”本象自然界天體太陽、月亮之形，本義即太陽、月亮；但是甲骨文中兩者還可表示時間概念，如“今日”“來日”“四日”“五月”“生月”“十二月”等，宋沈括《夢溪筆談·補第二卷·象數》：“凡日一出没謂之一日，月一盈虧謂之一月。”語言中“日”“月”兩個詞早已産生引申義，而字形上並未做出調整，一仍其舊。

也有些具象化的表意字一開始就表達抽象的概念，所選用的形體具有舉例性、概括性，但本義的理解需要寬泛一些，不能就字形而談本義。

首先看象形字與指事字。“王”的形體象斧鉞之形，如“”（《合集》17301）、“”（《合集》27320）、“”（《集成》2594）等，有的論著指出“王”的本義就是斧鉞，我們並不認同，因爲古今未有其例。林沄指出，“王”字“本象斧鉞形，而斧鉞本爲軍事統率權的象徵物”。[①] 因此，“王”的本義就是首領，亦即某一團體中具有特殊權力與突出能力者。[②]“首領”是一個較爲抽象的概念，如果造字者選取並描摹某一部落的首領的形貌來表示語言中“王”（首領）這個詞，人們會感到指稱不明、混淆不清，這樣的字形是不會被推廣使用的。基於這樣的考慮，人們就傾向選取一些具有普遍意義的事物來描摹，於是想到象徵權力的斧鉞，摹寫出來是斧鉞形，但應理解爲首領義。“高”是一個抽象的概念，人之高、山之高、樹之高等都需要用到“高”這個詞，納西文中

① 林沄《説王》，《考古》1965 年第 6 期，第 312 頁。

② “王鮪”“王彗”“王蛇”“王雎”“王芻”“王女”“王虹”“王弓”中的“王”就指同類事物中之絶大者，與首領之“王”（也是君王之“王”）關係至爲密切。

“高”這個概念就直接用“”（《納典》1190）來表示，李霖燦注：“［ʂwɑ^{31}］高也。原象墻上高架板之形，納西人之木屋，中、高處有長木架以承物，名曰［ʂwɑ^{31}ɖur^{33}］，依此物而作本字，作‘高’之意思用。”① 在文字産生之前，“高”這個詞肯定早就産生，意義較抽象，用法不單一，爲之配備文字後，反而“形局”了，實際上是“義通”的。“大”也同理。唐蘭認爲：“（大）由大人的‘大’，又引申做一般的‘大’。”② 這樣看有問題，裘錫圭指出：“‘大’的字形象一個成年大人。這是以一種具有‘大’這個特徵的具體事物來表示一般的‘大’。如果根據‘大’的字形得出結論，認爲‘大’的本義專指人的大，其他事物的大也叫‘大’，是詞義引申的結果，那就錯了。”③“至”古文字作“”（《合集》6834），字形可以説是箭矢射至某處，但本義不能這樣説，“至”的本義就是到達，否則會讓人誤以爲“至”是矢至義引申爲到達義，這樣肯定不行。

再看會意字。“牧”甲骨文作“”（《合集》376）、“”（《合集》493），《説文·攴部》：“牧，養牛人也。从攴、从牛。《詩》曰：牧人乃夢。”桂馥義證：“牧者，畜養之總名，非止牛馬也。”《孟子·公孫丑下》：“今有受人之牛羊而爲之牧之者。”《莊子·駢拇》：“二人相與牧羊，而俱亡其羊。”《莊子·徐無鬼》：“七聖皆迷，無

---

① 李霖燦《納西族象形標音文字字典》，雲南民族出版社，2001年，第219頁。

② 唐蘭《中國文字學》，上海古籍出版社，2023年，第86—87頁。

③ 裘錫圭《文字學概要》（修訂本），商務印書館，2013年，第144—145頁。

所問塗，適遇牧馬童子問塗焉。"《漢書·公孫弘傳》："公孫弘，菑川薛人也。少時爲獄吏，有罪，免。家貧，牧豕海上。年四十餘，乃學春秋雜説。"可見放牛、放羊、放馬、放豬都可以説"牧"，桂馥的説法是正確的。字形雖然从"牛"，但所牧之物不限於"牛"這一種牲畜。甲骨文中還有"羖"，如""（《合集》5842）、""（《合集》11003）等，楚簡文字中的"養"就寫作"羖"，與"養"字《説文》古文正合，有些學者就主張這個字釋爲"養"而非"牧"。[①] 如果考察甲骨文辭例，這個問題不難解決。《遺珠》758"在昜牧"之"牧"，與《合集》32616"在丂遊"之"遊"當爲一字，聯繫《合集》281"牧以羌"與《合集》32031"遊以羌"亦可知，"牧"累增"辵"旁就是"遊"，這個累增意符大概表示的是"牧"作爲放養之義帶有位移性，並不是關在一地、圈養起來。卜辭中的"牧/遊"都表示"被商王派駐在商都以外某地從事畜牧的職官"。[②]《合集》35240有"在丂微"，《合集》32014有"微來羌"，與上述卜辭比較可知，"微"即"牧/遊"。先秦兩漢古書及其注疏從來没有説過"放羊曰羖，放牛曰牧"之類的話，可見古人對此未加區别。既然如此，甲骨文中的"羖"也是"牧"。也就是説，"牧"既可以从"牛"，也可以从"羊"。

"逐"的使用情況可與之類比。"逐"的對象很多，有"逐

---

① 于省吾《甲骨文字詁林》，中華書局，1996年，第1546頁。劉桓《甲骨文字考釋四則》，《古文字研究》第二十六輯，中華書局，2006年，第61頁。

② 裘錫圭《甲骨卜辭中所見的"田""牧""衛"等職官的研究》，《文史》第十九輯，1983年，第8頁。

鹿”（《合集》5775）、“逐豖”（《合集》10237）、“逐麋”（《合集》10347）、“逐兔”（《後漢書·袁紹傳》），可見古人對於追逐野獸一般就用“逐”這個詞。反映到字形上，从“豖”占了絶大多數，如“”（《合集》35263）、“”（《合集》10229）、“”（《合集》11010）等，據此可知“豖”本非家豬而是野豬，亦即未被馴化圈養的豬，《詩經·小雅·漸漸之石》：“有豖白蹢，烝涉波矣。”《孟子·盡心上》：“舜之居深山之中，與木石居，與鹿豖遊。”後來才被馴化。“逐”也可以从“兔”，如《合集》10294“”“”，可以隸定爲“逸”，辭例爲：“癸巳卜：王逸鹿。/弗其逸。”根據文義，“逸”顯然用作“逐”，孫海波將之釋爲“逐”。[①]這個意見是正確的。“”“”是从“兔”之“逐”，它所代表的詞後面跟的賓語卻是“鹿”，正如从“豖”之“逐”後面帶“鹿”“麋”等賓語，説明“逐”這個詞意思較爲寬泛，絶不限於逐豖，字形上从“豖”、从“兔”皆可。

“獲”也是一個好例子。甲骨文中“獲”寫作“”（《合集》37588）、“”（《合集》9374）等，亦即“隻”，字形表示以手持隹，本義即獲得。甲骨文與傳世古書中“獲”的賓語有“羌”“象”“兕”“鹿”“虎”“狐”“麟”等，可見“獲”的對象很多，並不限於“隹”。我們應該把這個構形中的“隹”理解得寬泛一些，本義應表述爲“獲得”或“獲取”，而非“獲隹”或“獲鳥”。[②]

---

① 孫海波《甲骨文編》，中華書局，1965年，第69頁。

② “得”寫作“”（《合集》8379），字形从又、貝，本義也是“獲得”或“得到”，而非“得貝”，因爲所得之物不只限於“貝”。甲骨文中也有不少以“羌”“黄（尪）”等人一類的詞作爲“得”之對象。

同樣，“奪”寫作“”（《集成》9593），所从“隹”不必看得太死，《説文·奞部》：“奪，手持隹失之也。”這個釋義只能説是字形義，而非本義。段玉裁注：“引申爲凡失去物之偁。”這樣看有點狹隘局限了，“奪”的本義就是“喪失”。

類似的情況還有“坎”“陷”。“坎”可以从“牛”也可以从“犬”，“陷”可以从“鹿”也可以从“麋”，但它們的本義不必過於局限。

最後看形聲字。“狀”，《説文·犬部》：“狀，犬形也。”段玉裁注：“引伸爲形狀。”許慎對“狀”的解釋其實還是字形義，並非本義。戰國楚系文字中“狀”往往寫成“”（清華簡《楚居》3）這類形體，亦即“䏊”，从首、爿聲，多爲人之狀貌，如清華簡《楚居》2—3：“穴酓遟徙於京宗，爰得妣厲，逆流載水，厥䏊聶耳，乃妻之，生佢叔、麗季。”清華簡《説命上》2—3：“毕説之䏊，鳶肩如錐。”也有比較抽象的用法，如郭店簡《老子甲》21：“有䏊混成，先天地生，敚穆，獨立不改，可以爲天下母。”从“犬”的“狀”則是秦系文字的寫法。古漢語中“狀”這個詞的用法應該是比較寬泛的，可以施用於世間很多事物，因此“狀”的本義就是“形狀”，無須局限在“犬形”上。《漢語大字典》（第二版）“狀”下首個義項即“犬形。引申爲形狀”，失之。

之所以有些例子要看成“形即本義”、有些例子要看成“形局義通”，和我們能掌握到的語言資料或語言事實有關。裘錫圭指出：“我們在確定一個字的本義的時候，應該充分注意有關的語言資料，不能過分拘泥於字形。”[1] 蔣紹愚指出：“分析字形是確

① 裘錫圭《文字學概要》（修訂本），商務印書館，2013年，第145頁。

定字的本義的重要依據，從具體到抽象，也是詞義發展的一條一般規律。我們的意思只是在確定字的本義時，除分析字形之外，還需要從多方面進行一些分析。其中很重要的一條，就是要依據我們所掌握的語言事實。”①

（三）《説文》本義舉例

《説文》説解字義的主要方式是形訓，即通過分析字形結構以探求本義。《説文》本義説解絶大多數是可信的，能爲古文字資料所證明。許慎能從複雜的義位中考證出本義，正見其識見之高明卓越。但與此同時，限於當時所能見到的資料，部分本義説解存在問題。

1.《説文》本義説解可信者②

【自】《説文·自部》：“自，鼻也。象鼻形。”古文字作“”（《合集》23703）、“”（《合集》32348）。本義即鼻子，用例如《合集》11506：“貞：有疾自，唯有害。/ 貞：有疾自，不唯有害。”③

【雨】《説文·雨部》：“雨，水从雲下也。一象天，冂象雲，

---

① 蔣紹愚《古漢語詞彙綱要》，商務印書館，2021年，第59頁。

② 包括“一曰”釋義可信者、字形分析稍有出入者。

③ “自”之鼻子義在傳世古書中非常少見，目前大概只有甲骨文這一例。許慎能分析出“自”之鼻子義，大概主要是分析“鼻”“臭”“皋”諸字後得出的認識，再加上“自”之小篆字形與鼻子還有幾分相似。

水需其閒也。”古文字作“”（《合集》12882）、“”（《合集》28611）。即雲雨之“雨”，名詞，用例如《合集》28491：“今日乙王其田，湄日亡災，不遘大雨。”亦雨雪之“雨”，動詞，用例如《合集》20917：“今夕不雨。”①

【玉】《説文·玉部》：“玉，石之美有五德：潤澤以溫，仁之方也；䚡理自外可以知中，義之方也；其聲舒揚尃以遠聞，智之方也；不橈而折，勇之方也；鋭廉而不忮，絜之方也。象三玉之連，丨，其貫也。”古文字作“”（《合集》11364）、“”（《合集》4720）、“”（《合集》3990）。即玉石之“玉”，用例如《合集》4720：“庚子卜，爭貞：令念取玉于龠。”《合集》6016：“戊戌卜，爭貞：王歸奏玉，其伐。”鳳簋（《銘圖》4579）：“𡚬賜鳳玉，用作祖癸彝。”

【莫】《説文·茻部》：“莫，日且冥也。从日在茻中。”後來寫作“暮”。古文字作“”（《合集》29804）、“”（《集成》10176）。本義即傍晚，用例如《合集》29807：“其莫不遘雨。”越王者旨於賜鐘（《集成》144）：“我以樂考、嫡祖、大夫、賓客，日日以鼓之，夙莫不忒，順余子孫，萬世無疆，用之勿喪。”《詩經·齊風·東方未明》：“不能辰夜，不夙則莫。”《禮記·聘義》：“日莫人倦，齊莊正齊，而不敢解惰。”嶽麓秦簡［壹］《占夢書》1/1523+1522：“晝言而莫夢之。”戰國秦漢時期或加“夕”寫作“募”，如“”（清華簡《繫年》58）、“”（馬王堆帛書《出行占》

① 同《詩經·邶風·北風》“北風其涼，雨雪其雱”之“雨”。

33），後來未有承襲。[①]“暮”字相對晚出，沿用至今。

【步】《説文·步部》：“步，行也。从止、少相背。”古文字作“”（《合集》20761）、“”（《集成》5716）。本義即步行、行走，用例如《合集》7957：“辛酉卜，爭貞：今日王步于𦎫，無害。”《合集》8235：“貞：于辛亥步。”《尚書·召誥》：“王朝步自周，則至于豐。”晉侯蘇鐘（《銘圖》15298）：“正月既生霸戊午，王步自宗周。”

【齒】《説文·齒部》：“齒，口齗骨也。象口齒之形，止聲。”古文字作“”（《合集》21406）、“”（《合集》6484）、“”（《集成》9735），本象門牙之形，後加“止”作爲聲符。本義即門牙，用例如《合集》13652：“貞：疾齒，禦于父乙。”《合集》13644：“壬戌卜，亘貞：有疾齒，唯有害。”《詩經·衛風·碩人》：“領如蝤蠐，齒如瓠犀。”

【鬲】《説文·鬲部》：“鬲，鼎屬，實五觳，斗二升曰觳。象腹交文，三足。”古文字作“”（《合集》31030）、“”（《集成》2837）。本義即鼎鬲之鬲，用例如《合集》1975：“甲戌卜，貞：其尊鬲，殺十牛于丁。”[②]晉侯鬲（《銘圖》2736）：“晉侯作鑄尊鬲。”《戰國策·秦策三》：“蔡澤見逐於趙，而入韓、魏，遇奪釜鬲於途。”

【及】《説文·又部》：“及，逮也。从又、从人。”古文字作“”

① 《説文》有“募”字，即寂寞之“寞”，與戰國秦漢文字中的“募”可能是同形字。

② 這裏“尊”的意思同“奠”，訓爲放置。

（《合集》27995）、“”（《集成》5415）。本義即追上、趕到，用例如《合集》6946：“貞：犬追亘，有及。”《呂氏春秋 · 士節》：“齊君聞之，大駭，乘馹而自追晏子，及之國郊，請而反之。”

【亯】《說文 · 亯部》：“亯，穀所振入，宗廟粢盛，倉黄亯而取之，故謂之亯。从入、回，象屋形，中有户牖。”後來寫作“稟”，又寫作“廩”。古文字作“”（《合集》9642）、“”（《合集》27978），字形象露天的穀堆，上有苫蓋。[①] 本義即倉廩，用例如《合集》583：“焚亯三。”《合集》5708：“貞：弜省在南亯。”

【邑】《說文 · 邑部》：“邑，國也。从囗，先王之制，尊卑有大小，从卪。”古文字作“”（《合集》7322）、“”（《集成》7589），字形从人跪坐之形，“囗”表示人所居住之處。[②] 本義即城邑，用例如《合集》6057：“土方圍于我東鄙，𢦏二邑。”《合集》6156：“貞：尞于西邑。”《合集》7852：“貞：茲邑其有降𡂟。”

【至】《說文 · 至部》：“至，鳥飛从高下至地也。从一，一，猶地也。象形。不，上去；而至，下來也。”古文字作“”（《合集》6834）、“”（《合集》11595），字形表示箭矢射至某處，非鳥從高處飛下來。本義即到達，用例如《合集》2655：“貞：婦好不至。”《合集》4611：“貞：生月象至。/ 不其至。”

【年】《說文 · 禾部》：“年，穀孰也。从禾、千聲。”古文字作“”（《合集》28208）、“”（《集成》2653），字形表示人背負禾。

① 陳夢家《殷虛卜辭綜述》，中華書局，1988 年，第 536 頁。
② 黄天樹《説文解字通論》，北京大學出版社，2014 年，第 105 頁。

本義即穀熟（年成），用例如《合集》376：“貞：我受黍年。”《合集》801：“丙寅卜，爭貞：我受年。”《合集》10082：“貞：𠦪年于河。”《尚書·多士》：“爾厥有幹，有年於茲洛。”《史記·天官書》：“有年。”

【旦】《説文·旦部》：“旦，明也。从日，見一上。一，地也。”古文字作“”（《合集》29776）、“”（《集成》2829）。本義即天明，用例如《合集》29779：“旦不雨。”七年趞曹鼎（《集成》2783）：“唯七年十月既生霸，王在周般宮，旦，王格大室，邢伯入右趞曹，立中廷，北嚮。”北大漢簡《妄稽》56：“昏笞虞士，至旦不已。”

【執】《説文·㚔部》：“執，捕罪人也。从丮、从㚔，㚔亦聲。”古文字作“”（《合集》28011）、“”（《合集》26993），字形表示以手銬銬罪人。本義即捉拿、逮捕，用例如《合集》223：“壬午卜，賓貞：令兔執羌。”柞伯鼎（《銘圖》2488）：“柞伯執訊二夫，獲馘十人。”𦹗簋（《銘圖》5179）：“唯十月初吉壬申，馭戎大出于黎，𦹗搏戎，執訊獲馘。”《詩經·大雅·常武》：“鋪敦淮濆，仍執醜虜。”

【册】《説文·册部》：“册，符命也。諸侯進受於王也。象其札一長一短、中有二編之形。”古文字作“”（《合集》30673）、“”（《集成》5407），字形象竹簡編聯。本義即簡書、册書，用例如《尚書·多士》：“惟爾知惟殷先人，有册有典。”善夫山鼎（《集成》2825）：“山拜稽首，受册，佩以出。”

【降】《説文·阜部》：“降，下也。从阜、夅聲。”古文字作“”（《合集》18812）、“”（《集成》2745），字形表示從山上

步行下來。本義即下來、降下，用例如《詩經・大雅・公劉》：“陟則在巘，復降在原。”清華簡《楚居》1：“季連初降於騩山，抵于穴窮。”

【屮】《説文・屮部》：“屮，艸木初生也。象丨出形，有枝莖也。”古文字作“”（郭店簡《六德》12）。即草木之草，用例如郭店簡《六德》12：“雖在屮茅之中，苟賢☐。”《荀子・富國》：“刺屮殖穀，多糞肥田，是農夫衆庶之事也。”《漢書・地理志上》：“厥土黑墳，屮繇木條。”

【𩫏】《説文・𩫏部》：“𩫏，度也，民所度居也。从回，象城𩫏之重，兩亭相對也。或但从口。”古文字作“”（《京都》3241）、“”（《合集》4865）、“”（《集成》2830）、“”（清華簡《繫年》69），字形表示俯視與水平雙重視角下的城郭，四周有城樓，或省。本義即城郭，用例如上博簡《曹沫之陣》18：“城𩫏必修，繕甲利兵，必有戰心以守，所以爲倀也。”清華簡《繫年》92：“平公率師會諸侯，爲平陰之師以圍齊，焚其四𩫏，驅車至于東畝。”後來寫作“郭”。

【具】《説文・廾部》：“具，共置也。从廾、从貝省。古以貝爲貨。”古文字作“”（《合集》22153）、“”（《集成》4141），字形表示雙手持鼎，後來訛變爲从廾、貝。本義爲備辦，用例如清華簡《晉文公入於晉》2—3：“以孤之久不得由二三大夫以修晉邦之祀，命肥蒭羊牛、豢犬豕，具黍稷、酒醴以祀，四封之内皆然。”睡虎地秦簡《法律答問》27：“未置及不置者不爲‘具’，必已置乃爲‘具’。”

【鬩】《説文・鬥部》：“鬩，恒訟也。《詩》云：兄弟鬩于牆。

从鬥、从兒。兒，善訟者也。”古文字作“”（清華簡《鄭文公問太伯》甲 9）、“”（清華簡《迺命一》8），从戈、兒聲。本義即爭吵打鬧，用例如《詩經·小雅·常棣》：“兄弟鬩于牆，外禦其務。”清華簡《鄭文公問太伯》甲 9—10：“爲是牢鼠不能同穴，朝夕鬥鬩，亦不失斬伐。”

【頌】《説文·頁部》：“頌，皃也。从頁、公聲。”古文字作“”（《集成》2829）、“”（郭店簡《緇衣》17）。本義即容貌，用例如上博簡《性情論》12：“君子美其情，貴其義，善其節，好其頌，樂其道，悦其教，是以敬焉。”上博簡《性情論》29：“賓客之禮必有夫齊齊之頌，祭祀之禮必有夫濟濟之敬，居喪必有夫戀戀之哀。”漢楊統碑：“庶考斯之頌儀。”

【常】《説文·巾部》：“常，下帬也。从巾、尚聲。裳，常或从衣。”古文字作“”（清華簡《子犯子餘》7）、“”（包山簡 199）。本義即下裙，用例如清華簡《子犯子餘》7：“乃各賜之劍帶衣常而善之，思還。”信陽簡 2·13：“七見鬼之衣，屯有常。”

【須】《説文·須部》：“須，面毛也。从頁、从彡。”古文字作“”（《集成》4390）、“”（《集成》4413）、“”（包山簡 102）。本義即胡須，用例如《周易·賁》：“賁其須，與上興也。”睡虎地秦簡《日書》甲種 69：“子，鼠也。盜者鋭口，希須，善弄，手黑色，面有黑子焉，疵在耳，藏於垣内中糞蔡下。”睡虎地秦簡《日書》甲種 76 背：“未，馬也。盜者長須耳，爲人我我然好歌舞，疵在肩，藏於芻稾中，阪險，必得。”後又作“鬚”。

【課】《説文·言部》：“課，試也。从言、果聲。”本義即考核、考試，用例如《管子·七法》：“成器不課不用，不試不藏。”睡虎地秦簡《秦律十八種·廄苑律》13—14：“以四月、七月、十月、正月膚田牛。卒歲，以正月大課之：最，賜田嗇夫壺酒束脯，爲早<皂>者除一更，賜牛長日三旬；殿者，誶田嗇夫，罰冗皂者二月。其以牛田，牛減絜，笞主者寸十。又里課之：最者，賜田典日旬；殿，笞卅。”

【編】《説文·糸部》：“編，次簡也。从糸、扁聲。”本義即編聯簡牘，用例如嶽麓秦簡［伍］112/1698—113/1707：“諸上對、請、奏者，其事不同者，勿令同編及勿連屬，事別編之。有請，必物一牒，各徹之，令易知。其一事而過百牒者，別之，毋過百牒而爲一編，必皆散取其急辭，令約具別白易知也。”敦煌漢簡665：“□守御器簿一編，敢言之。”敦煌漢簡1295A：“謹移鐵器簿一編，敢言之。”

【鉥】《説文·金部》：“鉥，綦鍼也。从金、朮聲。”本義即長鍼（可以用來縫鞋等），用例如《管子·輕重乙》：“一女必有一刀、一錐、一箴、一鉥，然後成爲女。”睡虎地秦簡《法律答問》86：“鬭以箴、鉥、錐，若箴、鉥、錐傷人，各何論？鬭，當貲二甲；賊，當黥爲城旦。”[①]“箴”即“鍼”，後又作“針”。

【要】《説文·臼部》：“要，身中也。象人要自臼之形。从臼、交省聲。”本義即身腰，用例如《楚辭·離騷》：“户服艾以盈要兮，謂幽蘭其不可佩。”張家山漢簡《二年律令》9：“僞寫皇帝信璽、

① 徐鍇繫傳：“刺綦之鍼也。綦，履，履底也。”補鞋的針往往比較大，天回漢簡《刺數》1：“脈刺，鍼大如緣鍼。……刺水，鍼大如履鍼，□三寸。”“緣鍼”是縫衣緣所用的鍼，“履鍼”是縫鞋所用的鍼。

皇帝行璽，要斬以徇。”天回漢簡《刺數》7：“要腹痛，寒熱。兩胕陽明、少陽各五。”

【孰】《説文·丮部》：“孰，食飪也。从丮、𦎧聲。《易》曰：孰飪。”[①] 本義即熱熟、成熟，用例如張家山漢簡《蓋廬》3：“行地之德，得時則歲年孰，百姓飽食。”居延新簡 EPT52.212：“☐飯孰肉，直九百六十。”馬王堆帛書《五十二病方》194/181：“以水一斗煮膠一參、米一升，孰而啜之。夕毋食。”

【𦃇】《説文·糸部》：“𦃇，絆前兩足也。从糸、須聲。《漢令》：蠻夷卒有𦃇。”本義即捆縛腿足，用例如嶽麓秦簡［叁］《爲獄等狀四種·識劫㛫案》136/44：“吏議：㛫爲大夫妻，貲識二甲。或曰：㛫爲庶人，完識爲城旦，𦃇足輸蜀。”天回漢簡《療馬書》111：“若有敁、灸其身，即急𦃇，𦃇足，轉脣。”

【胗】《説文·肉部》：“胗，脣瘍也。”本義即嘴唇潰瘍，用例如戰國宋玉《風賦》：“中脣爲胗，得目爲蔑。”天回漢簡《刺數》25：“口哆。因刺之八。”整理者把“哆”括注爲“胗”，訓爲脣瘍。[②]“哆”字从“口”，可能就是“胗”之異體，猶“唇”之於“脣”。

【幏】《説文·巾部》：“幏，蓋衣也。”本義即頭巾，一般用於罪犯，《尚書大傳·甫刑》：“有虞氏上刑赭衣不純，中刑雜屨，下刑墨幏，以居州里，而民耻之。”用例如睡虎地秦簡《秦律十八種·金布律》90—91：“囚有寒者爲褐衣。爲幏布一，用枲三斤。”

---

① “孰”本从“亯”，不从“𦎧”。

② 天回醫簡整理組《天回醫簡》，文物出版社，2022年，第84頁。

【匴】《説文·匚部》:“匴,渌米籔也。从匚、算聲。”本義即淘米器皿,用例如睡虎地秦簡《日書》甲種62背—63背:“凡鬼恒執匴以入人室,曰‘餼我食’云,是謂餓鬼。以屨投之,則止矣。”

【索】《説文·宋部》:“索,艸有莖葉可作繩索。从宋、糸。杜林説宋亦朱宋字。”本義爲繩子,用例如睡虎地秦簡《法律答問》29:“士伍甲盜一羊,羊頸有索,索值一錢。”漢賈誼《惜誓》:“傷誠是之不察兮,并紉茅絲以爲索。”①

【餧】《説文·食部》:“餧,飢也。”本義即飢餓,用例如睡虎地秦簡《秦律十八種·倉律》60:“食餧囚,日少半斗。”

【氣】《説文·米部》:“氣,饋客芻米也。从米、气聲。《春秋傳》曰:齊人來氣諸矦。”本義即饋贈食糧,用例如睡虎地秦簡《法律答問》207:“不當氣而誤氣之,是謂‘介人’。”

【術】《説文·行部》:“術,邑中道也。从行、朮聲。”本義即道路,用例如《墨子·旗幟》:“巷術周道者必爲之門。門二人守之,非有信符,勿行。”睡虎地秦簡《法律答問》101:“有賊殺傷人衝術,偕旁人不援,百步中比野,當貲二甲。”

【威】《説文·女部》:“威,姑也。从女、从戌。漢律曰:婦告威姑。”②本義即婆婆,用例如北大秦簡《教女》49—52:“今夫威公,固有嚴剛。……威公所詔,傾耳以聽。”嶽麓秦簡[伍]

① 搜索之“索”的本字爲“索”,《説文·宀部》:“索,入家搜也。从宀、索聲。”睡虎地秦簡《封診式》20:“甲、乙捕索其室而得此錢、鎔,來詣之。”

② 據秦漢簡可知,許慎所引漢律“婦告威姑”當爲“婦告威公”。

203/1604—204/1598："[自今]以來，毆泰父母，棄市，奊訽詈之，黥爲城旦舂。毆主母，黥爲城旦舂，奊訽詈之，完爲城旦舂。毆威公，完爲[舂，奊]訽詈之，耐爲隸妾。"張家山漢簡《二年律令》133："子告父母，婦告威公，奴婢告主、主父母妻子，勿聽而棄告者市。"

【茭】《説文·艸部》："茭，乾芻。从艸、交聲。"《尚書·費誓》："魯人三郊三遂，峙乃芻茭，無敢不多，汝則有大刑。"居延新簡EPT50.162："第四積茭四百一石廿五斤。"居延新簡EPT51.85："出茭卌束。"

【篤】《説文·馬部》："篤，馬行頓遲。从馬、竹聲。"本義即馬行遲鈍，用例如睡虎地秦簡《秦律雜抄》29："膚吏乘馬篤、胔，及不會膚期，貲各一盾。"

【埤】《説文·土部》："埤，增也。从土、卑聲。"本義即增厚，用例如睡虎地秦簡《秦律雜抄》41："令戍者勉補繕城，署勿令爲它事；已補，乃令增塞埤塞。"

【貲】《説文·貝部》："貲，小罰以財自贖也。从貝、此聲。《漢律》：民不繇貲錢二十二。"本義即罰錢贖罪，用例如睡虎地秦簡《秦律十八種·關市律》97："爲作務及官府市，受錢必輒入其錢缿中，令市者見其入，不從令者貲一甲。"[1]

【騰】《説文·馬部》："騰，傳也。从馬、朕聲。"本義即傳送文書，用例如嶽麓秦簡[叁]《爲獄等狀四種·田與市和奸案》

① "缿"就是現在的儲錢罐，《説文·缶部》："缿，受錢器也。从缶、后聲。古以瓦，今以竹。"

207/435：“騰書重泉、夏陽。”張家山漢簡《奏讞書》123：“騰書雖。”《三國志・魏書・滿寵傳》：“刺史王凌騰布書，請兵馬迎之。”

【賢】《説文・貝部》：“賢，多才也。从貝、臤聲。”《六書故・動物四》：“賢，貨貝多於人也。”段玉裁將“多才”直接改作“多財”。本義即多財，用例如嶽麓秦簡［肆］244/1241—245/1242：“徭律曰：歲興徭徒，人爲三尺券一，書其厚焉。即發徭，鄉嗇夫必身與典以券行之。田時先行富有賢人，以閒時行貧者，皆月券書其行月及所爲日數，而署其都發及縣情。”

【詑】《説文・言部》：“詑，沇州謂欺曰詑。从言、它聲。”本義即欺騙，用例如睡虎地秦簡《封診式》3—4：“詰之極而數詑，更言不服，其律當笞掠者，乃笞掠。”張家山漢簡《奏讞書》175：“諸以縣官事詑其上者，以白徒罪論之。”

【䜌】《説文・䦧部》：“䜌，塞上亭守湲火者。从䦧、从火，遂聲。”又寫作“燧”“隧”“𨻳”等。本義即烽火臺，用例如居延新簡EPT48.156：“第九𨻳鎧、鍉瞀各一。”居延新簡EPF22.186：“甲渠言永以縣官事行警檄，牢駒𨻳内中，駒死，永不當負駒。”

【帣】《説文・巾部》：“帣，囊也。今鹽官三斛爲一帣。从巾、𠔉聲。”本義即袋子，用例如蕭家草場漢簡32—33：“食帣一枚。米帣三枚。”居延新簡EPT56.120：“入粟三石帣百九。又糜三石帣九十二奇一石。”

【搣】《説文・手部》：“搣，批也。从手、威聲。”本義即捽頭髮，用例如北大漢簡《妄稽》54：“（妄稽）左手把之，右手搣之。"①

【浚】《説文·水部》:"浚，杼<抒>也。从水、夋聲。"本義即挹取，用例如馬王堆帛書《五十二病方》168:"以水一斗煮葵種一斗，浚取其汁，以其汁煮膠一梃半，爲汁一參，而▨。"

【礊】《説文·石部》:"礊，堅也。从石、㱿聲。"本義即堅硬，用例如張家山漢簡《奏讞書》165:"臣又診炙肉具，桑炭甚美，鐵爐甚礊。"

【蛘】《説文·虫部》:"蛘，搔蛘也。从虫、羊聲。"本義即瘙癢，用例如天回漢簡《友理》31:"骨痹者，其在骨也，痛蛘而不知其所在。"

【洎】《説文·水部》:"洎，灌釜也。"本義即往釜中添水，用例如天回漢簡《治六十病和齊湯法》135:"洎釜，加甗其上，置壺甗中，壅以良菽，與壺口齊。"

【斤】《説文·斤部》:"斤，斫木斧也。"本義即一種斧，用例如羅泊灣漢簡《從器志》1A·2:"大斧二，斤一，纏其架。"

【魁】《説文·斗部》:"魁，羹斗也。从斗、鬼聲。"本義即羹勺，用例如洛陽曹魏大墓出土石碣M1·161:"□□墨漆畫羹魁二，蓋、杓自副。"

【挌】《説文·手部》:"挌，擊也。"②本義即擊打，用例如安陽曹操高陵出土石碣M2·382:"魏武王常所用挌虎短矛。"M2·58+M2·139:"魏武王常所用挌虎大戟。"

---

①"之"指美妾虞士。

② 亦即格鬥之"格"的本字。

2.《説文》本義説解不當者

【之】《説文·之部》:“之，出也。象艸過屮，枝莖益大，有所之。一者，地也。”古文字作“”(《合集》14200)、“”(《合集》11654)，羅振玉指出該字“卜辭从止从一，人所之也。《爾雅·釋詁》:‘之，往也。’當爲‘之’之初誼”。[①] 本義即到往，用例如《詩經·鄘風·載馳》:“百爾所思，不如我所之。”《孟子·滕文公上》:“滕文公爲世子，將之楚，過宋而見孟子。”上博簡《容成氏》40—41:“湯又從而攻之，遂逃去，之蒼梧之野。”嶽麓秦簡［叁］《爲獄等狀四種·癸、瑣相移謀購案》8/157:“之山材，見治等，共捕。”居延漢簡 257.9:“正月乙酉，之官受閣。”該部下所收“㞷”字説解亦不確，《説文·之部》:“㞷，艸木妄生也。从㞢在土上。讀若皇。”是據訛形立説。“㞷”實即“往”之古體，由“”(《合集》679)、“”(侯馬盟書 67:30)、“”(溫縣盟書 T1 坎 1:2182)、“”(清華簡《芮良夫毖》19)這類形體發展而來。

【各】《説文·口部》:“各，異辭也。从口、夂。夂者，有行而止之，不相聽也。”古文字作“”(《合集》20985)、“”(《合集》27310)，字形从夂(倒趾形)从凵(或作口)，楊樹

---

① 羅振玉《增訂殷虛書契考釋》,《殷商貞卜文字考(外五種)》，上海古籍出版社，2013 年，第 269 頁。按，從構形上看，“之”與“至”有相似之處，但“之”的腳趾朝上，與“一”反向，“至”的箭頭朝下，與“一”相向。頗疑“之”所从的“一”可能表示起始地，强調動作本身；“至”所从的“一”則表示到達地，强調動作結果。“之”之於“至”，猶“視”之於“見”、“聽”之於“聞”。

達指出該字“示足有所至之形，爲來格之‘格’本字”。[①] 本義即來至，用例如《合集》33348：“大水不各。”厚趠方鼎（《集成》2730）：“唯王來各于成周年。”七年趞曹鼎（《集成》2783）：“旦，王各太室。”

【保】《説文·人部》：“保，養也。从人、从孚省。孚，古文孚。”古文字作“”（《合集》21494）、“”（《合集》18970）、“”（《集成》1002），字形表示人背負嬰孩，唐蘭指出該字“象人保持其子之形”。[②] 本義即背負，用例如《尚書·召誥》：“夫知保抱攜持厥婦子，以哀籲天。”郭店簡《語叢四》26—27：“一王母保三嬰娩。”

【戴】《説文·異部》：“戴，分物得增益曰戴。从異、𢦏聲。”古文字作“”（清華簡《金縢》2）、“”（信陽簡2·04），从首或頁、之聲，林義光指出：“‘戴’相承訓爲頭載物，當即本義。”[③]《釋名·釋姿容》：“戴，載也，載之於頭也。”《玉篇·異部》：“戴，在首也。”本義即頭載物，用例如清華簡《金縢》2：“秉璧戴珪。”上博簡《慎子曰恭儉》5：“首戴茅蒲。”上博簡《容成氏》9：“履地戴天。”

【畀】《説文·丌部》：“畀，相付與之，約在閣上也。从丌、由聲。”古文字作“”（《合集》21468）、“”（《集成》4341），

① 楊樹達《積微居甲文説 卜辭瑣記 耐林廎甲文説 卜辭求義》，上海古籍出版社，2007年，第17頁（《卜辭求義》部分）。

② 唐蘭《中國文字發生史綱要》，北平聚魁堂裝訂講義書局1932年版，后收入《唐蘭論文集（一）》，上海古籍出版社，2018年，第254頁。

③ 林義光《文源》，中西書局，2012年，第414頁。

字形突出箭矢之鏃，裘錫圭認爲“它應該是一個爲了表示矢鏃而連帶畫出矢身的象形字”。[①]本義即矢鏃，古書中或借用“匕”來表示，如《左傳·昭公二十六年》：“齊子淵捷從洩聲子，射之，中楯瓦，繇朐汰輈，匕入者三寸。”杜預注：“匕，矢鏃也。”[②]

【中】《説文·丨部》：“中，内也。从口、丨，上下通。”古文字作“”（《合集》811）、“”（《合集》13375）、“”（《集成》5332），或説字形象旌旗之屬，黄德寬則認爲該字“是我國古代測風工具的象形字”，卜辭習見的“立中”即與風向觀測有關，如《合集》7369：“丙子，其立中，無風。”《合集》7370：“立中，允無風。”[③]

【安】《説文·宀部》：“安，静也。从女在宀下。”古文字作“”（《合集》29378）、“”（《集成》3561）、“”（睡虎地秦簡《編年紀》20），字形表示人跪坐于室中，陳劍指出該字“像一個斂手跪坐之人的股、脛之間多加了一筆形。……這一筆的意圖是要表示跪坐時股、脛相接觸，亦即將臀部放在腳後跟上”。[④]裘錫圭指出這一筆也可能是某種籍墊物。[⑤]2022年陳劍在給南京大學強基班講授古文字基礎形體研究課程時引用了出土文物中的

---

① 裘錫圭《“畀”字補釋》，《語言學論叢》第六輯，商務印書館，1980年，第141頁。

②《集韻·齊韻》：“錍，《方言》：‘箭鏃廣長而薄鐮謂之錍。’或作鈚、鎞。”矢鏃義的“匕”或與“錍/鈚/鎞”同。

③ 黄德寬《卜辭所見“中”字本義試説》，《文物研究》第三期，黄山書社，1988年，第112頁。

④ 陳劍《説“安”字》，《語言學論叢》第三十一輯，商務印書館，2005年，第356頁。

⑤ 陳劍《甲骨金文考釋論集》，綫裝書局，2007年，第117頁【編按】。

獨腳坐具，見於成都老官山漢墓、江陵鳳凰山漢墓等。考古學上或稱“T形器”[①]，邢義田曾結合四川漢畫像磚繪製其使用示意圖。《逸周書·度邑》記武王對周公説：“安，予告汝。”朱右曾校釋：“安，坐也。”古代“安車”的得名之由，也與“安”的安坐義有關。

圖11　T形器使用示意圖（邢義田所繪）

圖12　成都老官山漢墓出土T形器[②]

【出】《説文·出部》：“出，進也。象艸木益滋上出達也。”古文字作“”（《合集》6124）、“”（《合集》10405），字形从止从凵，脚趾背向坎穴，表示出行。本義即出行，用例如《合集》6695：“壬申卜：方其大出。”《合集》5099：“王往出。”《説文》釋義所據爲小篆“”，又受“茁”的影響（《説文·艸部》：“茁，

① 范常喜稱爲“支蹱（踵）”，參見范常喜《漢墓出土丁形木器名“支蹱”考》，《考古學集刊》第26集，社会科学文献出版社，2022年，第181—191頁。

② 以上二圖參見邢義田《今塵集：秦漢時代的簡牘、畫像與文化流播》（下册），中西書局，2019年，第608頁。

艸初生出地皃。”），於是解釋爲草木破土生長之義，不可信從。[①]

【建】《説文·廴部》：“建，立朝律也。从聿、从廴。”古文字作“”（《集成》2556）、“”（《集成》11758），字形表示人在樹立某物。本義即建立、建樹，用例如小臣𧹞鼎（《集成》2556）：“召公建燕。”《逸周書·作雒》：“乃建大社于國中。”《詩經·小雅·出車》：“我出我車，於彼郊矣。設此旐矣，建彼旄矣。”後來字形訛變从“聿”，小篆爲“”，與“律”之小篆“”相類，遂有誤解。

【𪋻】《説文·麤部》：“𪋻，鹿行揚土也。从麤、从土。”段玉裁注：“羣行則揚土甚，引申爲凡揚土之偁。”許慎此處僅就字形談本義，不夠準確；馬、虎、狼等群行皆可揚起埃土，故而“𪋻”的本義就是埃土（名詞）或揚土（動詞），不必突出“鹿”。

第二節　《説文》中的引申義

（一）古漢語中的詞義引申[②]

一個詞産生之後，其本有的義位往往不會變動不居，而總是

---

① “出達”指草木破土生長，《詩經·周頌·載芟》：“驛驛其達，有厭其傑。”鄭玄箋：“達，出地也。”《史記·樂書》：“草木茂，區萌達。”張守節正義：“達，猶出也。曲出曰區，菽豆之屬；直出曰萌，稻稷之屬。”

② 詞義引申問題較爲複雜，很多論著把詞義引申分爲擴大、縮小、轉移，也有學者認爲這種分類不能涵蓋所有的詞義引申現象，參見羅正堅《漢語詞義引申導論》，南京大學出版社，1996年，第58—62頁。我們不做分類討論，這裏所説的詞義引申基本上籠統地等於詞義的發展變化，事實上也可以叫“變義”。

在變化着的。這種變化的内部因素主要是聯想。聯想的作用是巨大的，兩種事物在情理上存在共同點，人們就會建立起聯繫。如：

【斗】古文字作“”（《合集》21344）、“”（《集成》2103），象斗之形，與勺同類，後又作“枓”。[①]可以酌挹酒水，如《詩經·大雅·行葦》：“酌以大斗，以祈黄耇。”也可以用作穀物量器，如《莊子·胠篋》：“掊斗折衡，而民不爭。”星宿有象斗形者，遂以爲名，朱駿聲謂：“北斗七星，南斗六星，又天市垣小斗五星，皆象斗形，故以爲名。”星斗義是“斗”的引申義，如《周易·豐》：“日中見斗。”正猶“弧”由弓弩義引申表示星名，如《史記·天官書》：“（狼）下有四星曰弧。”朱駿聲謂：“弧矢九星，在天狼一巨星之左，形似張弓發矢，故以爲名。”亦猶“畢”由田網義引申表示星名，如《爾雅·釋天》：“濁謂之畢。”郭璞注：“掩兔之畢，或呼爲濁，因星形以名。”[②]《字彙·田部》：“畢，宿名，畢八星，二星直上如柄，六星曲爲兩行，張其口。”

【布】“布”是棉、麻等織物，《說文·巾部》“布”段玉裁注：“古者無今之木綿布，但有麻布及葛布而已。”用例如《論語·鄉黨》：“齊，必有明衣，布。”《孟子·滕文公上》：“許子必織布然後衣乎？”後來轉指錢幣，如《周禮·天官·外府》：“掌邦布之入出。”鄭玄注：“布，泉也。”《漢書·食貨志下》：

---

① “斗”“枓”後世似有分化，《史記·張儀列傳》“反斗以擊之”司馬貞索隱：“凡方者爲斗，若安長柄，則名爲枓，音主。尾即斗之柄，其形若刀也。”

② “因星形以名”，《漢書·天文志》“畢曰罕車”王先謙補注引作“因以名星也”。

“是爲布貨十品。”顏師古注：“布亦錢耳。”這是因爲古人曾用“布”作爲貨幣來交易，《鹽鐵論・錯幣》：“古者市朝而無刀幣，各以其所有易所無，抱布貿絲而已。”朱駿聲謂：“古以布爲幣，後製貨泉即以名之。”這和“幣”由布帛轉指錢幣或財禮的情況相類。

【材】“材”本指有用之木，後來移指有用之人，如《左傳・襄公二十六年》：“雖楚有材，晉實用之。”郭店簡《六德》13—14：“大材設諸大官，小材設諸小官。”或指人之才華、能力（亦即人之用），《左傳・哀公十一年》：“小人慮材而言，量力而共者也。”《禮記・中庸》：“故天之生物，必因其材而篤焉，故栽者培之，傾者覆之。”定州漢簡《論語・泰伯》201：“如周公之材之美已，使驕且吝，其餘無可觀。”

【刻】“刻”本刻鏤義，用例如《春秋・莊公二十四年》：“刻桓宫桷。”睡虎地秦簡《秦律十八種・工律》102：“公甲兵各以其官名刻久之，其不可刻久者，以丹若鬆書之。”里耶秦簡8—1234：“衡山守章言：衡山發弩丞印亡，謁更爲刻印。”引申指碑刻，唐韓愈《唐故銀青光禄大夫左散騎常侍致仕陽平路公神道碑文》：“明年，葬京兆萬年少陵原，夫人滎陽鄭氏祔。既，其子臨漢縣男貫與其弟賞、貞謀曰：‘宜有刻也。’”又指版刻印刷，元無名氏《廣客談》：“因取刻本摹寫，以補其闕。”清盧見曾《〈封氏聞見記〉序》：“唯《聞見記》獨存，然流傳絶少，故《稗海》《秘笈》諸刻，罕津逮焉。”

【牢】根據《説文》，“牢”指關養牲畜的欄圈，用例如《詩經・大雅・公劉》：“執豕于牢，酌之用匏。”《戰國策・楚策四》：

"亡羊而補牢，未爲遲也。"①引申爲表示關押犯人的監獄，如漢司馬遷《報任安書》："故士有畫地爲牢，勢不可入；削木爲吏，議不可對，定計於鮮也。"居延新簡 EPT59.551："等以縣官事公白晝攻牢獄，入殺故縣長，斷頭投人衆中，所☐。"尹灣漢簡《東海郡吏員簿》中的職官名"牢監"，即牢獄的長官，"牢"爲監獄義。《説文·𨸏部》"陛，牢也。所以拘非也"之"牢"、《説文·土部》"埍，徒隷所居也。一曰：女牢"之"牢"也是監獄義。現代漢語中"牢"的監獄義還很常見，如"監牢""牢獄""牢房""坐牢"等。

【糞】"糞"古文字寫作""（《合集》33374），本義即掃除，用例如《左傳·昭公三年》："小人糞除先人之敝廬。"《禮記·曲禮上》："凡爲長者糞之禮，必加帚於箕上。"《説文·巾部》"帚，糞也"之"糞"也是掃除的意思。亦爲一般意義的棄除，如睡虎地秦簡《秦律十八種·金布律》89："取不可葆繕者，乃糞之。"《秦律十八種·工律》104："敝而糞者，靡去其久。"也可以指污穢之物，如《論語·公冶長》："朽木不可雕也，糞土之牆不可杇也。"居延漢簡 562.17+387.12："肩水候官令史䜌得敬老里公乘糞土臣憙昧死再拜上言變事書。"引申爲糞便義，《説文·艸部》"菌，

---

①《説文·牛部》"牢"段玉裁注："牲繫於牢，故牲謂之牢。如《粊誓》呼牛馬爲'牿'，《禮》呼牲爲'牽'也。"段玉裁認爲"牢"由欄圈義引申爲牲畜義。但从甲骨文用例看，"牢"指經過精心豢養的牛（牲畜義），欄圈的用法未見。兩個義位的先後關係如何尚待研究，不過兩者的引申關係應該是成立的，猶"兵"兼有兵器義與士卒義（執兵之人）、"陂"兼有澤障義與池水義（障中之水）。

糞也”之“糞”即其例。《玉篇·艸部》:“菌,糞也。亦作‘矢’,俗爲‘屎’。”“菌”即糞便,説解之詞“糞”自然是糞便義。[①]“污”也曾由污穢義引申爲糞便義。《説文·水部》:“污,薉也。”污穢不潔之物都是“污”,如《説文·女部》:“姅,婦人污也。”段玉裁注:“謂月事及免身及傷孕皆是也。《廣韻》曰:‘姅,傷孕也。’傷孕者,懷子傷也。”所謂“婦人污”,指的就是女人之血,包括經血及分娩、流産之血,古人視爲污穢不潔之物,所以叫作“污”。後來“污”直指糞便,由污穢義引申爲糞便義。方一新指出,《异苑》“糞污者,錢財之象也”之“污”即是糞便義。[②]至今吴方言中“污”還表示糞便義。

不過有些詞義變化和聯想無關。如:

【臭】“臭”本義即嗅聞氣味(動詞),用例如《荀子·榮辱》:“彼臭之而無嗛於鼻,嘗之而甘於口,食之而安於體。”名詞用法即指氣味總稱(上位概念),兼香與臭,用例如《詩經·大

① “糞”之糞便義始於何時一直有爭議,《王力古漢語字典》引用北魏賈思勰《齊民要術·耕田》“其美與蠶矢熟糞同”、唐段成式《酉陽雜俎·廣動植》“狼糞烟直上,烽火用之”,書證較晚。《漢語大字典》(第二版)增列《梁書·儒林傳·范縝》“人之生譬如一樹花,同發一枝,俱開一蔕,隨風而墮,自有拂簾幌墜於茵席之上,自有關籬牆落於糞溷之側”;《漢語大詞典》列有東漢趙曄《吴越春秋·勾踐入臣外傳》“今者臣竊嘗大王之糞”,書證有所提前。但是黄金貴認爲《吴越春秋》中“糞”仍是污穢義,包括大小便、頭屑、揩洗物、痰吐等,“糞”之糞便義始見於南北朝,參見黄金貴《古漢語同義詞辨釋論》,上海古籍出版社,2002年,第371頁。從《説文·艸部》“菌,糞也”這條材料來看,東漢時“糞”已産生糞便義。

② 方一新《中古近代漢語詞彙學》,商務印書館,2010年,第96頁。

雅・文王》:“上天之載，無聲無臭。”鄭玄箋:“天之道難知也，耳不聞聲音，鼻不聞香臭。”郭店簡《語叢一》50—52:“容色，目司也。聲，耳司也。臭，鼻司也。味，口司也。氣，容司也。志，心司。”鼻子的功能是感知氣味，氣味有香有臭。後來人們習慣用“臭”的下位義，與“香”相對，如《説苑・雜言》:“與善人居，如入蘭芷之室，久而不聞其香，則與之化矣；與惡人居，如入鮑魚之肆，久而不聞其臭，亦與之化矣。”《鹽鐵論・論菑》:“故不知味者，以芬香爲臭，不知道者，以美言爲亂耳。”《論衡・别通》:“人目不見青黄曰盲，耳不聞宫商曰聾，鼻不知香臭曰癰。”《説文》雖然釋“臭”本義時傾向於動詞的嗅聞義，但是説解時已用“臭”之臭味義，如《説文・亯部》:“䯫，用也。从亯、从自。自，知臭香所食也。”後來專門造了分化字“殠”,《説文・歺部》:“殠，腐氣也。”《玉篇・歺部》:“殠，物傷氣也。”

【祥】“祥”本爲徵兆總稱(上位概念),兼吉與凶,《説文・示部》“祥”段玉裁注:“祥，凡統言則災亦謂之祥，析言則善者謂之祥。”《左傳・僖公十六年》:“是何祥也？吉凶焉在？”杜預注:“祥，吉凶之先見者。”《論衡・異虛》:“善祥出，國必興；惡祥見，朝必亡。”在具體的語境中，可以偏指吉兆，如《周禮・春官・眡祲》:“以觀妖祥，辨吉凶。”鄭玄注:“妖祥，善惡之徵。”賈公彦疏:“祥是善之徵，妖是惡之徵。”也可以偏指凶兆，如《左傳・昭公十八年》:“鄭之未災也，里析告子產曰:‘將有大祥，民震動，國幾亡。’”杜預注:“祥，變異之氣。”清華簡从“虫”或“蚰”的“祥”，如《殷高宗問於三壽》10“”與15“”，是專門爲

凶兆義的“祥”而造。[①]《説文》直接訓爲“福”或“善”，義已縮小。

【貣】“貣”本兼有求入（借入）、施出（借出）兩個義位，如包山簡 103：“大司馬昭陽敗晉師於襄陵之歲，享月，子司馬以王命命龔陵公鼈、宜陽司馬強貣越異之黄金，以貣郊縣以糴種。”説的是子司馬奉王命讓龔陵公鼈、宜陽司馬強求借越異黄金，借給郊縣以使其購入穀種；“糴”用作購入義；這裏兩個“貣”的意思是有區别的，前者爲求入義，後者爲施出義。嶽麓秦簡［叁］《學爲僞書案》225/0408+226/0478+227/2006/1106/2171：“學父秦居貲，吏笞秦，以故數爲學怒，苦恥之。歸居室，心不樂。即獨撟自以爲五大夫馮毋擇子，以名爲僞私書問矰，欲貣錢胡陽少内。以私印封。起室把詣于矰。幸其肯以威貣學錢。”“欲貣錢胡陽少内”中的“貣”是求入（借入）義，“幸其肯以威貣學錢”中的“貣”則是施出（借出）義。《説文》僅釋“貣”的求入（借入）義，是與“貸”（《説文·貝部》：“貸，施也。从貝、代聲。”）相區分，這都是變化後的意思。

（二）《説文》引申義舉例

《説文》説解文字在於探求本義，但限於當時所能掌握的資料，許慎有時會把引申義誤當作本義。如：

---

① 可類比“蠥”，《説文·虫部》：“蠥，衣服歌謡艸木之怪謂之祥，禽獸蟲蝗之怪謂之蠥。”

【天】《説文·一部》:“天，顛也，至高無上。从一、大。”古文字作“”(《合集》36535),金文作“”(《集成》2833),字形突出人頭，王國維指出“天”之古文字形體“所以獨墳其首者，正特著其所象之處也”。[①]本義即頭首或頭頂，用例如《合集》20975:“庚辰[卜],王:弗疾朕天。”但是這個本義早已湮没，至今學者僅鈎沉出兩條相關語料，即古書中“天”可以表示在額頭上刺字的刑罰，《周易·睽》:“見輿曳其牛掣，其人天且劓。”也可以直接指頭首，《山海經·海外西經》:“刑天與帝爭神，帝斷其首，葬之於常羊之山。乃以乳爲目，以臍爲口，操干戚以舞。”“刑天”之名的字面意思即斷首。但是這樣的語料畢竟非常有限，從許慎的釋義“顛也，至高無上”以及“从一、大”來看，這裏的“天”應是取其崇高義，而非頭首義;[②]崇高義由頭首義引申而來。

【元】《説文·一部》:“元，始也。从一、兀。”古文字作“”(《集成》5278)、“”(《合集》19642)、“”(清華簡《四告》1),字形突出人頭。本義即頭首，《爾雅·釋詁下》:“元，首也。”[③]用例如《孟子·滕文公下》:“志士不忘在溝壑，勇士不忘喪其

① 王國維《釋天》,《觀堂集林》,中華書局，1959年，第282頁。

② 個别古文字學研究者喜歡援引《説文·一部》“天，顛也”以證“天”有頭首義，其實不太妥當。

③ 古人已察覺“元”的本義當爲頭首，如宋戴侗《六書故》卷一引其伯曰:“元，首也。从人、从上。”(戴侗先祖與親戚中也有治學者，《六書故》中引稱“先人曰”“外王父曰”“伯曰”等)其後朱駿聲、徐灝等均從此説。釋義可從，但字形分析不可信從。

元。”《左傳·僖公三十三年》:“（先軫）免冑入狄師，死焉。狄人歸其元，面如生。”《儀禮·士冠禮》:“始加元服。”頭首位於人體最上端，故引申爲開始，《説文》“元”訓爲“始”是“元”的引申義。“頭”“首”兩個詞也由頭首義引申爲開始義，可以合觀。[①]

【止】《説文·止部》:“止，下基也。象艸木出有址，故以止爲足。”古文字作“”（《合集》33193），“”（《合集》20197），字形象足趾。本義即足趾，用例如《合集》13683：“貞：疾止，唯有害。”《合集》13689：“貞：疾止，于妣庚禦。”上博簡《卜書》1：“兆仰首出止，是謂闢。卜人無咎，將去其里，而它方焉適。”清華簡《管仲》3—4：“從人之道，止則心之本，手則心之枝，目、耳則心之末，口則心之竅。”龍崗秦簡2：“竇出入及無符傳而闌入門者，斬其男子左止，□女子⧄。”張家山漢簡《二年律令》88：“有罪當黥，故黥者劓之，故劓者斬左止，斬左止者斬右止，斬右止者府之。”後來引申表示事物的基底，如周家臺秦簡《病方及其它》329—330：“已齲方：以菽七，脱去黑者。操兩瓦，之東西垣日出所燭，先埋一瓦垣止下，復環禹步三步。”“腳”也曾由足趾義引申爲基底義，可以合觀。

【行】《説文·行部》:“行，人之步趨也。从彳、从亍。”古文

① 英語“head”一詞也由頭首義引申爲開始義，“the head of the river”即河流的源頭（開始之處），“the prince rode at the head of his regiment”即王子騎馬走在衛隊的前頭（開始位置），兩處的“head”均可理解爲開始義，句例參見［英］A.S. 霍恩比《牛津高階英漢雙解詞典》(第10版)，商務印書館，2023年，第1030頁。

字作“”（《合集》27978）、“”（《集成》6305），字形象道路。本義即道路，用例如《合集》24391：“癸未卜，王曰貞：有兕在行，其左射，獲。”《詩經・豳風・七月》：“女執懿筐，遵彼微行。”《詩經・小雅・大東》：“佻佻公子，行彼周行。”引申爲行走義，如《合集》20610：“□朕行東至河。”叔夜鼎（《銘圖》2197）：“叔夜鑄其饙鼎，以征以行，用煮用享，用其祈眉壽無疆。”《詩經・唐風・杕杜》：“獨行踽踽，豈無他人？”龍崗秦簡3：“傳者入門，必行其所當行之道。”“迪”的本義是道路，也有出行義，可以合觀。

【以】《説文・目部》：“目，用也。从反巳。賈侍中説：巳，意巳實也，象形。”“目”即“以”。古文字作“”（《合集》1024）、“”（《合集》43），字形表示人手持物；或省作“”（《合集》34263），即“目”這個異體的由來。本義即提挈、攜帶，用例如《合集》10：“戊寅卜，賓貞：王往以衆黍于囧。”《左傳・僖公二十六年》：“公以楚師伐齊，取穀。”手持之物就是做事的工具或憑藉，因此“以”由持物義引申爲使用義，如《論衡・程材》：“洗洿泥者以水，燔腥生者用火。”《韓非子・五蠹》：“富國以農，距敵恃卒。”

【宦】《説文・宀部》：“宦，仕也。从宀、从臣。”古文字作“”（《集成》2442）、“”（清華簡《良臣》8）、“”（清華簡《迺命一》8），字形从宀从臣，表示在别人家中當臣僕（奴隸）勞動、做苦力。本義即爲臣僕，《左傳・宣公二年》：“宦三年矣，未知母之存否。”《國語・越語下》：“（越王）令大夫種守於國，與范蠡入宦於吴。”《詩經・魏風・碩鼠》：“三歲貫女，莫我肯顧。”“貫”通“宦”。也當名詞用，如《左傳・僖公十七年》：“及子圉西質，妾爲宦女焉。”近侍之臣往往可以得到重用，“宦”由臣僕義引申

爲做官義。“臣”“宰”亦本爲身份低微的奴隸，是其比。

【印】《説文·印部》：“印，執政所持信也。从爪、从卪。”古文字作“”（《合集》22148）、“”（《合集》19792）、“”（清華簡《周公之琴舞》5），字形表示以手抑按人頭，一般認爲即壓抑之“抑”初文。用例如清華簡《殷高宗問於三壽》8—9：“我思天風，既回或止，吾勉自印畏以敬。”“印畏”即“抑畏”，亦即謙抑敬畏，《尚書·無逸》：“厥亦惟我周太王王季，克自抑畏。”璽印是一種可供抑印出文字或圖形的器物，使用過程中的核心動作是抑按。因此，“印”的璽印義是抑按義的引申。

【履】《説文·履部》：“履，足所依也。从尸、从彳、从夂，舟象履形。一曰尸聲。”古文字作“”（《集成》2832）、“”（《集成》4264）、“”（上博簡《子羔》12），字形變化較大，或以爲“”（《合集》33284）也是“履”。我們在第一章第三節已經討論過，西周金文與先秦古書中的“履”多爲踐踏義，動詞，後來“履”由動詞的踐踏義轉變爲名詞的鞋子義，如睡虎地秦簡《法律答問》162：“‘毋敢履錦履。’‘履錦履’之狀何如？律所謂者，以絲雜織履、履有文，乃爲‘錦履’，以錦縵履不爲，然而行事比焉。”“履錦履”，前“履”爲動詞的踐踏義（准確説是穿鞋義）；後“履”爲名詞的鞋子義，亦即《説文》所謂“足所依也”。①

【飤】《説文·食部》：“飤，糧也。从人、食。”古文字作“”（《集成》4112）、“”（郭店簡《語叢一》110），字形表示人就食於簋。本義爲食吃，動詞，如公子侯簠（《銘續》514）：“雍

① 古漢語名動相因，有時名動詞類轉換發生很早，有時則很晚。

王之子公子𠈇自作飤簠，二人往飤，八人屎余。”“二人往飤”即“二人往食”，“飤簠”構詞方式猶“飤鼎”“飤盂”“飤甗”“飤盞”等。也有使動用法，王孫叔䛁甗（《銘圖》3362）：“王孫叔䛁擇曰吉金，作鑄𥹫甗，以征以行，以饎稻粱，以飤父兄。”“飤父兄”即“食父兄”，使父兄食，這一用法後來寫作“飼”。又轉爲名詞的糧食義，如包山簡147：“受屯二儋之飤。”“二儋之飤”即“二儋之食”，“飤”訓爲糧食，與《説文》釋義相合，但非原始用法。九店簡《日書·告武夷》43—44：“今日某將欲飤……思某來歸飤故。”前“飤”爲動詞，後“飤”爲名詞。

【啓】《説文·攴部》：“啓，教也。从攴、启聲。《論語》曰：不憤不啓。”甲骨文中“”（《合集》7329）一般釋爲“啓”，字形表示以手開户。本義當爲開門，《廣雅·釋詁三》：“啓，開也。”《合集》27555：“己巳卜：其啟庭西户，祝于妣辛。”《左傳·昭公十九年》：“啓西門而出。”嶽麓秦簡［肆］143/1405：“公大夫以上擅啓門者，附其旁里，旁里典、老坐之。”張家山漢簡《二年律令》182：“越邑里、官市院垣，若故壞決道出入，及盜啓門户，皆贖黥。”這些都是本義用例。啓人心智正如開啓門户一般，所以“啓”由開門義引申爲教導義。①

① 英語“open”（動詞）後面可以接賓語“door”（門户），也可以接賓語“eyes”（眼睛）、“mind”（思想）；“open your/sb's eyes”或“open your/sb's mind”意思即使人增長見識、開闊思想。由此可知，開門義與教導義密切相關。另外，《説文》另有“启”字，訓爲“開”，但是“启”的實際用例不多，甲骨文倒是有見，“启”可能是“啓”的異體，許慎分爲二字不知何據。

【負】《説文·貝部》:“負，恃也。从人守貝，有所恃也。一曰：受貸不償。”“負”的本義爲背負，《釋名·釋姿容》:“負，背也，置項背也。”《玉篇·貝部》:“負，擔也，置之於背也。”“負”與“背”“保”意思相近，與“抱”“任”略有區别，《詩經·大雅·生民》:“恒之糜芑，是任是負。”孔穎達疏：“以任、負異文，負在背，故任爲抱。”《老子》第四十二章：“萬物負陰而抱陽，沖氣以爲和。”“負”“抱”對舉。嶽麓秦簡［壹］《占夢書》9/1518：“夢夫妻相反負者，妻若夫必有死者。”“夫妻相反負”即夫妻靠背互依。背靠堅強之物便有倚仗、憑藉，故背負義可引申爲憑恃義，“負”這一引申可與“保”類比。[①] 背負債務相當於虧欠别人，背負義又引申爲虧欠義，“負”這一引申可與“背”類比。[②]

【屋】《説文·尸部》:“屋，居也。从尸。尸，所主也。一曰尸，象屋形。从至。至，所至止。室、屋皆从至。”段玉裁注：“屋者，室之覆也。引申之，凡覆於上者皆曰屋。天子車有黄屋。詩箋：‘屋，小帳也。’”據此，“屋”的本義爲頂蓋（事物頂端的覆蓋物）。《詩經·豳風·七月》:“晝爾于茅，宵爾索綯，亟其乘屋，其始播百穀。”《詩經·召南·行露》:“誰謂雀無角，何以穿我屋？”《詩經·小雅·十月之交》:“徹我墻屋，田卒污萊。”清

① “保”之背負義如《尚書·召誥》:“夫知保抱攜持厥婦子，以哀籲天。”郭店簡《語叢四》26—27:“一王母保三嬰娩。”憑恃義如《左傳·僖公二十三年》:“保君父之命而享其生禄，於是乎得人。”杜預注：“保，猶恃也。”

② “背”之背負義不煩贅舉。現代漢語中“背債”相當於“欠債”，這裏的“背”可理解爲虧欠義。

華簡《赤鳩之集湯之屋》1："曰古有赤鳩，集于湯之屋，湯射之，獲之。"清華簡《赤鳩之集湯之屋》14："夏后乃從小臣之言，徹屋，殺二黄蛇與一白兔。"這些"屋"都是指房頂。《説文·广部》："庾，水漕倉也。从广、臾聲。一曰：倉無屋者。"這裏"屋"指倉頂。《史記·項羽本紀》："紀信乘黄屋車，傅左纛。"這裏"屋"指車蓋。後來引申表示房室，亦即《説文》所謂"居也"。頂蓋義到房室義這一引申，可與"蓋"類比。

【禽】《説文·厹部》："禽，走獸總名。从厹，象形，今聲。禽、离、兕頭相似。""禽"的本義爲禽獲，如《合集》10273："□□卜，□貞：▨鹿▨其禽▨。"不嬰簋（《集成》4328）："汝多禽，折首執訊。"□組戟（《銘續》1244）："□組鑄其玄戟，用伐高奴虎，用禽用獲。"《左傳·僖公二十二年》："君子不重傷，不禽二毛。"《逸周書·世俘》："武王狩，禽虎二十有二。"《戰國策·秦策一》："黄帝伐涿鹿而禽蚩尤。"後來寫作"擒"。可能由于多指禽獲動物，遂爲鳥獸總名。有些語境中專指鳥類，與"獸"相對，《爾雅·釋鳥》："二足而羽謂之禽，四足而毛謂之獸。"有時也可以指"獸"，如《論衡·遭虎》："虎亦諸禽之雄也。"《史記·樗里子甘茂列傳》："禽困覆車。"裴駰集解："譬禽獸得困急，猶能抵觸傾覆人車。"能傾覆人車的應是走獸。[1]許慎釋義特別指出"禽"爲"走獸總名"（可對比《白虎通·田獵》："禽者何？鳥獸之總名。"），是囿於其離析出來的"厹"這個部首，段玉裁注："許

① 汪維輝審閲本章後賜告，王泗原曾謂"禽但謂獸，鳥不曰禽"，參見王泗原《古語文例釋》（修訂本），中華書局，2014年，第191—195頁。

不同者，其字从厹。厹爲獸迹，鳥迹不云厹也。”

第三節 《説文》中的假借義

（一）字的假借與假借義

研究古漢語，一般談本義、引申義以及假借義。詞有本義、引申義，但没有假借義。我們不能説“詞有假借義”，但可以説“字有假借義”。假借義就是文字在假借時産生的意思。如：

【蚤】“蚤”指一種跳蟲，用例如《韓非子·説林上》：“吾已見孔子，亦將視子猶蚤虱之細者也。”《莊子·秋水》：“鴟鵂夜撮蚤，察毫末。”《易林·坤之漸》：“探懷得蚤，所願失道。”字形从蚰或从虫，上部從“又”變來，可見“蚤”原有動詞用法。後來“蚤”假借來表示早晨之“早”這個詞，如《管子·治國》：“常山之東，河汝之間，蚤生而晚殺，五穀之所蕃孰也，四種而五穫。”北大秦簡《教女》51：“莫臥蚤起，人婦恒常。”張家山漢簡《引書》2：“春日，蚤起之後，棄水，澡漱，洒齒，呴，被髪，遊堂下，逆露之清，受天之精，飲水一杯，所以益壽也。”《世説新語·規箴》：“私作都門，蚤閉晚開。”早晨義與跳蟲義毫不相關，因此早晨義是“蚤”的假借義。引申義是從本義滋生而來的，假借義則是寄生在字形上。

【韋】一般多把“韋”的本義理解爲違背，亦即後來的“違”；也有不少學者根據古文字“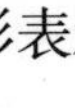”（《集成》7492）、“”（《集成》8090）這類形體，認爲字形表示衆人圍城，本義當爲圍繞，亦即

後來的“圍”。無論如何，皮革義當是“韋”的假借義，《説文·革部》“鞏，以韋束也”、《説文·瓷部》“瓷，柔韋也”、《説文·韋部》“韎，茅蒐染韋也”等中的“韋”均用此義，與本義没有關係。後世爲“韋”的皮革義專門造了本字，即“韓”，《龍龕手鑑·皮部》：“韓，俗；音韋。”是爲後起本字，但行用不廣。[①]

（二）《説文》假借義舉例

《説文》中有假借義。[②]同樣也是因爲受限於當時的資料，許慎對有些字的説解釋義實爲假借義。如：

【奚】《説文·亣部》：“奚，大腹也。从亣、𦃃省聲。”古文字作“”（《合集》37706）、“”（《集成》4812），字形表示以手拘繫罪人，羅振玉指出“罪隸爲奚之本誼，故从手持索以拘罪人”。[③]于省吾認爲罪人頭部非繩索之形，而是編髮。[④]“奚”之奴隸義多見於《周禮》，如《周禮·天官·冢宰》：“酒人奄十人，女酒三十人，奚三百人。”鄭玄注：“古者從坐男女，没入縣官爲奴，其少才知以爲奚，今之侍史官婢。或曰：奚，宦女。”《説

① 戰國文字“皸”或用作皮韋之“皮”。

②《説文》説解文字中的假借義也很常見，如《説文·辵部》：“迷，或也。”“或”通“惑”。《説文·彳部》：“徼，循也。”“循”通“巡”。《説文·阜部》：“隄，唐也。”“唐”通“塘”。《説文·隹部》：“雚，小爵也。”“爵”通“雀”。

③ 羅振玉《增訂殷虚書契考釋》，《殷商貞卜文字考（外五種）》，上海古籍出版社，2013年，第189頁。

④ 于省吾《甲骨文字釋林》，商務印書館，2017年，第65頁。

文·女部》“媄，女隸也”之“媄”正與此有關。“奚”訓爲“大腹也”則非其本義，應爲假借義。

【舝】《説文·舛部》：“舝，車軸耑鍵也，兩穿相背。从舛、离省聲。离，古文偰字。”古文字作“”（《合集》18080）、“”（《合集》34419），字形表示蟲虺噬咬足趾，裘錫圭指出這是傷害之“害”本字。[1]用例如《合集》95：“祖辛舝我。”《合集》822：“貞：王疾身，唯妣己舝。”“車軸耑鍵”是“舝”的假借義，《詩經·小雅·車舝》：“間關車之舝兮，思孌季女逝兮。”這個意思的本字爲“轄”，《説文·車部》：“轄，車聲也。……一曰：轄，鍵也。”又作“鎋”，《廣韻·鎋韻》：“鎋，車軸頭鐵。”

【今】《説文·亼部》：“今，是時也。从亼、从乁；乁，古文及。”古文字作“”（《合集》649）、“”（《合集》24428），裘錫圭指出該字是“倒寫从‘口’的‘曰’字而成的，應該是當閉口講的‘吟’字的初文”。[2]“吟”之閉口義，如《説苑·權謀》：“君吁而不吟，所言者莒也。”《史記·淮陰侯列傳》：“雖有舜、禹之智，吟而不言，不如瘖聾之指麾也。”亦作“唫”“噤”。“今”很早便假借來表示現今之“今”，如《合集》9790：“貞：今夕其雨。”《合集》116：“貞：今五月娩。”《合集》649：“乙亥卜，爭貞：今春王出田，若。”

【向】《説文·宀部》：“向，北出牖也。从宀、从口。《詩》曰：

① 裘錫圭《裘錫圭學術文集·甲骨文卷》，復旦大學出版社，2012年，第210頁。

② 裘錫圭《説字小記》，《北京師範學院學報》1988年第2期，第15頁。

塞向墐户。”古文字作“”（《合集》33554）、“”（《集成》3572），“向”的本義可能並非指窗户，馬王堆帛書《經法·名理》76“如影之隨形，如向之隨聲”之“向”用作回響之“響”，因此“向”也許是“響”之初文。[①]“向”訓爲“北出牖”是假借義，本字當爲“鬮”，《廣雅·釋宫》:“窗、牖，鬮也。”又寫作“鄉”，《儀禮·士虞禮》:“祝從，啟牖鄉如初。”鄭玄注：“鄉，牖一名也。”《禮記·明堂位》:“復廟，重檐，刮楹，達鄉。”鄭玄注：“鄉，牖屬，謂夾户窗也，每室八窗爲四達。”又寫作“嚮”，《荀子·君道》:“便嬖左右者，人主之所以窺遠收衆之門户牖嚮也，不可不早具也。”

【員】《説文·貝部》:“員，物數也。从貝、囗聲。”古文字作“”（《合集》20592）、“”（《集成》9367），字形从鼎从○，表示鼎口之圓，後來寫作“圓”。用例如《孟子·離婁上》:“規矩，方員之至也。”《淮南子·原道》:“員者常轉。”“員”訓爲“物數”是假借義，如《淮南子·説山》:“不中員呈。”《漢書·尹翁歸傳》:“責以員程，不得取代。”《鹽鐵論·水旱》:“務應員程。”南越木簡 107:“☐則等十二人，得鼠中員，不當笞。”

【孚】《説文·爪部》:“孚，卵孚也。从爪、从子。一曰信也。”古文字作“”（《合集》903）、“”（《集成》2740），字形表示以手抓捕孩子，即後來俘虜之“俘”。用例如多友鼎（《集成》2835）:“凡以公車折首二百又☐又五人，執訊廿又三人，孚戎車百乘一十又七乘，卒復筍人孚。又搏于龔，折首卅又六人，執訊二人，

① 裘錫圭《文字學概要》（修訂本），商務印書館，2013 年，第 146 頁。

孚車十乘，從至。”假借表示孵化義，如《淮南子・人間》：“夫鴻鵠之未孚於卵也。”本字爲“孵”，《玉篇・卵部》：“孵，卵化也。”

【宜】《説文・宀部》：“宜，所安也。从宀之下、一之上，多省聲。”古文字作“”（《合集》26020）、“”（《合集》8233），字形表示案俎上放置着肉。本義可能與切肉或烹肉有關（用牲之法），用例如《合集》32028：“辛未貞：奉禾于河，尞三牢，沉三牛，宜牢。”《合集》33292：“乙卯貞：奉禾于岳，尞三小宰，宜三牛。”古書中“宜”可以訓爲“肴”，當與此義有關。《爾雅・釋言》：“宜，肴也。”邢昺疏：“謂肴饌也。李巡曰：‘飲酒之肴也。’”《詩經・鄭風・女曰雞鳴》：“弋言加之，與子宜之。”鄭玄箋：“所弋之鳧鴈，我以爲加豆之實，與君子共肴也。”“宜”訓爲“所安也”，歸在“宀”這個部首下，是因爲“宜”在秦漢時已訛變从“宀”；而且“宜”又可以借來表示“安”一類的意思，《漢書・地理志下》：“伯益能儀百物以佐舜。”顔師古注：“儀與宜同。宜，安也。”古璽印中有“和衆”“安衆”“利衆”，也有“宜民和衆”“宜士和衆”，“宜”即“安”義。[①]

【葡】《説文・用部》：“葡，具也。从用、苟省。”古文字作“”（《合集》16184）、“”（《合集》3755），字形象盛矢器；後來或增加函囊形，如“”（曾乙簡36）。一般認爲即“箙”的表意初文。《説文・竹部》：“箙，弩矢箙也。”《玉篇・竹部》：“箙，矢器也。藏弩箭爲箙。”《周禮・夏官・司弓矢》：“中春獻弓弩，中秋獻矢箙。”鄭玄注：“箙，盛矢器也，以獸皮爲之。”或作“韛”，見於《集韻・屋韻》。《説文》訓爲“具”，段玉裁注：“具，供置

① 徐暢《古璽印圖典》，天津人民美術出版社，2016年，第113頁。

也。”此非“葡”之本義，而是假借義。《説文·人部》“備”訓爲“慎”亦非本義，古文字作“”（《合集》565）、“”（《集成》4279）等，字形表示人背負盛矢器。

【卪】《説文·卪部》：“卪，瑞信也。守國者用玉卪，守都鄙者用角卪，使山邦者用虎卪，土邦者用人卪，澤邦者用龍卪，門關者用符卪，貨賄用璽卪，道路用旌卪。”古文字作“”（《合集》7767）、“”（《合集》35354），字形象人屈膝跪坐。即“”，後來一般加點寫作“卪”。此字後世絶少使用，多見於偏旁。[1]戰國璽印中獨體的“卪”，如《璽彙》4826“王之上士卪”，實爲“節”之省體，作爲璽印自名，《玉篇·卪部》：“卪，瑞信也。今作節。”符節形制各異，有竹節形，也有動物形（如龍、虎、鷹等），因此符節義非“卪”之本義或引申義，而是假借義。

【我】《説文·我部》：“我，施身自謂也。或説我，頃頓也。从戈、从𠂇。𠂇，或説古垂字。一曰古殺字。”古文字作“”（《合集》14248）、“”（《合集》902），字形象某種兵器，本義當與此有關，但未見用例，反倒是很早就借用來表示第一人稱代詞。許慎對此字釋義較多，游移不定，將“施身自謂也”放在首位，應是注意到這是“我”的常用義，但這其實是假借義。

第四節　《説文》中的語源義

訓詁學上講“因聲求義”其實有兩層意思，一方面是利用古

① 西北漢簡中“卿”或作“卩”。

音假借以求本字，解釋疑難字詞；另一方面則是利用音義關係以求語源，探究命名之由。前者立足文獻釋義，後者立足語言研究。

古人很早就對語源感興趣。《論語·顔淵》："季康子問政於孔子。孔子對曰：'政者，正也。子帥以正，孰敢不正？'""政者，正也"説的是"政"是用來"正"的，亦即使民衆行爲符合規範、歸於正道，這是在解釋"政"這個詞的來源（包括性質或作用）。將"政"和"正"建立起聯繫，關鍵因素在於音與義，"政""正"古音近同，意思上也存在關聯。

這種探索很有意義。

【帳—張】《説文·巾部》："帳，張也。""帳"即帳幕，亦即張大施設的布，早期"張"就可以表示帳幕義，如《史記·袁盎晁錯列傳》："司馬曰：'君弟去，臣亦且亡，辟吾親，君何患！'乃以刀決張，道從醉卒隧直出。"裴駰集解："張，音帳。"司馬貞索隱："帳，軍幕也。"羅泊灣漢簡《從器志》1B·1："張帷一笥，張帷柱及丁一囊。""張帷"即"帳帷"，《後漢書·宣秉傳》："即賜布帛帳帷什物。"這説明"帳"這個詞就來源於"張"。

【硯—研】《釋名·釋書契》："硯，研也，研墨使和濡也。""硯"字从石，説明硯本是石頭，後來專門用於書寫工具，和墨配套使用。根據《釋名》，"硯"的語源和研磨之"研"有關。《説文·石部》："研，䃺也。""研"的研磨義可以引申出硯台義，因爲硯台就是供磨墨的。出土文獻中"硯"正好寫作"研"，如北大漢簡《蒼頡篇》18："弄數券契，筆研筭籌。"張家山漢簡《遣册》39—40："筆一，有管。……研一，有子。"尹灣漢簡《君兄繒方緹中物疏》YM6D13 正："刀二枚，筆二枚，管及衣各一，板研一。”羅泊灣漢簡《從器志》1A·3:“研、筆、刀,二櫝,一笥,繒緣。”南昌東吴高榮墓出土木牘:“書刀一枚,研一枚,筆三枚。”可知墨硯之“硯”這個詞來源於“研”。

但是古人“對詞源的認識往往是某種社會意識特徵和個人主觀心理感受的反映,可信程度不高”。[①]《釋名·釋天》:“天:豫司兖冀以舌腹言之,天,顯也,在上高顯也;青徐以舌頭言之,天,坦也,坦然高而遠也。”同一個“天”,竟然因方言發音差異而存在兩個語源(“顯”與“坦”),顯然有些主觀臆斷。還有更誇張的,如《禮統》:“天之爲言鎮也、神也、陳也、珍也,施生爲本,運轉精神,功效陳列,其道可珍重也。”一口氣舉出四個語源(“鎮”“神”“陳”“珍”),未免有點隨意。在君權集中、至高無上的古代社會中,古人對“王”的解釋體現了濃厚的政治性,如《韓詩外傳》:“王者,何也?曰:往也。天下往之謂之王。”《春秋文耀鉤》:“王者,往也。神所向往,人所樂歸。”《新論》:“王者,往也。言其惠澤優遊,天下歸往也。”“王”與“往”雖然音近,但是意義上的關係並不密切,古人認爲君權至上,君王被視爲天下共主,受萬衆擁戴,天下莫不歸心,遂以“往”立説。許慎對“王”的解釋與分析也秉承了這一傳統,《説文·王部》:“王,天下所歸往也。董仲舒曰:古之造文者,三畫而連其中謂之王。三者,天地人也。而參通之者,王也。孔子曰:一貫三爲王。”這樣的説法自然令人難以信從。流於主觀的語源義非但不能信從,

① 何九盈《中國古代語言學史》(第4版),商務印書館,2013年,第112頁。

最好也不要作爲義位或義項收入現代辭書中。像《漢語大字典》（第二版）在“帝”下列出審諦義的做法是不妥的,《説文·上部》:“帝，諦也。王天下之號也。”許慎的意思是，“帝”就是審慎細察天下萬物、凡事洞明清楚的人或神，所引書證《莊子·刻意》“化育萬物，不可爲象，其名爲同帝”亦不可爲據。汪維輝曾專門談過《説文·肉部》“腹，厚也”的例子，他認爲“腹”本無“厚”義，“腹”訓爲“厚”乃是聲訓,《漢語大字典》《漢語大詞典》均據此設立義項，這是不太妥當的，並且指出：“辭書設立義項應該排除這種聲訓，因爲它是古人對詞的得義之由的解釋，不是這個詞本身所固有的意義。”他的看法非常正確。①

探究語源義實際上就是在研究同源詞，語源義就詞義問題而言，同源詞就詞際關係而言，相關問題將在第六章討論。

【附】《説文》中的偏旁義

許慎重視由漢字形體入手探求字義或詞義，如果深究形義關係，可細化到偏旁與字義或詞義之間的關係。有些作爲意符的偏旁與整個字所表示的意義關係極爲密切，有些則比較疏遠。值得注意的是，有些偏旁的意義並不實際行用，而是因分析字形而得出。限於本書篇幅，這裏僅舉一個例子。

---

① 汪維輝《古注辨疑——以“腹，厚也”“林、烝，君也”爲例》,“《漢語大字典》修訂研究高端學術論壇暨國家社科基金重大項目開題報告會”會議論文,2022年4月23日，四川大學文學與新聞學院主辦。

【寸】《説文·寸部》:“寸，十分也。人手卻一寸動𧖴，謂之寸口。从又、从一。”“寸”這個字在先秦古文字中很少單獨出現，但有些字“又”旁往往加點（飾筆）變成了“寸”。有些學者把“又”“寸”看成偏旁換用或通用，其實“又”“寸”作爲偏旁在表意上没有共通之處，不如直接看成繁化或混訛。在《説文》的形義分析中，“寸”還有一個法度義，但實際語料中很少出現，可能是許慎爲分析漢字形義而得出的認識。如《説文·寸部》:“寺，廷也，有法度者也。从寸、㞢聲。”《説文·矢部》:“䠶，弓弩發於身而中於遠也。从矢、从身。射，篆文䠶从寸。寸，法度也，亦手也。”《説文·宀部》:“守，守官也。从宀、从寸。寺府之事者。从寸。寸，法度也。”《説文·冖部》:“冠，絭也，所以絭髮，弁冕之總名也。从冖、从元，元亦聲。冠有法制，从寸。”《説文·而部》:“耏，罪不至髡也。从而、从彡。耐，或从寸。諸法度字从寸。”此外，《説文·丵部》:“對，𩓕無方也。从丵、从口、从寸。”段玉裁注:“寸，法度也。丵口而一歸於法度也。”“無方”即無法，“對”訓爲“𩓕無方”，釋義“方”對應的是偏旁“寸”。許慎認爲“寸”有法度義，然而傳世古書或出土文獻中很少有這樣的用例，“寸口”“分寸”“尺寸”等意思與法度義並無關係，很難説是引申。這也許是一個湮失的古義，但更可能是許慎分析字形而得出的字義或詞義。正如我們在第二章所提到的“偏旁字”，有些部首或偏旁從未單獨使用，是爲分析字形而離析出來的。這種特殊的“偏旁義”，或許還可以找出一些例子。

第四章 《説文》中的同義詞

第一節　古漢語同義詞

（一）同義詞的定義與内涵

關於同義詞的定義，目前學界仍有一些爭議，我們認同張永言的説法："同義詞就是語音不同、具有一個或幾個類似意義的詞。這些意義表示同一個概念，但在補充意義、風格特徵、感情色彩以及用法（包括跟其他詞的搭配關係）上則有所不同。"[①]

這裏所説的"意義"，指的是詞的理性意義，亦即概念意義、指稱意義。理性意義是詞義的核心，反映了事物的本質特徵。同義詞同的就是理性意義，非理性意義則可以有差異。詞的理性意義可能有很多，同義詞至少是"一義相同"。[②]

（二）同義詞的判定與舉例

同義詞的判定需要結合多方面材料，主要考慮詞義構成與實

---

① 張永言《詞彙學簡論》，華中工學院出版社，1982 年，第 108 頁。

② "一義相同"説參見黄金貴《論同義詞之"同"》，《浙江大學學報（人文社會科學版）》2000 年第 4 期。

際用例兩個方面。具體來説，可以考慮以下三點：一是詞義分析。通過古書訓釋、形義分析以及用例研究，考察兩個詞的詞義要素。二是替换比較。考察兩個詞在句子中是否能互相替换，可藉助異文、古注等訓詁資料。三是組合考察。考察兩個詞能否組合搭配，包括同義連用、對文並舉等。

下面舉例説明。

【追—逐】

“追”與“逐”都有追趕義，兩者可以互訓，《説文·辵部》：“追，逐也。”《説文·辵部》：“逐，追也。”其差别主要是動作的對象不同：“追”是追趕人，“逐”是追趕獸。① 形義分析如下：

表 2 “追”“逐”形義分析表 ②

	早期字形	字形分析	詞義分析
追		从止从𠂤， 字形表示追趕軍隊 ③	追趕，多用於人， 義素爲［追趕］+［人］
逐	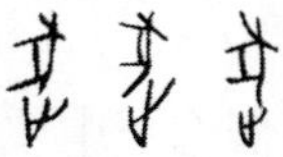	从止从豕， 字形表示追趕野獸	追趕，多用於動物， 義素爲［追趕］+［獸］

“追”“逐”相關用例爲：

（1）呼追羌，及。（《合集》490）

① 最早揭示出“追”“逐”在詞義上的區别的是楊樹達，參見楊樹達《釋追逐》，《積微居甲文説　卜辭瑣記　耐林廎甲文説　卜辭求義》，上海古籍出版社，2007年，第27頁。

② “追”的字形出自《合集》19783、《合集》32815、《合集》873，“逐”的字形出自《合集》10265、《合集》11010、《合集》10229。

③ 甲骨文中“𠂤”往往和軍隊有關，是假借用法，非本義。

（2）壬午卜，㱿貞：［□］彵追多臣［逸］羌，弗［其］執。（《合集》628）

（3）公追戎于濟西。（《公羊傳・莊公十八年》）

（4）呼多馬逐鹿，獲。（《合集》5775）

（5）貞：呼逐豕，獲。（《合集》10237）

（6）貞：王往逐麋，獲。（《合集》10347）

（7）一兔走，百人逐之。（《商君書・定分》）

例（1）—例（3），“追”的賓語分别爲“羌”“多臣逸羌”“戎”，均爲人；例（4）—例（7），“逐”的賓語分别爲“鹿”“豕”“麋”“之（指代兔）”，均爲獸。

不過，“追”“逐”的動作對象也並非保持不變，“逐”也可以用於人。如：

（8）齊師敗績，公將馳之，劌曰：“未可。”下視其轍，登軾而望之，曰：“可矣。”遂逐齊師。（《左傳・莊公十年》）

（9）（解張 / 張侯）左並轡，右援枹而鼓。馬逸不能止，師從之。齊師敗績。逐之，三周華不注。（《左傳・成公二年》）

例（9）“逐之”的“之”指代齊師，這兩個例子中“逐”的賓語都是軍隊，亦即人。又，甲骨文中有條卜辭似乎顯示“逐”的賓語可以是人，即：

（10）□衛逐人。（《合集》28062）

可惜文義不甚清楚。[1]此外，秦漢時追捕罪犯的動詞有“逐捕”：

① 辭例最早由鄭繼娥發現，並在其碩士論文中提出，引用參見喻遂生《卜辭詞語補釋》，《甲金語言文字研究論集》，巴蜀書社，2002年，第172頁；黄天樹《卜辭釋文補正兩則》，《中國文字》2019年夏季號總第1期，第16頁。

（11）遂按其前事，遣吏分曹逐捕諸灌氏支屬，皆得棄市罪。（《史記·魏其武安侯列傳》）

（12）久之，廣漢郡盜賊群起，丞相御史遣掾史逐捕不能克。（《漢書·薛宣傳》）

（13）憲鬬傷、盜官兵、持禁物，蘭越于邊關儌亡，逐捕未得，它案驗未竟。（居延新簡 EPT68.22+EPT68.23）

“逐捕”的“逐”，賓語是人。

“追”也可以用於獸。如：

（14）夫一兔走於街，萬人追之。（《説苑·建本》）

“追”的賓語“之”指代的是兔，可見“追”的對象也可以不是人。該例與例（7）表達的意思差不多，即“物無所主，人必爭之”，可能是古諺語，動詞一用“逐”，一用“追”，説明兩者是可以替換的。

“追”“逐”還有異文之例。如：

（15）棲鶴數十雙，鴛鴦群相追。（《玉臺新詠》卷三荀昶《擬相逢狹路間》）

“追”或作“逐”。① 從類型上説，兩者是同義異文。由於正好處於原詩韻脚的位置，“追”是正字。

此外，“追”“逐”經常連用並舉：

（16）忽馳騖以追逐兮，非余心之所急。（《楚辭·離騷》）

（17）所以然者何也？由離誠就詐，棄樸而取僞也，追逐其

① 南朝陳徐陵編、清吴兆宜注《玉臺新詠箋注》，中華書局，1985 年，第 118 頁。

末而無所休止。(《説苑·反質》)

(18)令曰：盜賊發不得者，必謹簿署吏徒追逐疾徐不得狀於獄，令可案，不從令，令、丞、獄史主者貲各一甲。(嶽麓秦簡［伍］288/1912)

(19)秦有餘力而制其敝，追亡逐北，伏尸百萬，流血漂鹵。(《史記·秦始皇本紀》)

(20)今夫弦者，高張急徽，追趨逐耆，則坐者不期而附矣。(《漢書·揚雄傳》)

通過詞義分析、用例研究、異文比較、組合考索等角度，可以確定"追""逐"是一對同義詞。[①] 雖然兩者的詞義本來存在一些差異，但是這種差異非常細微，人們在用詞過程中可以忽略不管。

【刑—罰】

"刑""罰"都有處罰義，都可以用作名詞。如：

(1)道之以政，齊之以刑，民免而無恥。(《論語·爲政》)

(2)故賞不用而民勸，罰不用而威行。(《荀子·強國》)

也都可以用作動詞，帶賓語。如：

(3)非汝封刑人殺人，無或刑人殺人。(《尚書·康誥》)

(4)天子有善，天能賞之；天子有過，天能罰之。(《墨子·天志下》)

---

① 後來"逐"的詞義發生了變化，慢慢由追趕義變成了驅逐義，主要和動作的對象與目的有關。因爲有些對象是要追趕上並獲得，有些對象是爲追趕上並驅逐。這種詞義演變的路徑，可類比"趕"，"趕"正兼追趕、驅逐二義。

《説文·刀部》："罰，辠之小者。"《説文·刀部》："刑，剄也。"《説文·井部》："荆，罰辠也。""刑""荆"本爲一字，原本只有"荆"，"刑"則晚出。[①]故而"刑"也可以訓釋爲"罰辠"。又，《楚辭·九章·惜誦》"忠何罪以遇罰兮"王逸注："罰，刑。"因此，"刑""罰"可以互訓，都指因破壞規則而遭受懲罰。

至於兩者的區别，主要在於程度上有輕重，許慎已指明"罰"是"辠之小者"。再看下面兩例：

（5）大辠殺之，臧辠[②]刑之，小辠罰之。（上博簡《季康子》21—22）

（6）大辠則赦之以刑，臧辠則赦之以罰，小則訾之。（上博簡《季康子》20）

動詞"殺""刑""罰"程度逐漸降低，這是根據罪行的大小來定的。"殺"自然是奪人生命、致人死亡，至於"刑""罰"具體所指處罰，可看《周禮》所説：

（7）凡圜土之刑人也，不虧體；其罰人也，不虧財。（《周禮·秋官·司圜》）

據此可知，"刑"這種處罰多是虧殘身軀，所以《法言·先知》説："肉刑之刑，刑也。""罰"則多是損人財物，所以秦漢法律文書簡中多見"罰金四兩""罰金二兩"之類的話。

正因爲詞義有程度輕重之别，"刑""罰"不能隨意互换。上

---

① 季旭昇《説文新證》，藝文印書館，2014年，第359頁。

② 臧辠是貪污受賄之罪，《後漢書·袁安傳》："政號嚴明，然未曾以臧罪鞠人。"《後漢書·楊秉傳》："累有臧罪，暴虐一州。"《後漢書·徐璆傳》："時董太后姊子張忠爲南陽太守，因埶放濫，臧罪數億。"

博簡《三德》11“毋傚貧，毋笑刑”中的“刑”就不能换作“罰”，因爲“刑”對肉體有傷害，會引起别人的嗤笑。《禮記·王制》“刑人於市，與衆棄之”中的“刑”也不能换作“罰”，因爲“與衆棄之”，必須是程度較重的刑罰。同樣，秦漢法律文書簡“罰金四兩”“罰金二兩”中的“罰”也不能换作“刑”，因爲有些罪行情節較輕，只需要進行經濟處罰。

不過，“刑”與“罰”在特定的場合下還是存在互换的可能的。上揭例（2）“故賞不用而民勸，罰不用而威行”中的“罰”是可以替换成“刑”的，《荀子·君道》“故賞不用而民勸，罰不用而民服”與此句文義近似，“罰”也可以替换成“刑”。這樣看的理由是，“罰不用而威行”“罰不用而民服”正如《大戴禮記·盛德》“刑不用而民治”與《孔子家語·執轡》“刑不用而天下治”，“罰”“刑”互换，意思並無多少改變。也就是説，在文義不需要着重體現處罰程度之輕重時，“刑”“罰”渾言無别。

“刑”“罰”雖然略有區别，但詞義上仍存在共性，兩者逐漸並列連用，進而凝結爲複合詞“刑罰”（也兼有名詞與動詞兩種用法）：

（8）刑罰世輕世重，惟齊非齊，有倫有要。（《尚書·吕刑》）

（9）刑罰罕用，罪人是希。（《史記·吕太后本紀》）

（10）治民之道，食爲大實，刑罰爲末，德政爲首。（張家山漢簡《蓋廬》2）

（11）善善者，懸爵賞以勸之也；惡惡者，設刑罰以懲之也。（《舊唐書·韋湊傳》）

（12）陳功而食，刑罰有辠，而賞爵有德。（上博簡《曹沫之

陣》21）

值得一提的是，文字構形也能反映“刑”“罰”詞義上的密切關係。石小力考證，上博簡《柬大王泊旱》12“”與“”、清華簡《五紀》70“”、清華簡《參不韋》40“”是“罰”的異體。[①] 前三例从网从型（隸定爲“𦋈”），舊釋爲“刑”。清華簡《參不韋》有些簡文中既有常規的“刑”，也有从网从刑之字（隸定爲“罰”）；簡40“刑”“罰”連用，“刑罰”只能釋讀爲“刑罰”。“罰”既然是“罰”，應該分析爲从网从刑的會意字。戰國文字中“型”這個字形也可以用來記録刑罰之“刑”[②]，“罰”也可以寫作“𦋈”。“罰”“𦋈”所从的“刑”“型”都不是音符，而是意符。[③]戰國時人用這樣一個特殊的意符，應該正是基於“刑”“罰”詞義關係之密切的考慮。類似的例子還有很多，“僕”在戰國文字中或作“”（包山簡15），字形从臣，“臣”“僕”是同義詞，皆爲奴隸義，《詩經・小雅・正月》：“民之無辜，并其臣僕。”“寐”在戰國文字中或作“”（上博簡《季庚子問於孔子》10），字形

① 石小力《據〈參不韋〉説“罰”字的一種異體》，《出土文獻》2022年第4期，第29—33頁。

②《説文・土部》：“型，鑄器之法也。”“型”用作刑罰之“刑”可能是假借。

③“型”在該字形中作意符，用的是“型”的假借義（“型”假借爲刑罰之“刑”），這正如“逃”之異體“𨖆”，“兆”也是意符，用的是假借義（“兆”假借爲逃跑之“逃”），《説文・辵部》“逃”訓爲“逃”。又，从“韋”之字如“韠”“韜”“韘”等多與皮革衣物有關，但這不是“韋”的本義，而是假借義。古漢字中，偏旁的假借義可以參與表意。

从寕（即“寑”），“寐”“寑”是同義詞，皆爲睡眠義，漢司馬相如《長門賦》：“忽寑寐而夢想兮，魂若君之在傍。”今本《詩經·周南·關雎》“寤寐求之”“寤寐思服”之“寐”，安大簡《詩經》2作“寑”。“菽”“豉”互爲異體字，《説文·尗部》：“菽，配鹽幽尗也。从尗、支聲。豉，俗菽从豆。”“尗”就是“豆”，又寫作“菽”；“尗/菽”“豆”均指豆科植物及其果實，是古今語，也是同義詞，曾發生過歷時替換。[①]“豆”，甲骨文作“”（《屯南》2484），金文作“”（《集成》10176），字形象器皿，《説文》以“豉”是“菽”的俗字，必然發生在“豆”假借來表示豆科植物及其果實、與“尗/菽”同義之後。[②]《説文·豆部》“䜴”訓爲“豆飴”，字形産生應在秦漢時代。

【牙—齒】

“牙”“齒”都有牙齒義，可以連用爲“牙齒”或“齒牙”。區分來説，“牙”與“齒”相當於現代漢語中的“槽牙”（也叫“臼齒”或“大牙”）與“門牙”，這在古文字形體中分得很清楚。“爪牙”之“牙”，金文寫作“”（《集成》4467），字形表示上下槽牙切磨；“齒”，甲骨文寫作“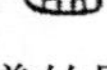”（《合集》18140），字形表示張口門牙編列。之所以有這樣的區分，大概是基於人們對“牙”與“齒”兩者性狀、功能上的認識。儘管有此區别，但“牙”“齒”都可以表示牙齒義：

---

① 王偉靜、葉桂郴《“菽”“豆”歷時演變研究》，《桂林航天工業高等專科學校學報》2012年第3期，第324—327頁。

②“豉”字今見於張家山漢簡、曹魏大墓石楬等。

（1）凡人之性，爪牙不足以自守衛。（《呂氏春秋·恃君》）

（2）故良將之卒，若虎之牙，若兕之角，若鳥之羽，若蚈之足，可以行，可以舉，可以噬，可以觸。（《淮南子·兵略》）

（3）相鼠有齒，人而無止。（《詩經·鄘風·相鼠》）

（4）女忘君之爲孺子牛而折其齒乎？（《左傳·哀公六年》）

（5）夫魯，齊、晉之脣。脣亡齒寒，君所知也，不救何爲？（《左傳·哀公八年》）

（6）今將軍兼此三者，身長八尺二寸，面目有光，脣如激丹，齒如齊貝，音中黄鐘，而名曰盜跖，丘竊爲將軍恥不取焉。（《莊子·盜跖》）

在古代，"牙""齒"没有上位詞，但兩者都有泛指的用法，渾言無别，尤其是針對動物而言。如：

（7）明月之珠，螺蚌[①]之病而我之利；虎爪象牙，禽獸之利而我之害。（《淮南子·説林》）

（8）帶以象牙，掍其會合。（漢王褒《洞簫賦》）

（9）憬彼淮夷，來獻其琛。元龜象齒，大賂南金。（《詩經·魯頌·泮水》）

（10）又利越之犀角、象齒、翡翠、珠璣，乃使尉屠睢發卒五十萬。（《淮南子·人間》）

"象齒"就是"象牙"，因爲大象的牙齒與人類的牙齒不同，難以區分其到底是槽牙還是門牙，所以"象齒""象牙"兩種説法都可以，同時也説明"牙""齒"有時可以互相替換。同樣，"虎

① 據《藝文類聚》所引。

牙”也可以叫作“虎齒”：

（11）西王母其狀如人，豹尾虎齒而善嘯，蓬髮戴勝，是司天之厲及五殘。（《山海經·西山經》）

（12）有獸焉，其狀如羊身人面，其目在腋下，虎齒人爪，其音如嬰兒，名曰狍鴞，是食人。（《山海經·北山經》）

老虎的牙齒最具特徵的其實是門牙兩側的牙，上下一共四顆，但已接近槽牙的位置，所以很難説到底是“虎牙”還是“虎齒”，現在多説“虎牙”可能是習慣性説法。[①] 上揭例（3）“相鼠有齒，人而無止”，説的是“鼠齒”，但《詩經·召南·行露》説：“誰謂鼠無牙，何以穿我墉？誰謂女無家，何以速我訟？”説的是“鼠牙”。按照常理，穿墉打洞時老鼠之“齒”的作用可能更大（其實老鼠一般是有“齒”無“牙”，亦即只有門牙，没有槽牙），這裏説“誰謂鼠無牙”而不説“誰謂鼠無齒”，可能是出於押韻的考慮，“牙”“家”協韻。當然前提還是“牙”“齒”詞義關係密切，可以渾言混用。

古文字中有關“牙”的構形也有助於“牙”“齒”詞義關係的研究。戰國文字中的“牙”，往往加注“齒”作爲意符，如郭店簡《緇衣》9“”、上博簡《競建内之》10“”、《古陶文彙編》6.102“”，與《説文》“牙”之古文“”相合。“牙”的這類構形加注“齒”作爲意符，正反映“牙”“齒”詞義關係之密切。从“牙”的“𤘅”，也可以寫作从“齒”的“齵”，《説文·牙部》：“𤘅，齒

① 古文字“虎”其實就突出了虎牙之形，如“”（《合集》6553）、“”（《集成》9898）。

齤也。从牙、禹聲。齲，瑀或从齒。”甲骨文“齲”正从“齒”，如《合集》13662“”；秦簡亦有見，如周家臺秦簡 326“”與“”。

【生—産】

“生”“産”詞義關係密切，《説文·生部》：“産，生也。从生、彦省聲。”《玉篇·生部》：“生，産也。”“産”以“生”爲意符，其實兩者都有生育、産生、産業、存活、鮮活等義，在多個義位上具有詞義共性。①

生育義（動詞）如：

（1）生莊公及共叔段，莊公寤生。（《左傳·隱公元年》）

（2）且父母之於子也，産男則相賀，産女則殺之。（《韓非子·六反》）

産生義（動詞）如：

（3）義以生利，利以平民。（《左傳·成公二年》）

（4）彼幸而得之，則主日侵；彼幸而不得，則怨日産。（《管子·任法》）②

産業、生計義（名詞）如：

（5）父老歸而治生，丁壯者歸而薄業。（《管子·輕重戊》）

（6）耕于海畔，苦身戮力，父子治産。（《史記·越王句踐世家》）

存活、不死義（動詞）如：

---

① “生”“産”詞義關係密切而“産”以“生”爲意符，猶“顔”“色”詞義關係密切而“顔”以“色”爲意符（這種寫法的“顔”見於戰國文字，即“𩑶”）。

② 尹知章注：“若不得所幸，則怨毒日生也。”

（7）兵法不曰“陷之死地而後生，投之亡地而後存”乎？（《漢書・韓信傳》）

（8）以生子，子不産。（睡虎地秦簡《日書》甲種38—39）

存活、不死義（副詞）如：

（9）生拘石乞，而問白公之死焉。（《左傳・哀公十六年》）

（10）能産捕群盜一人若斬二人，拜爵一級。（張家山漢簡《二年律令》148）

鮮活、生鮮義（形容詞）如：

（11）昔者有饋生魚於鄭子産，子産使校人畜之池。（《孟子・萬章上》）

（12）螟病方：螟者，蟲所齧穿者□，其所發無恒處，或在鼻，或在口旁，或齒齦，或在手指［□□］使人鼻缺指斷。治之：以鮮産魚，擣而以鹽財和之，以傅蟲所齧者。［□□］□，輒補之。病已，止。嘗試，毋（無）禁。［●］令。（馬王堆帛書《五十二病方》134—136）

活物、生物義（名詞）如：

（13）君賜生，必畜之。（《論語・鄉黨》）①

（14）有能捕告，賜什三，收粟米布帛錢金，出内畜産。（《墨子・號令》）

至於兩者的區别，田煒指出：“‘産’的流行最初具有明顯的地域性。……‘産’的流行反映的是秦人的用語習慣，但在戰

① “生”由生長義可以引申爲活的、活物這類意思，參見趙岩《簡帛文獻詞語歷時演變專題研究》，中國社會科學出版社，2013年，第104頁。

國後期秦國文獻中，‘生’的用例仍然很常見，秦代用政令的方式把秦人的用語習慣固定下來，推廣到其他地區，並且限制‘生’的使用，‘産’因此承擔了‘生’的功能。”①

此外，還有一個區别也值得考慮。“生”，甲骨文寫作“”（《合集》20348），字形表示草木生於地上，本義即植物出生、生長。古書中有不少相關用例，如《詩經·大雅·卷阿》：“梧桐生矣，于彼朝陽。”《荀子·勸學》：“蓬生麻中，不扶而直。”《禮記·月令》：“王瓜生，苦菜秀。”“産”則相對晚起，春秋晚期哀成叔鼎（《集成》2782）“余鄭邦之産，少去母父，作鑄飤器黄鑊”用例較早，“余鄭邦之産”即我是鄭國出生的，這個“産”和《孟子·滕文公上》“陳良，楚産也”之“産”一樣。《説文》“乳”下説“人及鳥生子曰乳，獸曰産”，“乳”“産”或本無此種區别。

總體上看，“生”“産”同義程度很高，古人早已連用爲“生産”一詞，並傳承至今。

（三）關於等義詞與近義詞

等義詞也可以叫絶對同義詞、完全同義詞，蔣紹愚指出等義詞是“除社會意義略有不同之外在任何場合都可以互换的詞”②；“兩個詞意義完全相同，在任何場合都能互换”③。一般認爲，古漢

① 田煒《論出土秦和西漢早期文獻中的“生”和“産”》，《中國語文》2016年第2期，第207、209頁。

② 蔣紹愚《古漢語詞彙綱要》，商務印書館，2021年，第99頁。

③ 蔣紹愚《漢語歷史詞彙學概要》，商務印書館，2015年，第265頁。

語中真正的等義詞是很少的，因爲不符合語言的經濟原則；兩個詞可能理性意義完全相同，但是我們很難保證它們在補充意義、風格特徵、感情色彩、搭配組合等方面也完全相同，更難保證它們在任何場合下都能互換。有些學者就認爲古漢語中不存在這種等義詞，如黄金貴認爲："古漢語同義詞中，可以説不存在理性意義和附加意義都等同的等義詞。"①

至於近義詞，則是"同一語義場中的同位義，它們都有共同的中心義素，有時還有共同的限定性義素，但又有一個限定性義素不相同"。②《説文·走部》："趋，獨行也。""趣，安行也。""趚，側行也。"《説文·辵部》："邁，遠行也。""徒，步行也。""遲，徐行也。""迆，衺行也。"《説文·彳部》："徎，徑行也。""彶，急行也。""微，隱行也。"《説文·延部》："延，長行也。""趋""趣""趚""邁""徒""遲""迆""徎""彶""微""延"的釋義中雖然都有共同的中心義素"行"，但限定性義素各不相同，在具體的語境中不能替換，它們屬於近義詞。

同義詞與等義詞、近義詞，詞義共性程度有所不同，等義詞的詞義共性程度最高，同義詞次之，近義詞再次之。學者多致力於同義詞的研究，主要原因在於同義詞本身是一種語言的表現力、成熟度、豐富性的重要標誌，古漢語中存在大量的同義詞，表情達意上具有準確生動的特點，窮究古漢語同義詞之同異，有助於深刻理解古書文義。

① 黄金貴《古漢語同義詞辨釋論》，上海古籍出版社，2002年，第143頁。
② 蔣紹愚《古漢語詞彙綱要》，商務印書館，2021年，第100頁。

第二節 《説文》中的同義詞

《説文》一書收集了大量的先秦秦漢詞彙，具有豐富的同義詞。一般來説，研究《説文》中的同義詞，主要根據《説文》本身的説解以及段注研究的成果，亦即一方面從《説文》互訓、遞訓、同訓等中找出同義詞，另一方面則從段注所説的“渾言—析言”“對文—散文”等中確認同義詞。

（一）互訓同義詞

互訓即兩個詞互相訓釋。《説文》中的互訓可分成直訓式互訓、義界式互訓、混合式互訓三種。直訓式互訓，方式上以單詞訓釋單詞（亦即直訓），位置上訓釋詞與被訓釋詞正好互易。義界式互訓，方式上以詞組或句子訓釋單詞（亦即義界），位置上訓釋詞與被訓釋詞仍爲互易。混合式互訓，即直訓式互訓和義界式互訓混合。與此相應，互訓同義詞有直訓式互訓同義詞、義界式互訓同義詞、混合式互訓同義詞。

①直訓式互訓同義詞，如：

【玩—弄】《説文·玉部》:“玩，弄也。”《説文·廾部》:“弄，玩也。”

【追—逐】《説文·辵部》:“追，逐也。”《説文·辵部》:“逐，追也。”

【謹—慎】《説文·言部》:“謹，慎也。”《説文·心部》:“慎，謹也。”

【誠—信】《説文·言部》:“誠，信也。”《説文·言部》:“信，誠也。”

【音—聲】《説文·音部》:“音，聲也。”《説文·耳部》:“聲，音也。”

【更—改】《説文·攴部》:“更，改也。”《説文·攴部》:“改，更也。”

【切—刌】《説文·刀部》:“切，刌也。”《説文·刀部》:“刌，切也。”

【奉—承】《説文·廾部》:“奉，承也。”《説文·手部》:“承，奉也。”

【飢—餓】《説文·食部》:“飢，餓也。”《説文·食部》:“餓，飢也。”

【完—全】《説文·宀部》:“完，全也。”《説文·入部》:“仝，完也。”①

【柧—棱】《説文·木部》:“柧，棱也。”《説文·木部》:“棱，柧也。”

【楝—極】《説文·木部》:“楝，極也。”《説文·木部》:“極，楝也。”

【束—縛】《説文·束部》:“束，縛也。”《説文·糸部》:“縛，束也。”

【國—邦】《説文·囗部》:“國，邦也。”《説文·邑部》:“邦，國也。”

---

①“仝”即“全”，兩者是異體字。

【儈—何】《説文・人部》:“儈，何也。”《説文・人部》:“何，儈也。”

【舟—船】《説文・舟部》:“舟，船也。”《説文・舟部》:“船，舟也。”

【頂—顛】《説文・頁部》:“頂，顛也。”《説文・頁部》:“顛，頂也。”

【恥—辱】《説文・心部》:“恥，辱也。”《説文・辰部》:“辱，恥也。”

【慚—媿】《説文・心部》:“慚，媿也。”《説文・女部》:“媿，慚也。”

【匵—匣】《説文・匚部》:“匵，匣也。”《説文・匚部》:“匣，匵也。”

【轅—輈】《説文・車部》:“轅，輈也。”《説文・車部》:“輈，轅也。”

②義界式互訓同義詞，如:

【根—株】《説文・木部》:“根，木株也。”《説文・木部》:“株，木根也。”

【橋—梁】《説文・木部》:“橋，水梁也。”《説文・木部》:“梁，水橋也。”

【杪—標】《説文・木部》:“杪，木標末也。”《説文・木部》:“標，木杪末也。”

【紂—緧】《説文・糸部》:“紂，馬緧也。”《説文・糸部》:“緧，馬紂也。”

【驅—馳】《説文・馬部》:“驅，馬馳也。”《説文・馬部》:

“馳，大驅也。”

【監—臨】《説文・臥部》：“監，臨下也。”《説文・臥部》：“臨，監臨也。”

【衽—裣】《説文・衣部》：“衽，衣裣也。”《説文・衣部》：“裣，交衽也。”

【犗—騬】《説文・牛部》：“犗，騬牛也。”《説文・馬部》：“騬，犗馬也。”

【銷—鑠】《説文・金部》：“銷，鑠金也。”《説文・金部》：“鑠，銷金也。”

【簦—笠】《説文・竹部》：“簦，笠蓋也。”《説文・竹部》：“笠，簦無柄也。”

【葭—葦】《説文・艸部》：“葭，葦之未秀者。”《説文・艸部》：“葦，大葭也。”

【贅—質】《説文・貝部》：“贅，以物質錢。”《説文・貝部》：“質，以物相贅。”

【泉—原】《説文・泉部》：“泉，水原也。”《説文・灥部》：“厵，水泉本也。”[1]

③混合式互訓同義詞，如：

【訹—誘】《説文・言部》：“訹，誘也。”《説文・言部》：“誘，相訹呼也。”

【詐—欺】《説文・言部》：“詐，欺也。”《説文・欠部》：“欺，詐欺也。”

---

① “厵”即“原”，兩者是異體字。

【高—崇】《説文·高部》:“高，崇也。”《説文·山部》:“崇，嵬高也。”

【阱—陷】《説文·井部》:“阱，陷也。”《説文·臼部》:“臽，小阱也。”①

【榮—桐】《説文·木部》:“榮，桐木也。”《説文·木部》:“桐，榮也。”

【枯—槀】《説文·木部》:“枯，槀也。”《説文·木部》:“槀，木枯也。”

【敬—肅】《説文·苟部》:“敬，肅也。”《説文·聿部》:“肅，持事振敬也。”

【涕—泣】《説文·水部》:“涕，泣也。”《説文·水部》:“泣，無聲出涕曰泣。”

互訓可以給探求同義詞提供綫索。如“玩”與“弄”，皆有玩弄義，如僞古文《尚書·旅獒》:“玩人喪德，玩物喪志。”《詩經·小雅·斯干》:“乃生男子，載寢之牀，載衣之裳，載弄之璋。”兩者連稱之例，如《東觀漢記·恭宗孝安皇帝》:“數燕見在禁中，特加賞賜，下及玩弄之物，諸王子莫得與比。”《後漢書·皇后紀》:“又御府、尚方、織室錦繡、冰紈、綺縠、金銀、珠玉、犀象、瑇瑁、彫鏤玩弄之物，皆絶不作。”“玩弄”一詞沿用至今。又“根”與“株”，皆有樹根義，如《左傳·文公七年》:“公族，公室之枝葉也。若去之，則本根無所庇廕矣。”《韓非子·五蠹》:“田中有株，兔走觸株，折頸而死。”至於兩

① “臽”即“陷”。

者的區别，徐鍇繫傳："入土曰根，在土上者曰株。"也就是説樹木下端埋入土中的部分是"根"；未埋入土中的則是"株"，現在多叫作"樹樁"。又"切"與"刌"，皆有切割義，如《禮記·少儀》："牛與羊魚之腥，聶而切之爲膾。"《儀禮·特牲饋食禮》："刌肺三。""刌"在武威漢簡、馬王堆帛書中多見，如武威漢簡《儀禮·特牲》51："刌肺三，魚十有五。"馬王堆帛書《五十二病方》425/415："取蘭根、白付，小刌一升，舂之，以截、沐相半洎之。"或寫作"剸"，馬王堆帛書《五十二病方》41/41："傷而痙者，小剸一犬，漰與糵半斗，毋去其足，以□并盛。""切""刌"有異文例，《儀禮·特牲饋食禮》："刌肺三。"鄭玄注："今文'刌'爲'切'。"可知，今文《儀禮》用"切"，古文《儀禮》用"刌"。後世切割義的"刌"十分罕見，基本上爲"切"所取代，但兩者曾爲同義詞則無疑。

當然，互訓詞並不都是同義詞。如"茅"與"菅"，《説文·艸部》："菅，茅也。"《説文·艸部》："茅，菅也。""茅"是總稱，李時珍《本草綱目·草部·白茅》："茅有白茅、菅茅、黄茅、香茅、芭茅數種……菅茅只生山上，似白茅而長。""菅"是"茅"的一種，《爾雅·釋草》："白華，野菅。"郭璞注："菅，茅屬。""菅"是"茅屬"，説明"菅"是"茅"類植物。那麼"茅"與"菅"是上下位詞，不是同義詞。又"榆"與"枌"，《説文·木部》："榆，榆白枌。"《説文·木部》："枌，榆也。""榆"是總稱，李時珍《本草綱目·木部·榆》："邢昺《爾雅》疏云：'榆有數十種，今人不能盡别，唯知莢榆、白榆、刺榆、榔榆數者而已。'莢榆、白榆皆大榆也，有赤白二種，白者名枌。""枌"是"榆"

的一種，《爾雅·釋木》："枌，白榆。"①《詩經·陳風·東門之枌》："東門之枌，宛丘之栩。"毛傳："枌，白榆也。"《禮記·内則》："堇荁枌榆。"鄭玄注："榆白曰枌。""榆"與"枌"也是上下位詞，不宜看作同義詞。②

利用互訓來研究同義詞，還需要注意異體字互訓的情況。如"殳"與"杸"，《説文·殳部》："殳，以杸殊人也。《禮》：殳以積竹，八觚，長丈二尺，建於兵車，車旅賁以先驅。"《説文·殳部》："杸，軍中士所持殳也。""殳""杸"本是異體字，"杸"是在"殳"的基礎上累增意符"木"，从"木"大概與其材質有關，《文選·張衡〈西京賦〉》："但觀罝羅之所羂結，竿殳之所揘畢。"薛綜注："殳，杖也。八棱，長丈二而無刃。或以木爲之，或以竹爲之。""殳"屬於棒杖類兵器，有前驅先導之用，《詩經·衛風·伯兮》中說："伯也執殳，爲王前驅。"殳分爲帶刃和不帶刃兩種類型，湖北隨州曾侯乙墓都有出土。墓中有七件三棱有刃殳，其中三件有銘，銘文曰："曾侯邚之用殳。"自名爲"殳"，字形作""。墓中還有十四件兩端有銅套而無鋒刃的"殳"，呈旗杆形。這兩類"殳"，正好對應曾侯乙墓竹簡中所記的"杸"與"晉杸"。③"杸"的字形作"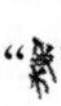""""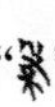"等。陝西秦始皇兵馬俑出

---

① 《爾雅》各本均作"榆，白枌"，誤。

② 下位詞如果在使用過程中範圍擴大，可能變成上位詞，但"菅""枌"没有泛指的用法，也就是説没有成爲上位詞，因此"菅"與"茅"、"枌"與"榆"還是不宜看作同義詞。

③ 關於曾侯乙墓"殳"的釋讀與研究，參見裘錫圭《談談隨縣曾侯乙墓的文字資料》，《文物》1979年第7期。

土過銅制的“殳”，河北滿城漢墓出土過鐵制的“殳”。[①]總體上説，秦漢時期的“殳”頂端較鈍，趨於無刃，所以《詩經・衛風・伯兮》“伯也執殳，爲王前驅”毛傳：“殳，長丈二而無刃。”睡虎地秦簡有“殳”字，與“戟”連言，如睡虎地秦簡《效律》45：“殳、戟、弩，鬃汧相易殹，勿以爲贏、不備，以識耳不當之律論之。”也和“梃”並舉，如睡虎地秦簡《法律答問》90：“邦客與主人鬭，以兵刃、投梃、拳指傷人，擎以布。”睡虎地秦簡《法律答問》92：“小畜生入人室，室人以投梃伐殺之，所殺值二百五十錢，何論？當貲二甲。”這裏的“投梃”可讀爲“殳梃”或“杸梃”。[②]北大漢簡中有“杸”字，如北大漢簡《周馴》94—95：“晉惠公之右路石奮杸擊穆公之左袂，其甲隕者已六札矣。”[③]北大漢簡《節》24—26：“春爲牝陳，矛爲前行。夏爲方陳，弩爲前行。六月爲圓陳，劍爲前行。秋爲牡陳，戟爲前行。冬爲縱横，杸爲前行。”總之，“殳”“杸”本爲異體字，兩者古音皆在禪母侯部，《急就篇》：“鐵錘檛杖棁柲杸。”顔師古注：“杸，一作殳。”但可能在許慎看來兩者已有區别，至於是他個人看法還是多數人看法尚不清楚，我們研究同義詞最好還是排除這種例子。

---

① 秦俑坑考古隊《秦始皇陵東側第三號兵馬俑坑清理簡報》，《文物》1979年第12期。中國社會科學院考古研究所《滿城漢墓發掘報告》（上册），文物出版社，1980年。

② 簡文的“投”是“手（扌）”旁，不是“木”旁，與下字“梃”判然可辨。

③ “杸”，《吕氏春秋》作“投”，王念孫校讀爲“杸”，參見王念孫《讀書雜志》，鳳凰出版社，2000年，第1022頁。北大漢簡《周馴》正可證實他的看法。

（二）同訓同義詞

同訓即用同一個詞或詞組來訓釋兩個及兩個以上的詞。《説文》中的同訓可分成直訓式同訓、義界式同訓兩種。與此相應，同訓同義詞有直訓式同訓同義詞、義界式同訓同義詞。

①直訓式同訓同義詞，如：

【誥—詔】《説文·言部》："誥，告也。"《説文·言部》："詔，告也。"

【改—變】《説文·攴部》："改，更也。"《説文·攴部》："變，更也。"

【逋—逃】《説文·辵部》："逋，亡也。"《説文·辵部》："逃，亡也。"

【迅—速】《説文·辵部》："迅，疾也。"《説文·辵部》："速，疾也。"

【遭—遘—逢】《説文·辵部》："遭，遇也。"《説文·辵部》："遘，遇也。"《説文·辵部》："逢，遇也。"

②義界式同訓同義詞，如：

【琱—琢】《説文·玉部》："琱，治玉也。"《説文·玉部》："琢，治玉也。"

【瑾—瑜】《説文·玉部》："瑾，瑾瑜，美玉也。"《説文·玉部》："瑜，瑾瑜，美玉也。"

【妹—娣】《説文·女部》："妹，女弟也。"《説文·女部》："娣，女弟也。"

【眛—瞢】《説文·目部》："眛，目不明也。"《説文·目部》：

“瞢，目不明也。”

【瀆—涘—汻—漘】《説文·水部》:“瀆，水厓也。”《説文·水部》:“涘，水厓也。”《説文·水部》:“汻，水厓也。”《説文·水部》:“漘，水厓也。”

《説文》同訓的情況也比較複雜，並不都是同義詞。如“逋”“遺”“遂”“逃”,《説文·辵部》同訓爲“亡”，能構成同義詞關係的只有“逋”與“逃”。“逋”“逃”都有逃亡義，兩者經常同義連用,《尚書·費誓》:“馬牛其風，臣妾逋逃。”《吴越春秋·夫差内傳》:“軍敗身辱，逋逃出走。”“遺”雖然訓爲“亡”，但卻是亡失之“亡”，而非逃亡之“亡”,《廣韻·脂韻》:“遺，失也。”《六書故·人九》:“遺，行有所亡失也。”“遂”訓爲“亡”，目前未見書證用例，也不清楚到底是哪個義位上的“亡”。俞樾在《兒笘録》中提出，訓爲“亡”的“遂”可能本是“遺”，他説:“疑古本《説文》‘遂’即爲‘遺’下重文，‘遺’或作‘遂’，猶‘旞’或作‘旝’也。”張舜徽則認爲:“‘豙，从意也。’謂豕之無約束也。豕無約束則易逃逸，故‘遂’字从‘豙’而訓‘亡’耳。”① 二説尚難論定，可以存疑待考。根據現有的材料，這組同訓詞中只有“逋”與“逃”是同義詞。

有些同訓是類屬意義，不能隨便看作同義詞。如《説文·魚部》中有不少同訓爲“魚”“魚名”的詞，如“鮇”“鰲”“鮥”“鰖”“鮇”“鰈”“鱄”“鮦”“鱁”“鯈”“鮔”“鰋”“鱮”“鰱”“鮍”

① 張舜徽《説文解字約注》(第一册)，華中師範大學出版社，2009年，第418頁。

“鰤”“鮒”“鮏”“鰿”“鱺”“鰻”“鳠”“鱓”“鯇”“鰊”“鱕”“鰯”“鱖”“鮅”“鯸”等，名目繁多，詞義關係複雜。其中，“鱮”與“鰱”是同義詞，《廣雅·釋魚》：“鰱，鱮也。”《詩經·小雅·采緑》：“其釣維何，維魴及鱮。”陸璣疏：“鱮似魴厚而頭大，魚之不美者。……其頭尤大而肥者徐州人謂之鰱。”“鮒”與“鰿”也是同義詞，《玉篇·魚部》：“鰿，鮒也。”“鰿”或作“鰿”，見於馬王堆漢墓遣册，即現在鯽魚之“鯽”。《埤雅·釋魚》：“鮒，小魚也，即今之鯽魚。其魚肉厚而美，性不食釣。《本草》所謂鯽魚，一名鮒魚。”其餘諸詞雖然同訓，但或材料缺乏，不知何物，或所指不同，差異較大，够不上同義詞。又《説文·女部》中的“嬿”“妸”“㛂”“婕”“嫫”“㜌”“嫽”“妶”“婟”“姶”“攺”“娃”“妏”都訓爲“女字”，亦即女子人名用字，肯定不能都看作同義詞。

利用同訓來研究同義詞，也需要注意區分異體字同訓的情況。如“姝”與“㚫”，同訓爲“好”，但是許慎在“㚫”下面引的是《詩經·邶風·静女》中的“静女其㚫”，而現在通行的版本是“静女其姝”。“殳”古音在禪母侯部，“朱”古音在章母侯部，兩者古音極近。因此，“姝”“㚫”是聲符換用的異體字。又“踣”與“䞳”，同訓爲“僵”，又同以“音”得聲，形旁“足”“走”意義也接近，《集韻·德韻》：“踣，或从走。”因此，兩者是形符換用的異體字。

（三）遞訓同義詞

遞訓即兩個以上的詞輾轉訓釋。《説文》中的遞訓可分成閉環式遞訓、直綫式遞訓兩種。閉環式遞訓，遞訓最末一詞回訓爲前面的某個詞。直綫式遞訓，遞訓最末一詞不回訓爲前面的詞。與此相應，遞訓同義詞有閉環式遞訓同義詞、直綫式遞訓同義詞。

①閉環式遞訓同義詞，如：

【恚—恨—怨】《説文·心部》："恚，恨也。"《説文·心部》："恨，怨也。"《説文·心部》："怨，恚也。"

【刓—鏶—鍥】《説文·刀部》："刓，鏶也。"《説文·金部》："鏶，鍥也。"《説文·金部》："鍥，鏶也。"

【瘥—瘉—瘳】《説文·疒部》："瘥，瘉也。"《説文·疒部》："瘉，病瘳也。"《説文·疒部》："瘳，疾瘉也。"

【嚨—喉—咽—嗌】《説文·口部》："嚨，喉也。"《説文·口部》："喉，咽也。"《説文·口部》："咽，嗌也。"《説文·口部》："嗌，咽也。"

②直綫式遞訓同義詞，如：

【揃—搣—批—捽】《説文·手部》："揃，搣也。"《説文·手部》："搣，批也。"《説文·手部》："批，捽也。"《説文·手部》："捽，持頭髮也。"

利用《説文》遞訓來探究同義詞，需要注意諸詞是否在同一個義位上。王力舉過一些例子，如："富，備也；備，慎也；但'富'不能解作'慎'。優，饒也；饒，飽也；但'優'不能解作'飽'。搖，動也；動，作也；作，起也；但'搖'不能解作'起'。課，試也；試，用也；但'課'不能解作'用'。無，亡也；亡，逃也；但'無'不能解作'逃'。犯，侵也；侵，漸進也；但'犯'不能解作'漸進'。偁，揚也；揚，飛舉也；但'偁'不能解作'飛舉'。

踐，履也；履，足所依也；但‘踐’不能解作‘足所依’。過，度也；度，法制也；但‘過’不能解作‘法制’。俗，習也；習，數飛也；但‘俗’不能解作‘數飛’。倫，輩也；輩，若軍發車百兩爲一輩；但‘倫’不能解作‘軍發車百兩’。”①

《説文》中同一個字，有時用其本義，有時用其引申義，有時則用其假借義。如《説文·辵部》：“過，度也。”吴善述《説文廣義校訂》：“‘度’者過去之謂，故過水曰‘渡’，字亦作‘度’。”這裏的“度”不是用其本義。“度”在《説文》一書中有時用作度過、越度義，如《説文·走部》“越，度也”之“度”；有時用作度居、宅居義，如《説文·𩫏部》“𩫏，度也，民所度居也”之“度”；有時用作風度、儀表義，如《説文·人部》“儀，度也”之“度”；有時用作氣度、器量義，如《説文·卪部》“卲，有大度也”之“度”；有時用作測度、推測義，如《説文·手部》“擬，度也”之“度”。當它作爲字頭被訓釋時，許慎要從本義的角度去解説，也就是法度、法制義，即《説文·又部》“度，法制也”之“度”。不過“度”的本義到底是不是法制、法度，尚有疑問。

（四）方言同義詞

《説文》在訓釋過程中有時會點出詞的地域屬性，這樣的詞就是方言詞。這些方言詞多是同義詞，如：

---

① 王力《理想的字典》，《國文月刊》1945年第33期；又參見王力《龍蟲並雕齋文集（一）》，中華書局，2015年，第345—346頁。

【芋—莒】《説文·艸部》:“莒,齊謂芋爲莒。”

【蘸—蘺—莊】《説文·艸部》:“蘸,楚謂之蘺,晉謂之蘸,齊謂之莊。”

【蔆—芰】《説文·艸部》:“蔆,芰也。……楚謂之芰。”

【退—往】《説文·辵部》:“退,往也。……退,齊語。”

【適—之】《説文·辵部》:“適,之也。……適,宋魯語。”

【逆—迎】《説文·辵部》:“逆,迎也。……關東曰逆,關西曰迎。”

【迣—迾】《説文·辵部》:“迣,迾也。晉趙曰迣。”

【訦—信】《説文·言部》:“訦,燕代東齊謂信[曰]訦。”

【詑—欺】《説文·言部》:“詑,沇州謂欺曰詑。”

【籍—筥】《説文·竹部》:“籍,飯筥也,受五升。……秦謂筥曰籍。”

【饘—餬】《説文·食部》:“饘,糜也。……周謂之饘,宋謂之餬。”

【杇—槾】《説文·木部》:“杇,所以涂也。秦謂之杇,關東謂之槾。”

【槌—持】《説文·木部》:“槌,關東謂之槌,關西謂之持。”

【栚—樸】《説文·木部》:“栚,槌之横者也。關西謂之樸。”

【多—夥】《説文·多部》:“夥,齊謂多爲夥。”

【黑—驢】《説文·黑部》:“驢,齊謂黑爲驢。”

【貪—惏】《説文·心部》:“惏,河内之北貪曰惏。”

【慙—㥦】《説文·心部》:“㥦,青徐謂慙曰㥦。”

【蜹—蚊】《説文·虫部》:“蜹,秦晉謂之蜹,楚謂之蚊。”

【咺—唴—咷—喑】《説文・口部》:“咺，朝鮮謂兒泣不止曰咺。”《説文・口部》:“唴，秦晉謂兒泣不止曰唴。”《説文・口部》:“咷，楚謂兒泣不止曰噭咷。”[①]《説文・口部》:“喑，宋齊謂兒泣不止曰喑。”

《説文》中的方言詞有些因襲《方言》而來，其中還有外來語。《方言》卷一:“咺、唏、灼、怛，痛也。凡哀泣而不止曰咺，哀而不泣曰唏。於方:則楚言哀曰唏;燕之外鄙、朝鮮洌水之間，少兒泣而不止曰咺。自關而西秦晉之閒，凡大人少兒泣而不止謂之唴，哭極音絶亦謂之唴。平原謂啼極無聲謂之唴哴，楚謂之噭咷，齊宋之間謂之喑，或謂之惄。”對比可知,《説文》中“咺”“唴”“咷”“喑”這幾個詞來源於《方言》, 其中“咺”是古朝鮮所用之詞。[②]

有些方言詞可能是一語分化。如“逆”與“迎”，雖有地域之别，但是“逆”古音在疑母鐸部，“迎”古音在疑母陽部，鐸、陽二部可以對轉，兩者語音關係十分密切，因而是一語分化。

方言詞還會受到國家政策的影響。如“詑”，這是一個方言詞,《説文・言部》:“詑，沇州謂欺曰詑。”《玉篇・言部》:“詑，謾而不疑。兖州人謂欺曰詑。”睡虎地秦簡《封診式》2—4:“凡訊獄，必先盡聽其言而書之，各展其辭，雖知其詑，勿庸輒詰。其辭已盡書而無解，乃以詰者詰之。詰之又盡聽書其解辭，又視

① “噭咷”也作“號咷”,《廣雅・釋詁二》:“號咷，鳴也。”也就是現在説的“嚎啕”。

② 本書主要講漢語詞彙，非漢語詞彙附帶提及一下。

其它無解者以復詰之。詰之極而數訑，更言不服，其律當笞掠者，乃笞掠。”張家山漢簡《奏讞書》175：“諸以縣官事訑其上者，以白徒罪論之。”由於字形訛變，也寫作“訑”，《戰國策·燕策一》：“寡人甚不喜訑者言也。”這個詞大概流行過一陣，嶽麓秦簡［叁］《爲獄等狀四種》均用“訑”，不用“謾”；“訑”後來被政策所限，使用不廣，與秦“書同文”政策密切相關的里耶秦簡8—461（木方）上説：“更訑曰謾。”意思是表示欺謾義時用“謾”這個詞而不用“訑”這個詞，也就是用“謾”來代替“訑”。

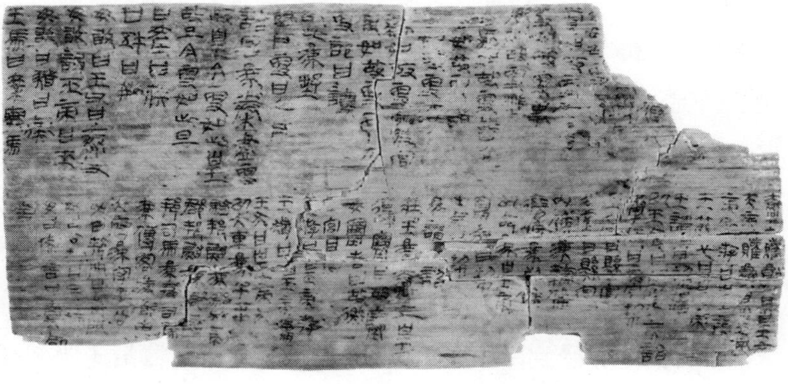

圖 13　里耶秦簡 8—461[①]

（五）段注同義詞

段玉裁用“渾言—析言”“對文—散文”等術語來揭示同義

① 湖南省文物考古研究所《里耶秦簡［壹］》，文物出版社，2012 年，第 14 頁。

詞。如：

【呻—吟】《説文·口部》："呻，吟也。"段玉裁注："呻者吟之舒，吟者呻之急，渾言則不别也。"

【牙—齒】《説文·牙部》："牙，牡<牂>齒也。"段玉裁注："壯齒者，齒之大者也。統言之，皆偁齒、偁牙。析言之，則前當脣者偁齒，後在輔車者偁牙。牙較大於齒，非有牝牡也。"

【諷—誦】《説文·言部》："諷，誦也。"段玉裁注："《大司樂》：'以樂語教國子，興道諷誦言語。'注：'倍文曰諷，以聲節之曰誦。'倍同背，謂不開讀也。誦則非直背文，又爲吟詠以聲節之。《周禮》經注析言之，諷、誦是二。許統言之，諷、誦是一也。"

【肥—腯】《説文·肉部》："腯，牛羊曰肥，豕曰腯。"段玉裁注："人曰肥，獸曰腯，此人物之大辨也。又析言之，則牛羊得偁肥，豕獨偁腯。《曲禮》：'豕曰剛鬣，豚曰腯肥。'……《左傳》：'奉牲以告曰：博碩肥腯。'……《曲禮》專謂豚，《左氏》統言之。"

【脩—脯】《説文·肉部》："脩，脯也。"段玉裁注："《膳夫》大鄭注曰：'脩，脯也。'按，此統言之。析言之，則薄析曰脯，捶而施薑桂曰段脩。"

【刻—鏤】《説文·刀部》："刻，鏤也。"段玉裁注："《金部》曰：'鏤，剛鐵可以刻鏤也。'《釋器》曰：'金謂之鏤，木謂之刻。'此析言之。統言則刻亦鏤也。"

【簦—笠】《説文·竹部》："簦，笠蓋也。"段玉裁注："笠而有柄如蓋也，即今之雨繖，《史記》'躡屩擔簦'。按，簦亦謂之笠，渾言不别也。"

【華—榮】《説文·華部》:“華，榮也。”段玉裁注:“《艸部》曰:‘葩，華也。’《𠌶部》曰:‘𩁹，華榮也。’按,《釋艸》曰:‘蘥、荂、葟、華，榮。’渾言之也。又曰:‘木謂之華，艸謂之榮。榮而實者謂之秀，榮而不實者謂之英。’析言之也。”

【橐—囊】《説文·橐部》:“橐，囊也。”段玉裁注:“許云:‘橐，囊也。’‘囊，橐也。’渾言之也。《大雅》毛傳曰:‘小曰橐，大曰囊。’高誘注《戰國策》曰:‘無底曰囊，有底曰橐。’皆析言之也。”

【國—邦】《説文·囗部》:“國，邦也。”段玉裁注:“《邑部》曰:‘邦，國也。’按，邦、國互訓，渾言之也。《周禮》注曰:‘大曰邦，小曰國，邦之所居亦曰國。’析言之也。”

【臥—寢】《説文·臥部》:“臥，休也。”段玉裁注:“臥與寢異:寢於牀,《論語》‘寢不尸’是也;臥於几,《孟子》‘隱几而臥’是也。……此析言之耳。統言之則不别，故《宀部》曰:‘寢者，臥也。’”

【沚—渚】《説文·水部》:“沚，小渚曰沚。”段玉裁注:“《召南》傳曰:‘沚，渚也。’此渾言之。《秦風》傳、《爾雅·釋水》曰:‘小渚曰沚。’此析言之也。”

【墳—墓】《説文·土部》:“墳，墓也。”段玉裁注:“此渾言之也。析言之，則墓爲平處，墳爲高處。”

【道—路】《説文·足部》:“路，道也。”段玉裁注:“《釋宫》:‘一達謂之道路。’此統言也。《周禮》:‘澮上有道，川上有路。’此析言也。”

段玉裁所謂的“渾言—析言”等大多數時候是在辨析兩個詞

或多個詞的異同，這些詞析言則異、渾言則同，大多數是同義詞，但仍然需要結合多方面材料加以考證。如“茅”與“菅”，兩者可以互訓，《説文·艸部》：“菅，茅也。”《説文·艸部》：“茅，菅也。”段玉裁注：“統言則茅、菅是一，析言則菅與茅殊。”但是“茅”是總稱，“菅”是“茅”的一種，我們在前面已經説過，“茅”與“菅”是上下位詞，不是同義詞。又“蕭”與“蒿”，《説文·艸部》：“蕭，艾蒿也。”段玉裁注：“《曹風》傳曰：‘蕭，蒿也。’此統言之。”情況也一樣。“蕭”是“蒿”的一種，“蒿”是總稱，“蕭”也没有泛指“蒿”類植物的用法，“蕭”與“蒿”也不宜看作同義詞。但“項”本指頭後（《説文·頁部》：“項，頭後也。”），泛指整個脖子後（《正字通·頁部》：“項，合頸之前後曰項。”），與“頸”“領”就是同義詞了。

段玉裁所謂的“渾言—析言”等有時並不是用於兩個詞或多個詞的詞義辨析。如《説文·示部》：“祥，福也。”段玉裁注：“凡統言則災亦謂之祥，析言則善者謂之祥。”蔣紹愚指出：“這裏的‘渾言’‘析言’根本不牽涉兩個詞，而是指同一個詞在指稱事物時，有時可把某種事物不加分析合起來表示，有時又可以把某種事物加以分析，而指稱其中的一類。”[①] 馮蒸指出：“這是所謂‘美惡不嫌同辭’的同一詞義内部結構問題，與同義詞問題無關。”[②] 如“妻”與“齊”，《説文·女部》：“妻，婦與己齊者也。”段玉裁

① 蔣紹愚《古漢語詞彙綱要》，商務印書館，2021 年，第 107—108 頁。
② 馮蒸《〈説文〉同義詞研究》，首都師範大學出版社，1995 年，第 68 頁。

注："妻、齊以疊韻爲訓，此渾言之也。《曲禮》曰：'庶人曰妻。'析言之也。""妻"古音在清母脂部，"齊"古音在從母脂部，兩者韻部相同，聲母相近，語音關係密切，不少古注直接説"妻，齊也""妻之言齊也"，即以聲訓爲之。但這並不等於説"妻"這個詞本身就有"齊"這類意思，聲訓主要是爲探求語源，語源就是詞的得名理據，楊琳指出："得名理據不是詞的現實義位，而只是構成現實義位的一個義素，有些學者稱爲'源義素'或'語源義'。"[①]《説文·女部》"婦，服也"也是同樣的情況。段玉裁在"妻"下雖然用了"渾言—析言"，但不能認爲"妻"與"齊"是同義詞，連近義詞也算不上。

還需要注意的是，段玉裁根據古書舊注等材料所謂的"渾言—析言"不可盡信。如"詩"與"志"，《説文·言部》："詩，志也。"段玉裁注："《毛詩序》曰：'詩者，志之所之也。在心爲志，發言爲詩。'按許不云'志之所之'，徑云'志也'者，《序》析言之，許渾言之也。所以多渾言之者，欲使人因屬以求别也。"這裏雖然用了"渾言—析言"這套術語，但並非析言則異、渾言則同，更非同義詞。"詩"是文學形式、語言藝術，"志"是精神主旨、思想内涵，"詩"可以言"志"，"詩"是"志"的外在表達，"志"是"詩"的内在含義。許慎説解簡略，並不意味着語言學上"詩"就等於"志"，先秦兩漢文獻中没有這樣的語料。又"疾"與"病"，《説文·疒部》："疾，病也。"段玉裁注："析言之，則病爲疾加。渾言之，則疾亦病也。"不少學者指出"析

① 楊琳《訓詁方法新探》，商務印書館，2011年，第56頁。

言之，則病爲疾加”不符合實際情況。李人鑒指出，“疾”不一定是輕病，“病”不一定是重病；兩者同義，但“疾”出現較早，“病”則較晚，兩者在漢代開始發生替換；在較早的古書中，“病”多表示痛楚不安的意思；“病”作爲疾病義，大約始於戰國時期。[①]這些皆可信從。尤其顛覆舊有認識的是，“疾病”並非一開始就是並列結構，他説：“動詞性的‘疾病’，我認爲它是一個動補詞組，‘疾’字的意思是‘生了病’，‘病’的意思是‘十分痛楚不安’，‘疾病’兩個字實際上就是‘病得很重’的意思。”[②]黄金貴把這類“疾病”看作是主謂結構。[③]《左傳·宣公十五年》：“初，魏武子有嬖妾，無子。武子疾，命顆曰：‘必嫁是。’疾病，則曰：‘必以爲殉！’及卒，顆嫁之，曰：‘疾病則亂，吾從其治也。’”從“疾”到“疾病”再到“卒”，情況逐漸嚴重，“疾病”説的就是病情加重，亦即病危。《左傳·桓公五年》“公疾病而亂作，國人分散，故再赴”、《論語·子罕》“子疾病，子路使門人爲臣”、《儀禮·既夕禮》“疾病，外内皆埽”等中的“疾病”皆可如是解。清華簡《保訓》2—4：“［王］若曰：“發，朕疾漸甚，恐不汝及訓。昔前人傳寶，必受之以誦。今朕疾允病，恐弗堪終，汝以書受之。欽哉，勿淫！”“朕疾允病”對應“朕疾漸甚”，“病”就是説病情加重，“疾”“病”中間加了副詞“允”，更能説明這類“疾病”

① 李人鑒《釋“疾”“病”“疾病”》，《揚州師院學報（社會科學版）》1982年第1期，第95—102頁。

② 李人鑒《釋“疾”“病”“疾病”》，《揚州師院學報（社會科學版）》1982年第1期，第101頁。

③ 黄金貴《“病”本義考證》，《語言科學》2009年第4期，第445頁。

不是並列結構。此外，秦簡有不少“疾”“病”共現的情況，如睡虎地秦簡《日書》甲種68—69：“甲乙有疾，父母爲祟，得之於肉，從東方來，裹以漆器。戊己病，庚有［間］，辛酢。”“疾”爲名詞，“有疾”即得病；“病”指病情加重，動詞。後文還有“丙丁有疾……庚辛病”“戊己有疾……壬癸病”“庚辛有疾……甲乙病”“壬癸有疾……丙丁病”，都應這樣來理解。漢魏古注中有“疾甚曰病”“疾困曰病”“病，疾加也”“病，疾甚也”，並没有“甚疾曰病”“困疾曰病”“加疾曰病”“大疾曰病”“重疾曰病”這類説法，表明漢魏時人本來也未把“病”當重病或大病（名詞）講，後人及今人這樣理解，可能是誤讀了古注。

（六）其他同義詞

以上五類《説文》中的同義詞，前四類利用《説文》訓釋上的形式特徵，第五類利用段玉裁的研究成果，如果全面梳理考證，可以繫聯起大量的同義詞。此外，《説文》中“在……曰……，在……曰……”的説解語言其實也是在辨析同義詞，如《説文·艸部》：“蓏，在木曰果，在地曰蓏。”《説文·巫部》：“覡，能齋肅事神明也。在男曰覡，在女曰巫。”《説文·巢部》：“巢，鳥在木上曰巢，在穴曰窠。”《説文·囪部》：“囪，在牆曰牖，在屋曰囪。”《説文·虫部》：“蝘，在壁曰蝘蜓，在艸曰蜥易。”但這些區别是否真的存在，當然需要結合語言資料進行考辨。另外，還有一些零碎的同義詞分佈在《説文》中，缺乏明顯的訓釋形式特徵，段玉裁也未曾辨析，容易被忽略。如“俘”與“獲”，《説文·人部》:“俘，軍所獲也。”《說文·犬部》:“獲，獵所獲也。”這兩條訓釋既非互訓、同訓，也難與其他條目構成遞訓鏈條，段玉裁也未用“渾言—析言”等術語進行詞義辨析，但實際上兩者都有擒獲義，也都可以用作名詞與動詞，並且後來連用爲“俘獲”。“启”與“開”的情況也一樣,《說文·口部》:“启，開也。”《說文·門部》:“開，張也。”兩者均有打開義，後來連用爲“開启”，其實也是同義詞。對於這些較爲隱蔽的同義詞，我們只能挨個去梳理考證。

第五章 《説文》中的反義詞

第一節　古漢語反義詞

（一）反義詞的定義與分類

反義詞就是語音不同、意義相反的詞。①

這裏所説的“意義相反”，即理性意義相反。根據英國語言學家萊昂斯在《語義學》中的説法，反義詞有“互補”“反義”“反向”三種類型。互補型反義詞，如“是一非”“生一死”“真一假”，特點是兩者非此即彼。反義型反義詞，如“大一小”“多一少”“長一短”，特點是兩者有中間態。反向型反義詞，如“買一賣”“夫一妻”“東一西”，特點是兩者對稱交互。這三種反義詞類型，就是“意義相反”的内涵。

（二）反義詞的判定與舉例

蔣紹愚曾強調過構成反義詞的兩個條件：其一，一個詞的一個義位和另一個詞的一個義位處於同一語義範疇中，有一個或幾

① 張永言《詞彙學簡論》，華中工學院出版社，1982年，第112頁。

個語義要素相同，一個語義要素相反；其二，兩個詞在語用中經常同現而表示相反的意義。[①] 前者是詞義條件，後者是語用條件。僅符合一個條件的，是寬式反義詞。兩個條件都符合的，是嚴式反義詞。我們認同這一觀點，本章主要談嚴式反義詞。由此，反義詞的判定就需要考慮詞義條件與語用條件。具體來説，可以考慮以下兩點：一是詞義分析。通過古書訓釋、形義分析以及用例研究，考察兩個詞的詞義要素。二是用例考察。考察兩個詞能否連用或對舉。

下面分類舉例説明。

1. 互補型反義詞

【生—死】生存義—死亡義

（1）原始反終，故知死生之説。（《周易 · 繫辭上》）

（2）生死有命，富貴在天。（《論語 · 顔淵》）

（3）君子言有物，行有格，此以生不可奪志，死不可奪名。（郭店簡《緇衣》37—38）

【是—非】正確義—錯誤義

（1）夫禮者，所以定親疏，決嫌疑，别同異，明是非也。（《禮記 · 曲禮上》）

（2）是非之經，不可不分。（《呂氏春秋 · 察傳》）

（3）得失不復知，是非安能覺？（晉陶潛《擬輓歌辭》之一）

---

① 蔣紹愚《漢語歷史詞彙學概要》，商務印書館，2015 年，第 288 頁。

【有—無】不無義—没有義

（1）甲寅卜，賓貞：王唯有害。六月。/甲寅卜，［賓］貞：王無害。六月。（《合集》16994）

（2）天下有道則見，無道則隱。（《論語·泰伯》）

（3）人無遠慮，必有近憂。（《論語·衛靈公》）

【雄—雌】雄鳥義—雌鳥義

（1）具曰予聖，誰知烏之雌雄。（《詩經·小雅·正月》）

（2）鳥之雌雄不可别者，以翼右掩左，雄；左掩右，雌。（《爾雅·釋鳥》）

（3）禽獸有牝牡，置之山原；鳥有雌雄，布之林澤。（《史記·龜策列傳》）

（4）上家畜一豕，一狗，雞一雄一雌。（銀雀山漢簡《守法守令十三篇》943）

（5）野雄雞七，其六雌一雄。[1]以四月辛丑屬中官租。縱。（南越木簡73）

【牝—牡】母牛義—公牛義

（1）□午貞：［桒］生于高妣，□牡牝。（《合集》34079）

（2）甲申卜，禦婦鼠于妣己二牝牡。[2]（《合集》19987）

---

① 此處“雄雞”略爲費解，後面“六雌一雄”數量合起來就是“七”，但是“雄雞”不可能是總名。或釋爲“雉雞”“雒雞”，於字形不合，具體怎麽理解還有待研究（“雄”也可能是衍文）。

② 此處“牝牡”爲合文形式。“二牝牡”，是二牝二牡還是一牝一牡，學者討論較多。

【情—僞】真實義—虚假義

（1）聖人立象以盡意，設卦以盡情僞。（《周易·繫辭上》）

（2）險阻艱難，備嘗之矣。民之情僞，盡知之矣。（《左傳·僖公二十八年》）

（3）人有多隱其情，飾其僞，以賴於物，以攻其名也。（《大戴禮記·文王官人》）

（4）夫制國者，必照察遠近之情僞，預禍福之所從來。（《潛夫論·實邊》）

（5）夷狄情僞難知，不可許。（《後漢書·耿國傳》）

【行—止】行走義—靜止義

（1）時止則止，時行則行。動靜不失其時，其道光明。（《周易·艮》）

（2）行，或使之；止，或尼之。（《孟子·梁惠王下》）

（3）卓自知凶恣，每懷猜畏，行止常以布自衛。（《後漢書·呂布傳》）

（4）其人行止皆持甲仗，若有征伐，因而用之。（《隋書·真臘傳》）

（5）不塞不流，不止不行。（唐韓愈《原道》）

【曲—直】彎曲義—平直義

（1）木曰曲直，金曰從革。（《尚書·洪範》）

（2）禮之於正國也：猶衡之於輕重也，繩墨之於曲直也，規矩之於方圜也。（《禮記·經解》）

（3）曲者中鉤，直者應繩。（《莊子·馬蹄》）

（4）聲有順逆，必有清濁；形有善惡，必有曲直。（《春秋

繁露・保位權》)

【同—異】同樣義—不同義

(1)夫禮者,所以定親疏,決嫌疑,别同異,明是非也。(《禮記・曲禮上》)

(2)天子同姓,謂之伯父;異姓,謂之伯舅。(《禮記・曲禮下》)

(3)大同而與小同異,此之謂小同異;萬物畢同畢異,此之謂大同異。(《莊子・天下》)

(4)論十代兮興毁,訪五都兮異同。(南朝梁江淹《知己賦》)

【安—危】安全義—危險義

(1)爲人主者,莫不欲彊而惡弱,欲安而惡危,欲榮而惡辱,是禹桀之所同也。(《荀子・君道》)

(2)賢主於安思危,於達思窮,於得思喪。(《呂氏春秋・慎大》)

(3)出言陳辭,身之得失,國之安危也。(《説苑・善説》)

2. 反義型反義詞

【大—小】大型義—小型義

(1)其遘大雨。/ 其遘小雨。(《合集》29165+《合補》9541)[①]

(2)其遘大風。/ 不遘小風。(《合集》28972)

(3)發彼小豝,殪此大兕。(《詩經・小雅・吉日》)

---

① 此爲莫伯峰綴合,見於《甲骨拼合四集》0893 則,參見黄天樹《甲骨拼合四集》,學苑出版社,2016 年,第 97 頁。

（4）小大之獄，雖不能察，必以情。（《左傳·莊公十年》）

【高—庳】高大義—低下義

（1）西家高，吾宮庳，潦之經吾宮也利，故弗禁也。（《呂氏春秋·召類》）

（2）招高者高，招庳者庳。（《鶡冠子·太録》）

（3）室中以木爲案，每律各一，内庳外高，從其方位，加律其上，以葭莩灰抑其内端，案曆而候之。（《後漢書·律曆志上》）

【貴—賤】昂貴義—廉價義

（1）國之諸市，屨賤踊貴。（《左傳·昭公三年》）

（2）穀貴則萬物必賤，穀賤則萬物必貴，兩者爲敵，則不俱平。（《管子·國蓄》）

（3）去年米貴闕軍食，今年米賤大傷農。（唐杜甫《歲晏行》）

【窮—達】困頓義—顯貴義

（1）窮則獨善其身，達則兼善天下。（《孟子·盡心上》）

（2）窮而不收，達而報之，恐不爲王用。（《戰國策·秦策三》）

（3）窮達以時，德行一也。（郭店簡《窮達以時》14）

【毁—譽】詆毁義—讚譽義

（1）吾之於人也，誰毁誰譽？（《論語·衛靈公》）

（2）好面譽人者，亦好背而毁之。（《莊子·盜跖》）

（3）務以相毁，務以相譽，毁譽成黨。（《呂氏春秋·離謂》）

【遠—近】遙遠義—附近義

（1）近取諸身，遠取諸物，於是始作八卦。（《周易·繫辭下》）

（2）王不如遠交而近攻，得寸則王之寸，得尺亦王之尺也。（《戰國策·秦策三》）

（3）察物，近則大，遠則小。（《論衡·説日》）

【新—舊】新鮮義—陳舊義

（1）丙子卜，何貞：惠舊用。/ 貞：惠新用。（《合集》29957）

（2）癸丑卜：惠舊亯用。/ 惠新亯用。（《合集》30693）

（3）丙戌卜：惠新豐用。/ 惠舊豐用。（《合集》32536）

（4）舊穀既没，新穀既升，鑽燧改火，期可已矣。（《論語·陽貨》）

（5）但見新人笑，那聞舊人哭。（唐杜甫《佳人》）

【巧—拙】工巧義—笨拙義

（1）大直若屈，大巧若拙，大辯若訥。（《老子》第四十五章）

（2）巧人之精，與拙人等；古人之誠，與今人同。（《論衡·儒增》）

（3）故今巧者常勝，拙者常負，其勢然也。（《中論·慎所從》）

【遲—速】緩慢義—快速義

（1）故用使其三臣，毋敢有遲速之期，敢告假日。（上博簡《吴命》7）

（2）☐疾，尚速瘥。[①] 定貞 <占> 之：恒貞，無咎。疾遲瘥，有續。以☐。（新蔡簡甲一 24）

（3）既聞命矣，敬共以往，遲速唯君。（《左傳·昭公十三年》）

---

① "速瘥"即古書中的"速差"，《漢書·宣帝紀》"孝武皇帝曾孫病已"顔師古注："蓋以夙遭屯難而多病苦，故名病已，欲其速差也。""速瘥 / 速差"即病情快速好起來。

【晦—明】晦暗義—光明義

（1）地有高下，天有晦明。（《國語·楚語上》）

（2）消息滿虛，一晦一明，日改月化。（《莊子·田子方》）

（3）先有晦，焉有明。（上博簡《恒先》9）

（4）疾績從事，不論晦明。（北大秦簡《教女》47—48）

3. 反向型反義詞

【天—地】上天義—大地義

（1）仰則觀象於天，俯則觀法於地。（《周易·繫辭下》）

（2）其爲氣也，至大至剛，以直養而無害，則塞于天地之閒。（《孟子·公孫丑上》）

（3）不説而足養者，地也；不期而可要者，天也。（郭店簡《忠信之道》4—5）

（4）彼上而玄者，世謂之天；下而黄者，世謂之地。（唐柳宗元《天説》）

【天—人】上天義—人類義

（1）不怨天，不尤人。（《論語·憲問》）

（2）漢祚中缺，天人致誅，六合相滅。（《後漢書·班彪傳下》）

（3）天人相感，陰陽相和。（唐陳子昂《諫政理書》）

【東—西】東方義—西方義

（1）人性之無分於善不善也，猶水之無分於東西也。（《孟子·告子上》）

（2）水波遠以冥冥兮，眇不睹其東西。（漢劉向《九嘆·遠逝》）

（3）東鄰西舍花發盡，共惜餘芳泪滿衣。（唐戴叔倫《女耕

田行》)

【春—秋】春季義—秋季義

(1)叀今秋。/于春。(《合集》29715)

(2)叀春令𡿧田。/叀秋令𡿧。(《合集》32863)

(3)春省耕而補不足,秋省斂而助不給。(《孟子·梁惠王下》)

(4)春秋多佳日,登高賦新詩。(晉陶潛《移居》之二)

【夫—婦】丈夫義—妻子義

(1)有男女然後有夫婦,有夫婦然後有父子。(《周易·序卦》)

(2)父子有親,君臣有義,夫婦有别,長幼有序,朋友有信。(《孟子·滕文公上》)

(3)天下之理,夫者倡,婦者隨。(《關尹子·三極》)

【君—臣】君主義—臣子義

(1)有父子然後有君臣,有君臣然後有上下。(《周易·序卦》

(2)君使臣以禮,臣事君以忠。(《論語·八佾》)

(3)内則父子,外則君臣,人之大倫也。父子主恩,君臣主敬。(《孟子·公孫丑下》)

(4)君賢臣忠,國之盛也;父慈子孝,家之盛也。(《世説新語·規箴》)

【陟—降】上升義—降落義

(1)戊戌卜,喜貞:告自丁陟。/貞:告自唐降。(《合集》22747)

(2)文王陟降,在帝左右。(《詩經·大雅·文王》)

(3)毋曰高高在上,陟降其事,俾監在兹。(清華簡《周公之琴舞》2—3)

（4）陟降信宿，迄于仙都。（晉孫綽《遊天台山賦》）

【出—入】出去義—進入義

（1）貞：曰出。/曰入。（《合集》22195）

（2）弟子入則孝，出則弟。（《論語·學而》）

（3）入乎耳，出乎口。（《荀子·不苟》）

（4）使農夫行此，則必不能蚤出夜入，耕稼樹藝。（《墨子·節葬下》）

（5）自五大夫以下，比地爲伍，以辨□爲信，居處相察，出入相司。（張家山漢簡《二年律令》305）

【往—來】去往義—歸來義

（1）戊午卜，古貞：般往來無憂。（《合集》4259）

（2）庚午卜，王曰貞：翌辛未其田，往來亡災，不遘憂。茲用。（《合集》24502）

（3）昔我往矣，楊柳依依。今我來思，雨雪霏霏。（《詩經·小雅·采薇》）

（4）往而不來，非禮也；來而不往，亦非禮也。（《禮記·曲禮上》）

（5）往言傷人，來言傷己。（郭店簡《語叢四》2）

【取—捨】取用義—捨棄義

（1）不能教者，志氣不和，取捨數變，固無恒心。（《呂氏春秋·誣徒》）

（2）爲人主計者，莫如先審取捨。（《漢書·賈誼傳》）

（3）君子與小人，本殊操異行，取捨不同。（《論衡·答佞》）

第二節 《説文》中的反義詞

《説文》中有一定數量的反義詞，但相關研究並不多。我們根據《説文》本身的説解以及有關研究，把《説文》中的反義詞分成否訓反義詞、反訓反義詞及其他反義詞。

（一）否訓反義詞

否訓即以否定形式來訓釋。[1] 楊榮祥較早揭示了這種訓釋方式，稱之爲“否定訓釋法”。[2] 我們直接簡稱爲“否訓”。由這種訓釋方式產生的反義詞，我們稱作“否訓反義詞”。如：

【禍—福】《説文·示部》：“禍，害也，神不福也。”

【貴—賤】《説文·貝部》：“貴，物不賤也。”

【少—多】《説文·小部》：“少，不多也。”

【辤—受】《説文·辛部》：“辤，不受也。”

【濇—滑】《説文·水部》：“濇，不滑也。”

【粹—雜】《説文·米部》：“粹，不雜也。”

【晻—明】《説文·日部》：“晻，不明也。”

---

① 這裏没有採用“否定詞＋反義詞”的定義形式，因爲被訓釋詞與訓釋語言中否定詞之後的詞並不一定就是反義詞，兩者可能存在籠統寬泛的反義關係，但是未必真有實際的反義用例，够不上嚴格意義上的反義詞。

② 楊榮祥《〈説文〉中的“否定訓釋法”》，《古漢語研究》1994 年第 3 期，第 50 頁。

【淺—深】《説文・水部》:“淺，不深也。”

【暫—久】《説文・日部》:“暫，不久也。”

【假—真】《説文・人部》:“假，非真也。”

【屰—順】《説文・干部》:“屰，不順也。”

【拙—巧】《説文・手部》:“拙，不巧也。”

【忘—識】《説文・心部》:“忘，不識也。”

【倨—遜】《説文・人部》:“倨，不遜也。”

上揭例中“辤”的用法與“辭”相同，兩者古可通用，秦漢文字中多見“辤”，如“”（睡虎地秦簡《封診式》17）、“”（北大漢簡《老子》213）等，先秦兩漢傳世古書則多用“辭”。古書中“辭”與“受”是反義詞，如《莊子・秋水》:“吾辭受趣舍，吾終奈何？”《荀子・解蔽》:“故口可劫而使墨云，形可劫而使詘申，心不可劫而使易意，是之則受，非之則辭。”《説苑・立節》:“孔子見齊景公，景公致廩丘以爲養，孔子辭不受。”“辭”“受”反義，即“辤”“受”反義。[①]“濇”即不滑溜，與“滑”是反義詞，如《黄帝内經・素問・通評虛實論》:“脈虛者不象陰也。如此者，滑則生，濇則死也。”

不過，《説文》畢竟没有將一個字所有的義位都列出來，一個詞被訓釋時用其本義，訓釋其他詞時用其常用義（包括引申義、

① 這個字形很特别，所从之義與整體字義相反，類似之例還有“婼”與“順”，《説文・女部》:“婼，不順也。”但“若”有“順”義，《爾雅・釋言》:“若，順也。”《穀梁傳・莊公元年》:“不若於道者，天絶之也。”范甯注：“若，順。”《左傳・宣公三年》:“故民入川澤山林，不逢不若。”杜預注：“若，順也。”

假借義），因此當我們從《説文》否訓中找出一對反義詞，比較兩者在《説文》中的釋義時，就會發現兩者並不完全相同，有時是詞性有差異，有時是義位不對應。如“粹”與“雜”，《説文·米部》：“粹，不雜也。”《説文·衣部》：“雜，五彩相會。”“粹”是純淨無雜質的米，也就是精米，“雜”是五彩相會的衣服或以五彩相會來製衣，兩者在本義上够不上反義關係。當“粹”由精米義引申爲純粹義、“雜”由彩繪義引申爲駁雜義時，兩者才是反義詞，同句共現、意義相反之例如《荀子·非相》：“故君子賢而能容罷，知而能容愚，博而能容淺，粹而能容雜，夫是之謂兼術。”《淮南子·説山》：“貂裘而雜，不若狐裘而粹，故人莫惡于無常行。”又“晻”與“明”，《説文·日部》：“晻，不明也。”《説文·朙部》：“朙，照也。”“明”“朙”是一字異體，既然訓爲“照”，自然是動詞，照亮義。照亮義可以引申爲明亮義，用作形容詞或名詞，這樣才能和“晻”構成反義詞。“晻”同“暗”，《漢書·元帝紀》：“三光晻昧。”顔師古注：“晻與暗同。”《荀子·不苟》：“是姦人將以盜名於晻世者也。”楊倞注：“晻與暗同。”“晻”“明”同句共現、意義相反之例如《漢書·董仲舒傳》：“故聖人莫不以晻致明，以微致顯。”《資治通鑑·漢元帝永光二年》：“陰變則靜者動，陽蔽則明者晻。”又“淺”與“深”，《説文·水部》：“淺，不深也。”《説文·水部》：“深，出桂陽南平，西入營道。”“深”在訓釋其他詞時多用水深義，如《説文·水部》“漻，清深也”“灌，深也”之“深”，但是被訓釋時“深”是水名，這兩個“深”意義無關，不能看作一個字、一個詞，而應該看作兩個字、兩個詞。能和“淺”構成反義詞的，是水深義的“深”，同句共現、意義相反之例如《詩經·邶風·匏有苦葉》:“深則厲,淺則揭。”又“暫”與“久”,《説文·日部》:“暫,不久也。”《説文·久部》:“久,以後灸之。象人兩脛後有距也。”“久”的這個意思與“暫”毫不相關,但其常見的長久義能與“暫”構成反義詞,漢樊毅修華嶽碑“暫勞久逸,神永有憑”中“暫”“久”即反義對舉。又“假”與“真”,《説文·人部》:“假,非真也。”《説文·匕部》:“真,仙人變形而登天也。”“真”字金文作“”(《集成》870),上部倒人之形“匕”即“殄”之古文、亦顛隕之“顛”的表意初文,在這個字形中表音,中間从貝,下部从丁,是添加的聲符;整個字形其實是“珍”的初文。[①]《説文》對“真”的本義訓釋並不準確,“真”後來常假借表示真實義。“假”在先秦兩漢時期多用爲借用義,與“歸”是反義詞,如《孟子·盡心上》:“堯舜,性之也;湯武,身之也;五霸,假之也。久假而不歸,惡知其非有也。”清華簡《保訓》8:“昔微假中于河,以復有易,有易服厥皋。微無害,迺歸中于河。”真實義與虛假義的對立,先秦兩漢時期多用“情”與“僞”;兩漢時期“真”“僞”反義對舉的情况漸漸增多,如《吴越春秋·勾踐陰謀外傳》:“天地之氣,物有死生。原陰陽者,物貴賤也;明孤虚者,知會際也;審存亡者,别真僞也。”《潛夫論·交際》:“聰明不别真僞,心思不别善醜。”《論衡·自然》:“蓋非自然之真,方士巧妄之僞,故一見恍忽,消散滅亡。”虛假義的常用詞“僞”替换成“假”後,“真”“假”才成爲反義

① 謝明文《釋“顛”字》,《古文字研究》第三十輯,中華書局,2014年,第493—498頁。

詞，如《宋書·裴松之傳》:“勒銘寡取信之實，刊石成虛僞之常，真假相蒙，殆使合美者不貴。”《南齊書·徐伯珍傳》:“道俗對校，真假將仇，釋理奥藏，無往而不有也。”《弘明集》卷十：“主上含明體聖，妙窮真假。”另外，《莊子·田子方》:“其爲人也真。”郭象注:“真，無假也。”郭象爲西晉時人，注以“無假”釋“真”，“真”“假”反義。然而東漢書面文獻中“真”與“假”同句共現、意義相反的例子並不多見。①

有些聯綿詞的訓釋也採用了否訓的形式，但不能析出反義詞。如《説文·足部》:“䠧，峙䠧，不前也。”“峙䠧”是聯綿詞，同詞族還有“躊躇”“跢跦”“踟躕”等。②但聯綿詞與單音詞一般不構成反義詞，“峙䠧”與“前”不是反義詞，謝文慶指出:“反義詞經常用於對舉、對比，而且要保持風格一致，這就要求反義詞在形式上儘量對稱、整齊，因此，習慣上人們總是將音節數目相同的詞構成一對反義詞。”③《説文·走部》:“趑，趑趄，行不進也。”《説文·出部》:“𡴫，槷<槷>𡴫，不安也。”《説文·金部》:“鍡，鍡鑸，不平也。”同樣也没法析出“趑趄—進”“槷𡴫—

① 《史記·淮陰侯列傳》“大丈夫定諸侯，即爲真王耳，何以假爲”中的“真”與“假”看起來是同句共現、反義對舉，但事實上“假”是非正式、臨時性授命爲官，如《史記·項羽本紀》:“乃相與共立羽爲假上將軍。”張守節正義:“未得懷王命也，假，攝也。”而“真”是正式授命爲官，如《漢書·張敞傳》:“守太原太守，滿歲爲真。”《漢書·平帝紀》:“賜天下民爵一級，吏在位二百石以上，一切滿秩如真。”兩者並非是真實義與虛假義上的反義關係。

② 蘭佳麗《聯綿詞族叢考》，學林出版社，2012 年，第 140 頁。

③ 謝文慶《反義詞》，湖北教育出版社，1988 年，第 5 頁。

安”“鋃鏜—平”這樣的反義詞。

（二）反訓反義詞

反訓即以反義形式來訓釋。① 有些詞兼有正反雙向意義，人們使用的過程中會在語音或字形上産生區别，逐漸分化出新詞，新詞與舊詞會形成反義詞。如：

【受—授】《説文·受部》：“受，相付也。”《説文·手部》：“授，予也。”

【買—賣】《説文·貝部》：“買，市也。”《説文·出部》：“賣，出物貨也。”

【糴—糶】《説文·入部》：“糴，市穀也。”《説文·出部》：“糶，出穀也。”

【斆—教】《説文·教部》：“斆，覺悟也。”《説文·教部》：“教，上所施下所效也。”

【貣—貸】《説文·貝部》：“貣，从人求物也。”《説文·貝部》：“貸，施也。”

上揭例中，“受”的産生先於“授”，甲骨文作“”（《合集》33071），金文作“”（《集成》2712），字形表示一手以舟交付給另一手，上面手形表示給予，下面手形表示接受；舟兼表

① 有些學者將反訓解釋成一個詞包含正反兩個意義，或簡言之相反爲訓、義兼正反、正反同詞。我們建議把反訓和反訓詞區分開來。反訓其實是一種訓釋方式，亦即一種解説詞義的方式。這種訓釋的結果，就是産生反訓詞，亦即兼有正反兩個意義的詞。

音。因此，“受”這個字形兼有給予、接受兩個動作，其所記録的音義（亦即“受”這個詞）包含給予、接受兩個義位，如《合集》6664：“甲辰卜，爭貞：我伐馬方，帝受我祐。一月。”《合集》6223：“甲午卜，古貞：王伐𢀛方，我受祐。”《合集》9731：“……不雨，帝受我年。二月。”《合集》5611：“丙子卜，韋貞：我受年。/丙子卜，韋貞：我不其受年。”“帝受我祐”中“帝”是主語，“我”是賓語，“受”是給予義；“我受祐”中“我”是主語，“受”表接受義。“帝受我年”與“我受年”“我不其受年”中的兩個“受”，情況類似。① 西周金文與戰國簡帛中的“受”也兼有給予義與接受義，如寰鼎（《集成》2819）：“史帶受王命書，王呼史減册賜寰。”伯碩父鼎（《銘圖》2438）：“伯碩父申姜其受萬福無疆。”郭店簡《唐虞之道》20：“禪也者，上德受賢之謂也。”上博簡《孔子詩論》6：“昊天有成命，二后受之。”“史帶受王命書”“受賢”之“受”都是給予義，“史帶受王命書”意思是史帶把册命之書交給周王，“受賢”意思是讓位給賢人。秦簡中的“受”除了常見的接受義，仍有給予義，如睡虎地秦簡《秦律十八種》90：“受衣者，夏衣以四月盡六月稟之，冬衣以九月盡十一月稟之，過時者勿稟。”“受衣”就是發放衣服。爲了表情達意與辨識理解的準確性，人們在“受”字的基礎上累增意符“手”，分化出“授”這個字形專門承擔給予義，“受”這個字形保留接受義；兩者在聲調上也有細微差異，“受”是上聲字（《廣韻》殖酉切，上有禪），“授”是去聲字（《廣韻》

① “年”指穀物收成。

承呪切，去宥禪）。[1]目前馬王堆帛書、北大漢簡、銀雀山漢簡、居延漢簡、敦煌漢簡、漢碑漢印等均有見“授”字，其中北大漢簡《周馴》同一篇中“受”“授”均可表示給予義，如北大漢簡《周馴》39—41：“已教太子用兹念，斯乃受之書，而自身囑之曰：‘汝勉毋忘歲二月更旦之訓。’”北大漢簡《周馴》157—159：“及桓公之爲君也，論其賢臣，而知其莫能及管夷吾也，於是召管夷吾於魯而授之相。或進諫曰：‘夷吾之罪大矣，奈何不以爲戮，而授之相也？’”由此可知，“受”“授”在秦至西漢時已有分化，但尚未徹底分開。《説文》對“受”“授”的訓釋分得很清楚，説明分化已經基本完成。分化以後“受”“授”各有分工，形音義並不一樣，自然是兩個字、兩個詞。

“買”的産生先於“賣”，甲骨文作“”（《合集》11436），金文作“”（《集成》4874），字形从貝从网，《説文·貝部》：“買，市也。从网、貝。《孟子》曰：登壟斷而网市利。”買入與賣出是兩個交互的動作，睡虎地秦簡中的“買”就兼有買入、賣出兩個義位，如睡虎地秦簡《秦律十八種》128—129：“官有金錢者自爲買脂、膠，無金錢者乃月爲言脂、膠，期足。”睡虎地秦簡《封診式》37—38：“某里士伍甲縛詣男子丙，告曰：丙，甲臣，驕悍，不田作，不聽甲令。謁買公，斬以爲城旦，受價錢。”“官有金錢者自爲買脂、膠”説的是官府如果有錢財就自行購買脂、膠，“買”

① 一般來説，讀音的變化要先於字形的變化。孫玉文指出，上古漢語已有變調構詞，參見孫玉文《漢語變調構詞研究》（增訂本），商務印書館，2007年，第406—436頁。

爲買入義。"謁買公"是請求賣給官府，"買"爲賣出義。士伍甲是男子丙的主人，男子丙是士伍甲的奴隸，但是男子丙驕横傲慢，不肯勞作，也不聽命令，所以士伍甲綁縛他到官府，想賣給官府，希望官府送他去當城旦，同時希望得到點錢。同一個句子中，"買"既有買入義，也有賣出義，如睡虎地秦簡《法律答問》23："盜盜人，買所盜以買它物，皆畀其主。"睡虎地秦簡《秦律十八種》69："有買及買毆，各嬰其價。""買所盜以買它物"即賣出所盜之物以買進其他物件，第一個"買"是賣出義，第二個"買"是買入義。"有買及買毆，各嬰其價"意思是有所買賣就應該分别繫籤標記價格，一般將第一個"買"當賣出義，第二個"買"當買入義。"買"兼有買入與賣出二義，與"賈"的情况十分類似，《左傳・昭公二十九年》："平子每歲賈馬，具從者之衣屨，而歸之于乾侯。"杜預注："賈，買也。"《詩經・邶風・谷風》："既阻我德，賈用不售。"鄭玄箋："如賣物之不售。"不同的是，後來人們在"買"字的基礎上增添意符"出"，分化出"賣"這個字形專門承擔賣出義，"買"則專管買入義；兩者在聲調上也有差異，"買"是上聲字（《廣韻》莫蟹切，上蟹明），"賣"是去聲字（《廣韻》莫懈切，去卦明）。里耶秦簡中"賣"字出現較早，如里耶秦簡 8—102："賣牛及筋。"里耶秦簡 8—490："徒隸牲畜死負、剥賣課。"里耶秦簡 8—771："賣二斗取美錢卅，賣三斗☐。"里耶秦簡 9—1973："☐虎肉二斗賣于☐。"里耶秦簡 9—597："☐□，第丁，肉一賣于隸臣歲所，取錢卅三，入☐。"漢代文字中"賣"逐漸增多，見於張家山漢簡、玉門關漢簡、居延漢簡、馬王堆帛書等。張家山漢簡《算數書》74 中還有"賣買"合文，即“賣＝”。嶽麓秦簡［肆］243/1265、［伍］039/0895 等都有“賣買”一詞。《說文》中“買”“賣”釋義有所不同，《說文・貝部》：“買，市也。”《說文・出部》：“賣，出物貨也。”可見分化已經完成。

“受”本來兼有給予義與接受義，但義兼正反、施受同辭畢竟容易産生歧義或引起誤解，於是人們便在讀音上進行區分，特別是採用變化聲調的手段，這時候到底是看作一個詞（同一個詞的不同義位）還是兩個詞（音義不同的兩個詞），界綫並不十分清晰。但分化出新字形“授”以後，“受”與“授”在形音義上各不相同，人們會感到兩者明顯不同，自然要看作兩個不同的詞。“買”與“賣”的情況也一樣。“糴”與“糶”稍微特別一些，因爲先秦古文字里只寫作“糬”，如包山簡 103：“大司馬昭陽敗晉師於襄陵之歲，享月，子司馬以王命命龔陵公鼊、宜陽司馬強貣越異之黄金，以貣郊縣以糬種。”“糬”爲購入義。這個意義後來由“糴”來承擔，見於居延漢簡、敦煌漢簡、曹全碑等。購入義的反面是賣出義，由“糶”來承擔。“糴”“糶”都是“糬”的分化。[1]

“乞”“借”“市”情況也有點不同。“乞”兼有乞求義與施捨義，聲調略有不同，如《左傳・昭公十六年》“毋或匄奪”孔穎達疏：“乞之與乞，一字也；取則入聲，與則去聲也。”但是人們没有給“乞”造設字形進行分化。如果把“乞$_{乞求}$”“乞$_{施捨}$”作爲一對反義詞，並不合適。“借”有借入、借出二義，原本也有聲調之别，

① “糴”“糶”後來讀音變化較大，但上古音僅有聲調上的差異，參見孫玉文《漢語變調構詞研究》（增訂本），商務印書館，2007 年，第 63 頁。

如《左傳・莊公十八年》"王命諸侯，名位不同，禮亦異數，不以禮假人"孔穎達疏："假、借同義，取者假爲上聲，借爲入聲；與者假、借皆爲去聲。"字形上没有相應的變化。後來"借"的入聲一讀消失，借入、借出二義均爲去聲，大多數人不會看作兩個詞。至於"市"，雖然兼有購買義與賣出義，但人們並未在讀音與字形上加以區别，一直是一個詞，也就無所謂反義詞不反義詞了。

（三）其他反義詞

以上兩類《説文》中的反義詞，第一類利用了《説文》訓釋上的形式特徵，第二類利用了《説文》訓釋上的意義特徵，但就算是全面梳理考證，可以繫聯起的反義詞其實也並不多。一方面是因爲一般來説一種語言中很多詞本身没有反義詞，因此反義詞遠没有同義詞豐富；另一方面是因爲反義詞的判定要比同義詞的判定嚴格一些，必須要同句共現、意義相反。

當然，如果逐字逐詞、老老實實地梳理考證，也能再找出一些反義詞。《説文》中同一部首的字，其所表示的詞往往屬於同一意義範疇，表示同類事物或概念，有些則在義位上存在反義關係。如"張"與"弛"，《説文・弓部》："張，施弓弦也。"《説文・弓部》："弛，弓解也。"一爲弓弦拉緊，一爲弓弦鬆弛，二義相反，且兩者有同句共現、意義相反之例，如《禮記・曲禮上》："張弓尚筋，弛弓尚角。"所以"張"與"弛"是反義詞。另外，兩者可同步引申指法令政策之嚴苛與寬柔，如《禮記・雜記下》："張而不弛，文武弗能也；弛而不張，文武弗爲也；一張一弛，文武之道也。”在這個引申義位上，“張”與“弛”依然是反義詞。又“陰”與“陽”，《説文·阜部》：“陰，闇也。水之南、山之北也。”《説文·阜部》：“陽，高明也。”幽暗義與高明義相反，同句共現、意義相反之例如《楚辭·九歌·大司命》：“壹陰兮壹陽，衆莫知兮余所爲。”《文選·曹植〈洛神賦〉》：“神光離合，乍陰乍陽。”又“開”與“闔”，《説文·門部》：“開，張也。”《説文·門部》：“闔，門扇也。一曰：閉也。”開門義與閉門義相反，同句共現、意義相反之例如《老子》第十章：“天門開闔，能爲雌乎？”如果兩個詞的釋義中有反義詞，那麽這兩個詞可能也是反義詞，當然這需要結合實際用例。如“肥”與“臞”，《説文·肉部》：“肥，多肉也。”《説文·肉部》：“臞，少肉也。”釋義中“多”與“少”本身就是反義詞，那麽“多肉”之“肥”與“少肉”之“臞”也可能是反義詞，其同句共現、意義相反之例如《韓非子·外儲説左下》：“使騶盡粟以食，雖無肥，不可得也。名爲多與之，其實少，雖無臞，亦不可得也。”《淮南子·精神》：“夫豈爲貧富肥臞哉！”《春秋繁露·玉杯》：“若形體之可肥臞，而不可得革也。”像《説文·山部》之“岵”與“屺”分别訓爲“山有草木也”“山無草木也”，釋義中“有”“無”相反，“嶅”與“嵒”分别訓爲“山多小石也”“山多大石也”，釋義中“小”“大”相反，“岵”與“屺”、“嶅”與“嵒”有可能是反義詞，但是目前實際用例不多，有待進一步研究。

此外，《説文》釋義説解中有時也能看出詞的反義關係。如《説文·丨部》：“丨，上下通也。”可知“上”與“下”反義。又《説文·門部》：“閘，開閉門也。”可知“開”與“閉”反義。

第六章 《説文》中的同源詞

第一節 古漢語同源詞

（一）同源詞的定義與成因

同源詞就是讀音相同或相近、意義相同或相關且有同一來源的詞。①

有些學者習慣上稱之爲同源字，這是着眼於字的角度來稱呼的。王力《同源字典》、趙克勤《古代漢語詞彙學》等著作中所謂的同源字，實際上就是同源詞。但同源字這個概念還有另外一層意思，即字的同源。早期文字中，有些表意字可以一形多用，裘錫圭指出："同一個字形可以用來代表兩個以上意義都跟這個字形有聯繫，但是彼此的語音並不相近的詞。"② 古漢字"

"既可以表示"大"也可以表示"夫"，"

"既可以表示"月"也可以表示"夕"；納西文"

"（《納典》1357）既可以表示火（［mi^{33}］）也可以表示紅（［hY^{31}］），"

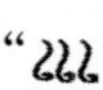

"（《納典》100）既可以表示雨（［hɯ^{31}］）也可以表示

① 蔣紹愚《古漢語詞彙綱要》，商務印書館，2021年，第160頁。
② 裘錫圭《文字學概要》（修訂本），商務印書館，2013年，第5頁。

夏（[ʐo^{31}]）。[①]字的同源與詞的同源不一樣，前者就字形源流而言，後者就音義源流而言。

王力在《同源字論》中解釋了同源詞形成的原因："爲什麽説它們是同源呢？因爲它們在原始的時候本是一個詞，完全同音，後來分化爲兩個以上的讀音，纔産生細微的意義差别。有時候，連讀音也没有分化（如'暗、闇'），只是字形不同，用途也不完全相同罷了。"[②]也就是説，一個詞在使用過程中，音或義會發生一些變化，由此産生新的詞。文字是記録語言的符號，音義發生變化，字形有時也會隨之而變化。古漢語中"從"的本義爲跟從、跟隨，後來引申爲足迹，讀音也隨之變化（這裏主要是聲母上的變化），事實上已經産生新的詞[③]；人們遂用"蹤"這個字形來記録這個詞。"從""蹤"兩個詞具有同源關係，"蹤"由"從"滋生而來，《釋名·釋言語》："蹤，從也，人形從之也。"[④]

（二）同源詞的判定與舉例

根據上述定義，同源詞的判定主要考慮詞義、讀音、來源三個

① 納西文例子參見方國瑜《納西象形文字譜》，雲南人民出版社、雲南大學出版社，2017年，第65—66頁。字形與音標參見李霖燦《納西族象形標音文字字典》，雲南民族出版社，2001年，第241、20頁。

② 王力《同源字典》，中華書局，2014年，第2頁。

③《史記·刺客列傳》"今乃以妾尚在之故，重自刑以絶從"、《漢書·張湯傳》"變事從迹安起"、居延漢簡13.4"安所到而不得從迹"之"從"皆爲足迹義。

④"蹤"還有異體寫作"踪"，沿用至今，這個字形不易讓人察覺其詞源。

方面。蔣紹愚在王力《同源字論》的基礎上，提出判定同源詞必須嚴格遵守的三個條件："（a）讀音相同或相近；（b）意義相同或相關；（c）可以證實有同一來源。" 並且強調："這三條是缺一不可的。讀音相同，而意義相差甚遠，就只是同音詞；意義相同，而讀音相差甚遠，就只是同義詞。讀音相同或相近，意義相同或相關，但不是同出一源，那也只是音義的偶然相同，而不是同源詞。"[①] 孟蓬生力主同源詞的判定只需要前兩條，第三條有點多餘，他認爲："當我們説判定若干詞是否同源時，就是指根據有關的材料致力於證明它們是否'有同一來源'。換句話説，它們是否'有同一來源'是一個未知數。如果已知若干詞'有同一來源'，這一條就已經足够，前兩個條件就没有存在的必要。"[②] 因此，他對同源詞的定義是"由同一詞源派生因而在音義兩方面都互相關聯的詞"。這個表述當然是符合邏輯的，不過蔣紹愚列出的三個條件主要是考慮有些例子雖然音近義通但卻並非有同一來源，可謂是同流不同源，因此需要"從詞義的引申系統、文字的諧聲偏旁，以及古代的聲訓和其他訓詁資料等方面加以考慮。如果考察的結果説明這些詞雖然意義相同或相關，但是並不是同一來源，那麼就表明它們語音的相近是出於偶合，它們是不能看做同源詞的"。[③] 這些話對同源詞的判定非常具有指導意義。就目前的實

① 蔣紹愚《古漢語詞彙綱要》，商務印書館，2021 年，第 167 頁。

② 孟蓬生《上古漢語同源詞語音關係研究》，北京師範大學出版社，2001 年，第 39 頁。

③ 蔣紹愚《古漢語詞彙綱要》，商務印書館，2021 年，第 171 頁。此外，裘錫圭還曾舉過"經""綱"的例子，兩者引申義近似，但是本義不同，參見裘錫圭《談談〈同源字典〉》，《裘錫圭學術文集·語言文字及古文獻卷》，復旦大學出版社，2012 年，第 173 頁。

際研究情況看，古漢語同源詞研究主要就音義關係而繫聯同源；如果條件成熟、證據充分，進而探究孰源孰流或孰先孰後，甚至將整個音義演變情況揭示得明明白白，但這往往可遇而難求。

下面舉例説明。

【眉—湄—楣—堳】

“眉”，甲骨文作“”（《合集》3421），象眉毛之形，《説文·眉部》：“眉，目上毛也。”可以指人之眉，如《莊子·漁父》：“有漁父者，下船而來，須眉交白。”《穀梁傳·文公十一年》：“叔孫得臣，最善射者也。射其目，身横九畝，斷其首而載之，眉見於軾。”也可以指蟲之眉，如《詩經·衛風·碩人》：“螓首蛾眉，巧笑倩兮。”秦簡中“眉”也可以寫作“麋”，如睡虎地秦簡《法律答問》81：“或與人鬬，縛而盡拔其須麋，論何毆？當完城旦。”“須麋”即“須眉”。古書中也有這種用字習慣，如《荀子·非相》：“伊尹之狀，面無須麋。”楊倞注：“麋，與眉同。”也指井之眉，即井之周邊，如《漢書·陳遵傳》：“觀瓶之居，居井之眉。”顔師古注：“眉，井邊地。若人目上之有眉。”金文中“眉”還可以表示海之眉，即海濱，如小臣謎簋（《集成》4238）：“叡東夷大反，伯懋父以殷八師征東夷。唯十又二月，遣自䝉師，述東陕，伐海眉，雩厥復歸在牧師，伯懋父承王命錫師率征自五齵貝，小臣謎蔑懋，罘錫貝，用作寶尊彝。”

“湄”，从水、眉聲，指水草交接之處，亦即水邊、水濱，《説文·水部》：“湄，水艸交爲湄。”《字彙·水部》：“湄，水草之交也。岸有草，水與草交則水之際也。”《詩經·秦風·蒹葭》：“所謂伊人，在水之湄。”毛傳：“湄，水隒也。”孔穎達疏：“《釋水》云：‘水草交爲湄。’謂水草交際之處，水之岸也。”《釋名·釋水》：“水草交曰湄。湄，眉也，臨水如眉臨目也。”或寫作“麋”，如《左傳·僖公二十八年》：“余賜女孟諸之麋。”杜預注：“水草之交曰麋。”《詩經·小雅·巧言》：“彼何人斯？居河之麋。”毛傳：“水草交謂之麋。”陸德明《釋文》：“麋，本又作湄。”“河之麋”即“河之湄”。

“楣”，从木、眉聲，有三個意思。其一指屋檐，《説文·木部》：“楣，秦名屋櫋聯也。齊謂之檐，楚謂之梠。”[①]馬王堆帛書《繫辭》36下：“上古穴居而野處，後世聖人易之以宮室，上練<棟>下楣，以待風雨。”南朝宋謝靈運《山居賦》：“因丹霞以赬楣，附碧雲以翠椽。”明袁宏道《十景園小集》：“蒼藤蔽檐楣，楚楚干雲勢。”其二指次棟，《儀禮·鄉射禮》：“序則物當棟，堂則物當楣。”鄭玄注：“是制五架之屋也，正中曰棟，次曰楣，前曰庪。”《儀禮·鄉飲酒禮》：“賓西階上，當楣北面答拜。”鄭玄注：“楣，前梁也。”其三指門梁（亦即現在所謂的“門楣”）[②]，《爾雅·釋宮》：“楣謂之梁。”郭璞注：“門户上横梁也。”《楚辭·九歌·湘夫人》：“桂棟兮蘭橑，辛夷楣兮藥房。”王逸注：“辛夷，香草，以作户楣。”不過這三個意思可能都有聯繫，因爲皆見

① 此“楣”即屋檐，宋李誡《營造法式·大木作制度二·檐》：“檐，其名有十四：一曰宇，二曰檐，三曰樀，四曰楣，五曰屋垂，六曰梠，七曰櫺，八曰聯櫋，九曰橝，十曰庌，十一曰廡，十二曰槾，十三曰梍，十四曰庮。”

② 不過第三個義位還有點疑問，《説文·木部》：“⿰木冒，門樞之横梁。”段玉裁認爲今本《爾雅》“楣謂之梁”之“楣”本當作“⿰木冒”。這個看法有一定道理，“楣”“⿰木冒”混訛猶“媚”“媢”混訛。但目前“⿰木冒”的用例較少，這個問題只能留待進一步研究。上面三個義位分類是目前較爲主流的看法，可參《漢語大字典》與《漢語大詞典》的“楣”字條。

“楝”“楣”並用對舉之例，如上揭《儀禮·鄉射禮》“序則物當楝，堂則物當楣”與《楚辭·九歌·湘夫人》“桂楝兮蘭橑，辛夷楣兮藥房”；馬王堆帛書《繫辭》36下“上練<楝>下楣”在今本《周易·繫辭下》中寫作“上楝下宇”，虞翻注：“宇，謂屋邊也。”“屋邊”就是屋檐，“楣”“宇”同義，皆爲屋檐義。①《釋名·釋宫室》：“楣，眉也，近前各兩，若面之有眉也。”這裏説“近前各兩”，可能是針對“楣”的屋檐義而言。漢簡中“楣”也可以寫作“麋”，如武威漢簡《儀禮·服傳》甲4“贊楄柱麋”即今本《儀禮》之“翦屏柱楣”。

“堳”，从土、眉聲，指壇壝四周的矮墻，《周禮·天官·掌舍》“爲壇壝宫，棘門”鄭玄注：“謂王行止宿平地，築壇，又委壝土，起堳埒以爲宫。”孫詒讓正義：“《廣雅·釋丘》云：‘堳、埒，厓也。’《説文·土部》云：‘埒，庳垣也。’鄭意築土高起爲壇，又於壇外四面委土爲庳垣，令高出於壝，使有厓埒，即所謂宫也。”《廣雅·釋丘》：“隒、澳、辱、岸、浦、潯、濱、滲、堳、埒、氾、墳、漘、陴、泮、垠，厓也。”“厓”有邊際義，包括山邊、水邊等，《説文·厂部》：“厓，山邊也。”《玉篇·厂部》：“厓，水邊也。”《廣雅》此條即以邊際義爲核心。“堳”“埒”雖然指矮墻，但還含有周邊義。

“湄”“楣”“堳”均从“眉”得聲，“眉”“湄”“楣”“堳”

---

① “宇”無次楝、門楣之義，《説文·宀部》：“宇，屋邊也。”所以“楣”“宇”不會在這兩個義位上同義换用。又，《廣雅·釋宫》：“楣、檐、櫺，梠也。”王念孫疏證：“楣、宇，皆下垂之名，故在人亦有眉宇之稱。”是“楣”“宇”在屋檐義上關係密切。

古音皆爲明母脂部。“眉”指眼睛上邊之毛,“湄”指湖水、河水、江水、海水之邊,“楣”指房屋邊緣之處（屋檐）或門户上邊之木等,“堳”指壇墠周邊的矮墻,四者都含有側邊義,是同源詞。

【玦—決—缺—缺—肤—鴃—突—抉—夬】

“玦”,从玉、夬聲,《説文·玉部》:“玦,玉佩也。”實指有缺口而不完整的玉佩,如《國語·晉語一》:“是故使申生伐東山,衣之偏裻之衣,佩之以金玦。”韋昭注:“玦如環而缺,以金爲之。”《廣韻·屑韻》:“玦,珮如環而有缺。逐臣賜玦,義取與之訣别也。”這是説“玦”本有缺口而不完整,也可象徵人際關係之破裂斷絶,如《荀子·大略》:“絶人以玦,反絶以環。”事物破裂斷絶,亦即有所分别,所以“玦”也可以表示行爲決斷的信號,如《左傳·閔公二年》:“公與石祁子玦,與甯莊子矢,使守。”杜預注:“玦,示以當決斷;矢,示以禦難。”《史記·項羽本紀》:“范增數目項王,舉所佩玉玦以示之者三,項王默然不應。”

“決”,从水、夬聲,指人工疏通水道或大水衝破堤壩,《説文·水部》:“決,行流也。”朱駿聲謂:“人導之而行曰決,水不循道而自行亦曰決。”人工疏通水道之義如《左傳·成公十五年》:“登丘而望之,則馳騁而從之,則決睢澨,閉門登陴矣。”《戰國策·趙策一》:“遂戰,三月不能拔,因舒軍而圍之,決晉水而灌之。”大水衝破堤壩之義如《淮南子·天文》:“賁星墜而勃海決。”《漢書·溝洫志》:“孝武元光中,河決於瓠子。”無論是人工疏通水道還是大水衝破堤壩,都是水道有缺口。水道有缺口就是水流斷絶,引申爲斷絶、決斷、處死等義。

“缺”,从缶、夬聲,《説文·缶部》:“缺,器破也。”《詩經·豳風·破斧》："既破我斧，又缺我斨。"《淮南子·説林》："爲車者步行，陶者用缺盆，匠人處狹廬，爲者不得用，用者不肯爲。"《易林·未濟之恒》："甕破盆缺。""缺"爲器物有缺口。

"䦧"，从𩏑、夬聲，《説文·𩏑部》："䦧，缺也。古者城闕其南方謂之䦧。"汪中《述學·釋闕》："天子、諸侯宫城，皆四周，闕其南爲門，城至此而闕，故謂之闕。"他認爲"䦧"即古文"闕"，古代宫城三面城墻，南面設門，又築魏闕。"䦧"是不是古文"闕"，有待研究；[1]但"䦧"即宫城有缺口，可以確定。清華簡《殷高宗問於三壽》28"補䦧而救枉"中"䦧"用作缺點義或過失義，"補䦧"即"補缺"，如《後漢書·伏湛傳》："柱石之臣，宜居輔弼，出入禁門，補缺拾遺。"

"肤"，从肉、夬聲，《説文·肉部》："肤，孔也。从肉，決省聲。讀若決水之決。"段玉裁注："蒙脽言則謂尻孔也，俗謂之𩩲䏆。""尻孔"即臀孔，臀孔爲臀部上的孔穴，亦即肛門，俗稱屁眼。《説文》把"肤"分析爲"決省聲"，又讀若"決水之決"，揭示了"肤""決"的語音關係，當然也可能在一定程度上暗示了兩者的詞義關係——"決"爲水道出水，"肤"爲臀部排污；"決"

---

① "闕"指門觀，《説文·門部》："闕，門觀也。"徐鍇繫傳："蓋爲二臺於門外，人君作樓觀於上，上員下方。以其闕然爲道謂之闕，以其上可遠觀謂之觀，以其縣法謂之象魏。"《六書故·工事一》："宫城上爲樓觀，闕其下爲門，所謂闕門也。"也可指兩山如雙闕對峙之處，如《史記·司馬相如列傳》："出乎椒丘之闕，行乎洲淤之浦。"司馬貞索隱："兩山俱起象雙闕。"《水經注·伊水》："兩山相對，望之若闕，伊水歷其間北流，故謂之伊闕矣。"

爲水道有缺口，“肤”爲臀部有缺口。

“䨔”，从𨸏、夬聲，指開鑿山陵，《説文·𨸏部》：“䨔，阜突也。”段玉裁注：“突者，穿也，謂兩阜間空闕處也。”或作“陕”，《集韻·屑韻》：“陕，陵阜突也。”《説文》把“䨔”也分析爲“決省聲”，“䨔”“決”也有音義聯繫；“䨔”是開鑿山陵，也就是使山陵有缺口。

“突”，从穴、夬聲，《説文·穴部》：“突，穿也。”《論衡·自紀》：“閲錢滿億，穿決出萬。”《後漢書·耿恭傳》：“衣屨穿決，形容枯槁。”“穿決”即“穿突”，指衣物有缺口。張家山漢簡《引書》108—109：“賤人之所以得病者，勞倦飢渴，白汗決絶，自入水中，及臥寒突之地，不知收衣，故得病焉。”“突”在這裏指居室有缺口，“寒突之地”即寒冷漏風之地。

“抉”，从手、夬聲，《説文·手部》：“抉，挑也。”段玉裁注：“抉者，有所入以出之也。”《莊子·盜跖》：“比干剖心，子胥抉眼。”《戰國策·韓策二》：“（聶政）因自皮面抉眼，自屠出腸，遂以死。”《荀子·正論》：“若是，則有何尤扣人之墓、抉人之口而求利矣哉？”楊倞注：“抉，挑也。抉人口取其珠也。”“抉”即破壞整體，使有缺口，然後取物。

“玦”“決”“缺”“觖”“肤”“䨔”“突”“抉”均从“夬”得聲，“玦”“決”“肤”“䨔”“抉”古音在見母月部，“缺”“觖”古音在溪母月部，“突”古音在影母月部，語音關係極爲密切。“玦”爲玉佩有缺口，“決”爲水道有缺口，“缺”爲器物有缺口，“觖”爲宮城有缺口，“肤”爲臀部有缺口，“䨔”爲山陵有缺口，“突”爲衣物、居室等有缺口，“抉”爲挖掘使有缺口，它們都含有缺口義，是同源詞。

最後討論一下它們共有的聲符“夬”。“夬”，本義爲扳指，《集韻·屑韻》：“夬，所以闓弦者。通作決。”《詩經·小雅·車攻》：“決拾既佽，弓矢既調。”陸德明《釋文》：“夬，本又作決，鉤弦也。”古文字作“□”（郭店簡《老子乙》14）、“□”（上博簡《采風曲目》3）。扳指中間是空心的，可以套在手指上。河南殷墟婦好墓曾出土過玉扳指，發掘報告指出：“此器適可套入拇指，弓弦恰可納入背面的凹槽，雙孔可穿繫細繩于手腕。”①河南西北岡出土的銅扳指也有凹槽，可見早期的扳指確實有供納弦的凹槽。從這一形製特徵上説，“夬”本身也是有缺口的。因此，“夬”與“玦”“決”“缺”“觖”“肤”“觼”“窦”“抉”也有音義上的關係，是同源詞。

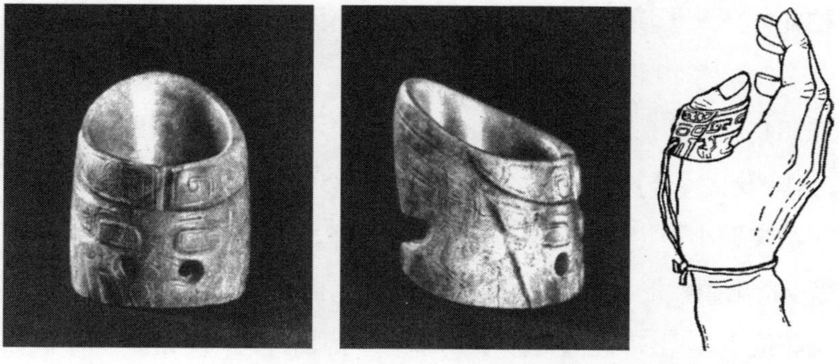

圖 14　河南殷墟婦好墓出土玉扳指正面與側面圖及佩戴示意圖②

---

① 中國社會科學院考古研究所《殷墟婦好墓》，文物出版社，1980 年，第 194 頁。

② 中國社會科學院考古研究所《殷墟婦好墓》，文物出版社，1980 年，圖版一六四、插圖九七（乙）。

圖 15　河南西北岡 1311 號墓出土銅扳指[①]

【陟—登—乘—升】

“陟”，甲骨文作“”（《合集》15369）、“”（《合集》15379），字形表示步行登高，《説文·𨸏部》：“陟，登也。”《爾雅·釋詁》：“陟，陞也。”《詩經·商頌·殷武》：“陟彼景山，松柏丸丸。”《後漢書·李膺傳》：“陟岵瞻望，惟日爲歲。”

“登”，甲骨文中主要有兩類寫法，其一作“”（《合集》34584）、“”（《合集》2278），字形表示雙手持豆進獻物品；其二作“”（《合補》1270）、“”（《合集》8564），字形與《説文》“登”字籀文與小篆相合，《説文·址部》：“登，上車也。”《金文形義通解》指出兩類形體有别，本是不同的字，後者當分析爲从址、昇聲，聲符或省。[②]上車義的“登”，與“陟”同訓爲“陞”，《爾雅·釋詁》：

① 蔡玫芬、朱乃誠、陳光祖《商王武丁與后婦好：殷商盛世文化藝術特展》，臺灣故宫博物院，2012 年，第 191 頁。

② 張世超、孫凌安、金國泰、馬如森《金文形義通解》，中文出版社，1996 年，第 250—251 頁。

“登，陞也。”相關用例如《周易·明夷》：“初登于天，後入于地。”《禮記·中庸》：“君子之道，辟如行遠必自邇，辟如登高必自卑。”

“乘”，甲骨文作“”（《合集》3999），一般認爲字形表示人登樹木，但是下部與常見的“木”略有區别。後世“乘”字確實从“木”，如“”（睡虎地秦簡《日書》乙種25）、“”（張家山漢簡《算數書》11）、“”（銀雀山漢簡403）等；戰國文字中“乘”還可以从“几”，如“”（郭店簡《語叢二》26），表示人在几上；或从“車”，如“”（包山簡267），表示人在車上。登樹、登几、登車皆爲登，“乘”的本義即登高，古書用例如《周易·同人》：“乘其墉，弗克攻，吉。”《漢書·陳湯傳》：“夜過半，木城穿，中人卻入土城，乘城呼。”顔師古注：“乘，登也。”古人已注意到“乘”“陞”“登”的音義關係，如《釋名·釋姿容》：“乘，陞也，登亦如之也。”

“陞”同“升”。“升”本爲斗升之“升”，《漢書·律曆志上》：“合龠爲合，十合爲升。”用作登升義當是出於假借，《詩經·小雅·天保》：“如月之恒，如日之升。”毛傳：“升，出也。”《正字通·十部》：“升，登也。”《周易·同人》：“伏戎於莽，升其高陵，三歲不興。”《論語·先進》：“由也，升堂矣，未入於室也。”《漢書·成帝紀》：“成帝善修容儀，升車正立，不内顧，不疾言，不親指。”後來人們給“日之升”（太陽升起）專門造了“昇”，給“升高陵”（陟登高山）專門造了“陞”或“阩”。

“陟”“登”“乘”“升”都有登高義。“陟”古音在端母職部，“登”古音在端母蒸部，兩者聲母相同，韻部具有對轉關係，古音接近，是同源詞。“乘”古音在昌母蒸部，“升”古音在書母蒸部，兩者韻部相同，聲母同爲舌上音，古音接近，也是同源詞。那麼“陟”“登”與“乘”“升”是否爲同源詞？四者韻部關係密切，這裏主要考察聲母關係如何。端母與昌、書二母分屬舌頭音與舌上音，其實都是舌音；從諧聲情況看，它們多有交涉。如：

表 3　端、昌、書三母關係表

	端母	昌母	書母
寺聲	等		詩
卓聲	卓、倬	綽、婥	
啇聲	啇、嫡、鏑		適
至聲	窒、銍	痓	室
真聲	顛、瘨、鎮	瞋	
屯聲	屯、迍	萅	
單聲	單、鄲、殫	闡、燀	
亶聲	亶、邅		羶
耑聲	端	喘	
占聲	砧、點	姑	苫

“陟”“登”“乘”“升”非但都有登高義，而且還有讀音上的聯繫，應該看作同源詞。

第二節　《説文》中的同源詞

考察古漢語中的同源詞，學者多依據古代的訓詁資料。《説文》是一部纂集類訓詁專書，含有互訓、同訓、通訓、聲訓等訓釋方式，從中可以繫聯大量同源詞。同時，《説文》也是一部字形分析之作，對繫聯同源詞也極爲有用。

（一）互訓同源詞

《説文》互訓中有些是同源詞，如：

【偏—頗】《説文·人部》："偏，頗也。"《説文·頁部》："頗，頭偏也。"

【併—竝】《説文·人部》："併，並也。"[①]《説文·竝部》："竝，併也。"

【依—倚】《説文·人部》："依，倚也。"《説文·人部》："倚，依也。"

【顛—頂】《説文·頁部》："顛，頂也。"《説文·頁部》："頂，顛也。"

【火—燬】《説文·火部》："火，燬也。"《説文·火部》："燬，火也。"

【搰—掘】《説文·手部》："搰，掘也。"《説文·手部》："掘，搰也。"

【走—趨】《説文·走部》："走，趨也。"《説文·走部》："趨，走也。"

【讙—譁】《説文·言部》："讙，譁也。"《説文·言部》："譁，

① "並"即"竝"，"竝"俗寫就是"並"。上依大徐本《説文》而録，段注本《説文》"併"下釋義用"竝"字。

讙也。”

【入—内】《説文·入部》:“入，内也。”《説文·入部》:“内，入也。”

【韠—韍】《説文·韋部》:“韠，韍也。”《説文·巿部》:“巿，韠也。”[①]

【咽—嗌】《説文·口部》:“咽，嗌也。”《説文·口部》:“嗌，咽也。”

【杪—標】《説文·木部》:“杪，木標末也。”《説文·木部》:“標，木杪末也。”

以上各組前後兩個詞音義關係密切，彼此是同源詞。“偏”字古音韻部過去都歸真部，但是最新的研究表明“扁”及从“扁”得聲之字的韻部應歸元部。首先，“扁”在《廣韻》中有方典、薄弦、符善、芳連四個反切，前兩個反切在先韻系，後兩個反切在仙韻系，从“扁”得聲之字也主要在這兩個韻系中，中古先韻系來源於上古的真部、文部、元部，中古仙韻系來源於上古的元部，因此，從中古音來看，“扁”及从“扁”得聲之字的韻部應歸元部。其次，《楚辭·湘君》“石瀨兮淺淺，飛龍兮翩翩。交不忠兮怨長，期不信兮告余以不閒”中“淺”“翩”“閒”押韻，都是元部。再次，戰國文字中“翩”或从“𦥑”得聲，“褊”或从“攴”（古文“鞭”）得聲，今本《老子》第三十一章“偏將軍居左”之“偏”在郭店簡《老子丙》8作“攴”（古文“鞭”）、在馬王堆帛書《老子》甲本157作“便”，“𦥑”“攴”“便”都是元部，那麼“翩”“褊”“偏”

① “巿”即“韍”，兩者是異體字關係。

應歸元部。綜合來看，“扁”及从“扁”得聲之字的韻部應歸元部。[①]“偏”古音在滂母元部，“頗”古音在幫母歌部，聲母同爲唇音，韻部具有對轉關係，兩者古音相近。《説文》“偏”“頗”互訓，均爲偏頗不正之義，如《尚書·洪範》：“無偏無陂，遵王之義。”孔安國傳：“偏，不平；陂，不正。言當循先王之正義以治民。”“無偏無陂”即“無偏無頗”。連用之例還如《史記·匈奴列傳》：“天不頗覆，地不偏載。”《潛夫論·交際》：“内偏頗於妻子，外僭惑於知友。”从“扁”得聲之字與从“皮”得聲之字也多有偏頗不正之義，如“蹁”（《説文·足部》：“蹁，足不正也。”）、“㿲”（《説文·疒部》：“㿲，半枯也”）、“碥”（《正字通·石部》：“碥，水疾崖傾曰碥。”）、“跛”（《説文·足部》：“跛，行不正也。”）、“彼”（《廣雅·釋詁》：“彼，衺也。”）等。總之，“偏”“頗”兩者是同源詞。

有些互訓並非同源詞。像“更”與“改”雖然可以互訓，但是兩者語音關係並不密切，“更”古音在見母陽部，“改”古音在見母之部，韻部比較疏遠。[②]“更”與“改”只能看作同義詞，《同源字典》收録了這組詞似有不妥。高亨、董治安《古字通假會典》中收録了“方”“負”通假之例，即《尚書·堯典》“方命圮族”，《史記·五帝本紀》《吴越春秋·越王無余外傳》引作“負命毁

① 張富海《上古韻部歸字辨析三則》，《上古漢語研究》第二輯，商務印書館，2018年，第178—181頁。劉剛《釋〈上博六·用曰〉20號簡的“裕”和“褊”——兼説“扁”聲字的上古音歸部問題》，《安徽大學學報（哲學社會科學版）》2017年第5期，第94—96頁。

② “改”在古文字中多从“巳”，如“”（清華簡《厚父》8）、“”（郭店簡《尊德義》1）、“”（上博簡《孔子詩論》11）等，亦即“攺”。

族”。[1] 有的學者根據這組通假異文，認爲陽、之兩個韻部可以相通。其實“方”“負”並非爲通假字，有可能只是近義換用而已。“負命”就是違背命令，如《史記·五帝本紀》“鯀負命毁族”張守節正義：“負，違也。族，類也。鯀性很戾，違負教命，毁敗善類，不可用也。”《三國志·吴書·陸瑁傳》：“淵之驕黠，恃遠負命，此乃荒貊常態，豈足深怪？”“方命”也是這個意思，如《尚書·堯典》：“方命圮族。”蔡沈集傳：“方命者，逆命而不行也。”這個詞還爲後世所承用，如《漢書·敘傳下》：“孝景莅政，諸侯方命。”明宋濂《王先生小傳》：“據險阻以方命，首害先生於家。”清吴趼人《二十年目睹之怪現狀》第八回：“這件事，實在不能盡力，只好方命的了。”“方命”也就是違命、抗命或棄命，“方”應是違背、抗逆、背棄一類的意思，但它本身没有這個意思。陸德明《釋文》：“方如字，馬云：‘方，放也。’徐云：‘鄭、王音放。’”“方”音“放”這一意見值得重視。如《小爾雅·廣言》：“放，棄也。”《尚書·康誥》：“惟威惟虐，大放王命。”孔安國傳：“大放棄王命。”《論語·微子》：“虞仲、夷逸，隱居放言，身中清，廢中權。”何晏引包咸曰：“放，置也，不復言世務。”因此，“方命”的“方”並不是“負”的假借。總之，之、陽兩個韻部遠隔，没有通轉的條件。

（二）同訓同源詞

《説文》同訓中有些是同源詞，如：

---

① 高亨、董治安《古字通假會典》，齊魯書社，1989年，第312頁。

【國—域】《説文·口部》:“國，邦也。”《説文·戈部》:“或，邦也。”[①]

【夢—懜】《説文·夕部》:“夢，不明也。”《説文·心部》:“懜，不明也。”

【眛—瞢】《説文·目部》:“眛，目不明也。”《説文·目部》:“瞢，目不明也。”

上揭例中，“國”與“域”同諧“或”聲，同訓爲“邦”;“域”也可以直接訓爲“國”,《廣雅·釋詁四》:“域，國也。”總之，兩者音義關係密切。從古文字的角度看，“或”就是“國”“域”共同的表意初文。金文中有“東或”“南或”等説法，有的學者直接讀爲“東國”“南國”，黄金貴認爲“東或”“南或”猶“東域”“南域”，與《尚書》中的《牧誓》《大誥》《康誥》《洛誥》等篇中的“東土”“西土”相類，並斷言金文中的“或”主要用作“域”而非“國”。[②]大西克也在此基礎上查考了大量的古文字資料，指出先秦時期“或”包括“戜”“郕”等均應釋讀爲“域”，主要是地域義而非國家義，國家義主要由“邦”這個詞來承擔；在個别場合下可以表示國家義。[③]如《詩經·魏風·碩鼠》:“逝將去女，適彼樂國。樂國樂國，爰得我直。”“樂國”安大簡《詩經》81作“樂或”，念成“樂域”也未嘗不可，“樂域”即快樂的地方。

---

①《説文》以“或”“域”爲異體字。

② 黄金貴《方·國·邦》,《語言論叢》，杭州大學出版社，1990年;《古代文化詞義集類辨考》(新一版)，商務印書館，2016年，第6頁。

③ 大西克也《論古文字資料中的“邦”和“國”》,《古文字研究》第二十三輯，中華書局、安徽大學出版社，2002年，第186—193頁。

（三）通訓同源詞

通訓即以含有意義相關的詞來訓釋。[1]《説文》通訓中有不少同源詞，如：

【禷—類】《説文·示部》："禷，以事類祭天神。"

【祰—告】《説文·示部》："祰，告祭也。"

【禬—會】《説文·示部》："禬，會福祭也。"

【班—分】《説文·玨部》："班，分瑞玉。"

【諏—聚】《説文·言部》："諏，聚謀也。"

【教—效】《説文·教部》："教，上所施，下所效也。"

【瞫—鈍】《説文·目部》："瞫，謹鈍目也。"

【骿—并】《説文·骨部》："骿，并脅也。"

【齅—臭】《説文·鼻部》："齅，以鼻就臭也。"

【笫—簀】《説文·竹部》："笫，牀簀也。"

【豑—弟】《説文·豊部》："豑，爵之次弟也。"

【枸—句】《説文·木部》："枸，下句曰枸。"

【槈—薅】《説文·木部》："槈，薅器也。"

【櫡—斫】《説文·木部》："櫡，斫謂之櫡。"

【桼—髹】《説文·桼部》："桼，木汁可以髹物。"

【昃—側】《説文·日部》："昃，日在西方時側也。"

【稽—積】《説文·禾部》："稽，積禾也。"

① 王力最早在《同源字論》中提出"通訓"這個概念，參見王力《同源字典》，中華書局，2014 年，第 8 頁。但也有學者將之歸爲聲訓。

【宅—託】《說文·宀部》:“宅，所託也。”

【娶—取】《說文·女部》:“娶，取婦也。”

【耇—點】《說文·老部》:“耇，老人面如點也。”

【髺—結】《說文·髟部》:“髺，簪結也。”

【料—半】《說文·斗部》:“料，量物分半也。”

【漁—魚】《說文·鱟部》:“漁，捕魚也。”

【鑾—鸞】《說文·金部》:“鑾，人君乘車四馬，鑣八鑾鈴，象鸞鳥聲，則和敬也。”

《說文》通訓中可析出的同源詞確實不少，但由於大徐本《說文》存在不少訛誤問題，有些同源詞可能比較隱蔽。《說文·示部》大徐本:“祡，燒祡焚燎以祭天神。”小徐本:“祡，燒柴燎以祭天神”，段注本:“祡，燒柴尞祭天也。”《史記·五帝本紀》:“東巡狩，至於岱宗，祡。”裴駰集解引鄭玄曰:“祡，燎也。”“祡”，《尚書·舜典》作“柴”。“柴”本義爲小木散材，《說文·木部》:“柴，小木散材。”也可指作燃料用的木柴，如《禮記·月令》:“乃命四監收秩薪柴，以共郊廟及百祀之薪燎。”鄭玄注:“大者可析謂之薪，小者合束謂之柴。薪施炊爨，柴以給燎。”還可以指焚燒柴火以祭祀天神，如《禮記·大傳》:“柴于上帝。”孔穎達疏:“謂燔柴以告天。”後來人們專門給這個義位造了“祡”字，形式上成了一個新詞，我們可以說“祡”“柴”是同源詞。因此，如果不看小徐本、段注本等其他版本或校本而僅僅依據大徐本，是會遺漏一些同源詞的。

《說文》通訓中也有主觀牽強的地方。《說文·虫部》:“螟，蟲食穀葉者，吏冥冥犯法即生螟。”“葉”字段注本改作“心”;

由“吏冥冥犯法即生螟”一語可知，許慎將“螟”“冥”看作同源關係。《説文·虫部》：“蟘，蟲食苗葉者，吏乞貸則生蟘。”“吏乞貸則生蟘”，是將“蟘”“貸”看作同源關係。兩處解釋大概本自《詩經·小雅·大田》：“去其螟螣，及其蟊賊，無害我田穉！”“螣”即“蟘”。詩句表層含義是蝗蟲侵害莊稼，農民苦不堪言；侵害莊稼的蝗蟲，可以讓人聯想到侵害人民財利及生命的貪官污吏，或者説蟲災即由貪官污吏所致，段玉裁引《左傳·莊公十四年》：“妖由人興也，人無釁焉，妖不自作。”許慎對“螟”“蟘”的釋義反映了官吏與民衆之間的矛盾，但從語言學上看，這種同源關係的揭示顯得比較主觀，難以信從。

《説文》通訓中的異體字問題需要注意。《同源字典》將“梪”“豆”看作同源詞，《説文·木部》：“梪，木豆謂之梪。”徐灝《説文解字注箋》：“梪即豆之重文，因豆假爲尗豆，故增偏旁耳。”徐灝將“梪”“豆”看作異體字，因爲“豆”被假借去表示菽豆之“豆”，所以增加“木”旁以示區别。“梪”這個字形其實先秦已經産生，戰國文字資料中“梪”字分别記録籩豆之“豆”與樹立之“樹”。如包山簡 266“四合梪”“四皇梪”中的“梪”均是籩豆之“豆”，字形作“”與“”。東漢禮器碑“”有所沿用，北大漢簡《老子》143“”與武威漢簡《儀禮·士相見禮》1“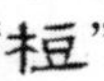”用法皆有不同。《爾雅·釋器》：“木豆謂之豆，竹豆謂之籩，瓦豆謂之登。”郭璞注：“豆，禮器也。”《説文·豆部》：“豆，古食肉器也。”《詩經·大雅·生民》：“卬盛于豆，于豆于登。”毛傳：“木曰豆。瓦曰登。豆，薦葅醢也。”鄭玄箋：“祀天用瓦豆，陶器質也。”从《爾雅·釋器》的説法來看，古人對

木豆、竹豆、瓦豆各有名稱。出土文物中有不少銅豆，自名爲“豆”，如周生豆（《集成》4682）、大師虘豆（《集成》4692）等。銅豆源自陶豆，仰韶文化、龍山文化中均有陶豆。[①]“梪”字形産生於先秦，因爲有些豆的材質是木，因而从“木”，并非“因豆假爲尗豆，故增偏旁耳”。“梪”之於“豆”，猶“杸”之於“殳”、“杓”之於“勺”、“鼎”之於“鼎”、“甂”之於“鬲”、“篲”之於“彗”等，各組前後原本都是異體字關係。文字所記録的詞、詞所指稱的實物，如果僅是材質之别，一般都傾向歸爲一字，如我們不會把“璽”與“鉨”看作兩個字、兩個詞。先秦有些古璽自名爲“鉨”，材質是玉，如“王閒信鉨”“長平君伹室鉨”等；陝西陽平關出土的東漢“朔寧王太后璽”之“璽”字形从玉，但材質是金。

圖 16　王閒信鉨　長平君伹室鉨　朔寧王太后璽[②]

“鈕”也一樣，雖然从“金”，但也有異體从“玉”作“玶”，

① 陳夢家《中國銅器綜述》，中華書局，2019 年，第 144 頁。

② 前兩方參見沈樂平《歷代玉印精粹》，上海書畫出版社，2022 年，第 16 頁。後一方參見曹錦炎《古璽通論》（修訂本），浙江大學出版社，2017 年，第 5 頁。

如“”(包山簡214),《説文·金部》:“鈕,印鼻也。从金、丑聲。扭,古文鈕从玉。”即便是瓦豆之“登”,也有从“金”的異體字“鐙”,《爾雅·釋器》“瓦豆謂之登”陸德明《釋文》:“登,本又作鐙。”《集韻·隥韻》:“鐙,豆也。”《儀禮·公食大夫禮》:“大羹湆不和,實于鐙。”鄭玄注:“瓦豆謂之鐙。”《後漢書·禮儀志下》:“瓦鐙一。”當然,因材質有别而分爲不同的詞的情况也是有的,如《爾雅·釋器》:“木豆謂之豆,竹豆謂之籩,瓦豆謂之登。”① “豆”“籩”“登”均指豆形器,但讀音迥異。而“梪”“豆”本來應該看作異體字,因爲它們在音義上幾無差别。

(四)聲訓同源詞

聲訓即以音同或音近的詞來訓釋。《説文》聲訓中有些是同源詞,如:

【逆—迎】《説文·辵部》:“逆,迎也。”

【宴—安】《説文·宀部》:“宴,安也。”

【睩—察】《説文·目部》:“睩,察也。”

【囩—回】《説文·囗部》:“囩,回也。”

【閑—闌】《説文·門部》:“閑,闌也。”

【恫—痛】《説文·心部》:“恫,痛也。”

---

① 材質不同,反映到文字上,到底是一個詞還是不同的詞,要看時人覺得有無區分的必要。打個比方,“油門”是針對油車而言的,電車出來後,還是叫“油門”,而不是“電門”。即使我們寫作“𣶒門”,也還是“油門”這個詞。如果將來電車取代了油車,也許人們就覺得“油門”這個詞不合適了,心理上覺得叫“電門”更合適。

【殆—枯】《説文·歺部》:“殆，枯也。”

【煬—傷】《説文·矢部》:“煬，傷也。”

【缺—缺】《説文·韋部》:“缺，缺也。

【否—不】《説文·口部》:“否，不也。”①

【衣—依】《説文·衣部》:“衣，依也。”

【帳—張】《説文·巾部》:“帳，張也。”

【超—跳】《説文·走部》:“超，跳也。”

【仲—中】《説文·人部》:“仲，中也。”

【擐—貫】《説文·手部》:“擐，貫也。”

【天—顛—頂】《説文·一部》:“天，顛也。”《説文·頁部》:“顛，頂也。”

上揭例中，“天”“顛”“頂”是同源詞。“天”與“顛”“頂”的同源關係，需要藉助古文字資料來研究。我們在前面已經指出，“天”的本義就是頭首或頭頂,《説文》所釋爲引申義。作爲訓釋詞的“顛”不是取其實在的頭頂義，而是取其抽象的崇高義。“顛”的本義是頭頂,《爾雅·釋言》:“顛，頂也。”郭璞注:“頭上。”引申表示事物之崇高,《方言》卷六:“顛，上也。”《六書故·人三》:“頭之上爲顛,引之則山有顛,木亦有顛。凡高之所極皆曰顛。”《説文·一部》“天，顛也”中“天”與“顛”是在崇高義上發生訓釋關係;兩者皆由頭頂義引申爲崇高義，引申路徑一致。“天”古音在透母真部，“顛”古音在端母真部，兩者古音也相近。因此，兩者可視爲同源詞。“頂”的本義也是頭頂，引申爲物體之上部，古音在端母耕部，與“天”“顛”音義關係亦極爲密切，它們都是同

① 大徐本《説文》“否”字重複出現，既見於《口部》又見於《不部》。

源詞。

“擐”與“貫”也是同源詞。“貫”的古文字爲“”(《集成》2751)、“”(《集成》2826),字形表示貫穿錢貝。《説文》中“患”字古文“”上部所从也是“貫”,也就是説,“患”所从的“串”就是由古文字“貫”變來,這裏充當聲符,所以“串”本有“貫”一類的音讀,《廣韻》古患切。《説文·毌部》:“貫,錢貝之貫。”指的是貫穿錢貝的繩子,名詞,用例如《史記·平準書》:“京師之錢累巨萬,貫朽而不可校。”居延漢簡 484.1:“吞遠部錢貫八枚。”動詞例如《周易·剥》:“貫魚,以宫人寵。”《左傳·成公二年》:“矢貫余手及肘。”《論語·里仁》:“吾道一以貫之。”《詩經·齊風·猗嗟》:“舞則選兮,射則貫兮。”《儀禮·鄉射禮》:“不貫不釋。”從這些用例上看,“貫”的詞義核心爲貫串、貫穿,亦即將物件穿透串聯起來,多個物件重在串聯,單個物件重在穿透。至於“擐”,《左傳·成公二年》:“擐甲執兵,固即死也。”“擐甲”即穿甲。從語源的角度説,就是將盔甲作爲一個整體,人從中貫穿過去,猶《論衡·恢國》“唐虞國界,吴爲荒服,越在九夷,罽衣關頭,今皆夏服、褒衣履舄”中的“關頭”,“關頭”就是“貫頭”,把頭套進去穿,罽衣是一個整體。[①]“擐”所强調的就是貫穿。同様是穿,“著”所强調是附着,“擐”“著”雖然意思相同,

① 由文獻可知,貫頭衣爲少數民族所穿,與當時的漢人不同。從人類發展史的角度看,貫頭衣應是一種比較原始的服飾,劉永華指出:“上古之人爲了遮羞蔽體,先在下體前後圍以毛皮,是謂‘蔽前蔽後’,後又把整張毛皮中間開孔,套入頭中做成上衣。”參見劉永華《中國古代軍戎服飾》,清華大學出版社,2013 年,第 7 頁。

但語源不同。

圖 17 貫頭衣（貫頭衣兩種形製、臺灣蘭嶼雅美人貫頭式“塔利利”男衣、女子貫頭長衣與男子短衣示意圖）①

不過《説文》聲訓不可盡信。如“霜”與“喪”，《説文·雨部》：“霜，喪也。”《釋名·釋天》：“霜，喪也，其氣慘毒物皆喪也。”“霜”與“喪”雖然古音極近，但是詞義上没什麼關係，《説文》這裏的聲訓顯得有些主觀，現在很少有學者信從。“馬，怒也，武也”（《説文·馬部》）、“羊，祥也”（《説文·羊部》）、“木，冒也”（《説文·木部》）、“山，宣也”（《説文·山部》）、“日，實也”（《説文·日部》）、“月，闕也”（《説文·月部》）、“户，護也”（《説文·户部》）、“室，實也”（《説文·宀部》）、“水，準也”（《説文·水部》）、“丑，紐也”（《説文·丑部》）、“寅，髕也”（《説文·寅部》）、“卯，冒也”（《説文·卯部》）、“午，啎也”（《説文·午部》）、“酉，就也……造也”（《説文·酉部》）、“亥，荄也”（《説文·亥部》）等也一樣，可信度不高，説服力不強。

① 沈從文《中國古代服飾研究》，商務印書館，2017 年，第 37 頁。

（五）亦聲同源詞

亦聲即合體字的意符兼有聲符的作用，形式上爲“从某、从某，某亦聲”。[①] 從這類字中可以繫聯出一批同源詞，如：

【吏—史】《説文·一部》：“吏，治人者也。从一、从史，史亦聲。”

【琥—虎】《説文·玉部》：“琥，發兵瑞玉，爲虎文。从玉、从虎，虎亦聲。”

【瓏—龍】《説文·玉部》：“瓏，禱旱玉，龍文。从玉、从龍，龍亦聲。”

【珥—耳】《説文·玉部》：“珥，瑱也。从玉、耳，耳亦聲。”

【琀—含】《説文·玉部》：“琀，送死口中玉也。从玉、从含，含亦聲。”

【胖—半】《説文·半部》：“胖，半體肉也。……从半、从肉，半亦聲。”

【齨—臼】《説文·齒部》：“齨，老人齒如臼也。一曰：馬八歲齒臼也。从齒、从臼，臼亦聲。

【齶—骨】《説文·齒部》：“齶，齧骨聲。从齒、从骨，骨亦聲。”

【返—反】《説文·辵部》：“返，還也。从辵、反，反亦聲。”

【鉤—句】《説文·句部》：“鉤，曲也。从金、从句，句亦聲。”

【鞣—柔】《説文·革部》：“鞣，耎也。从革、从柔，柔亦聲。”

---

① 黄天樹《説文解字通論》，北京大學出版社，2014年，第235頁。

【煣—柔】《説文·火部》:“煣，屈申木也。从火、柔，柔亦聲。”

【鍒—柔】《説文·金部》:“鍒，鐵之耎也。从金、从柔，柔亦聲。”

【整—正】《説文·攴部》:“整，齊也。从攴、从束、从正，正亦聲。”

【敎—羣】《説文·攴部》:“敎，朋侵也。从攴、从羣，羣亦聲。”

【瞑—冥】《説文·目部》:“瞑，翕目也。从目、冥，冥亦聲。”

【刺—朿】《説文·刀部》:“刺，君殺大夫曰刺。刺，直傷也。从刀、从朿，朿亦聲。”

【憙—喜】《説文·喜部》:“憙，説也。从心、从喜，喜亦聲。”

【栅—册】《説文·木部》:“栅，編樹木也。从木、从册，册亦聲。”

【傾—頃】《説文·人部》:“傾，仄也。从人、从頃，頃亦聲。”

【忘—亡】《説文·心部》:“忘，不識也。从心、从亡，亡亦聲。”

【彰—章】《説文·彡部》:“彰，文彰也。从彡、从章，章亦聲。”

【愾—氣】《説文·心部》:“愾，太息也。从心、从氣，氣亦聲。”

【挻—延】《説文·手部》:“挻，長也。从手、延，延亦聲。”

【墨—黑】《説文·土部》:“墨，書墨也。从土、从黑，黑亦聲。”

【汲—及】《説文·水部》:“汲，引水於井也。从水、从及，及亦聲。”

【泮—半】《説文·水部》:“泮，諸侯鄉射之宫，西南爲水，東北爲牆。从水、半，半亦聲。”

【冠—元】《説文·冖部》:“冠，絭也，所以絭髮。弁冕之總名也。从冖、从元，元亦聲。冠有法制，从寸。”

學者們對“冠”“元”同源較少討論，可能是對“元”的詞義認識還不够。我們在討論《説文》引申義的時候，已經指出“元”古文字如“”（清華簡《四告》1）等突出了人頭，本義即頭首。它與“天”構形正好相似，“天”爲正面之形，“元”爲側面之形。古書中“元”用作頭首義之例如《孟子·滕文公下》:“志士不忘在溝壑，勇士不忘喪其元。”《左傳·僖公三十三年》:“（先軫）免胄入狄師，死焉。狄人歸其元，面如生。”杜預注:“元，首也。”《漢書·敘傳下》:“上正元服。”顏師古注:“武帝不冠不見（汲）黯，故云‘上正元服’也。元，首也，故謂冠爲元服。”“冠”古文字作“”（《合集》6947）、“”（包山簡219），在“元”的基礎上加“冃”（冠帽之形）。“冠”古音在見母元部，“元”古音在疑母元部，兩者音近。因此，“冠”“元”可看作同源詞。

有些亦聲同源詞可以歸爲通訓同源詞。如“齅”與“臭”,《説文·鼻部》:“齅，以鼻就臭也。从鼻、从臭，臭亦聲。”又“誼”與“宜”,《説文·言部》:“誼，人所宜也。从言、从宜，宜亦聲。”又“殯”與“賓”,《説文·歺部》:“殯，死，在棺將遷葬，柩賓遇之。从歺、从賓，賓亦聲。”又“簺”與“塞”,《説文·竹部》:

“簺，行棊相塞謂之簺。从竹、从塞，塞亦聲。”又“晛”與“見”，《説文・日部》:“晛，日見也。从日、从見，見亦聲。”又“罶”與“留”，《説文・网部》:“罶，曲梁，寡婦之笱，魚所留也。从网、留，留亦聲。”又“泬”與“穴”，《説文・水部》:“泬，水从孔穴疾出也。从水、从穴，穴亦聲。”又“洸”與“光”，《説文・水部》:“洸，水涌光也。从水、从光，光亦聲。”又“娶”與“取”，《説文・女部》:“娶，取婦也。从女、取，取亦聲。”又“坪”與“平”，《説文・土部》:“坪，地平也。从土、平，平亦聲。”又“貧”與“分”，《説文・貝部》:“貧，財分少也。从貝、从分，分亦聲。”

有些亦聲同源詞也可以歸爲聲訓同源詞。如“憼”與“敬”，《説文・心部》:“憼，敬也。从心、敬，敬亦聲。”又“仲”與“中”，《説文・人部》:“仲，中也。从人、从中，中亦聲。”又“像”與“象”，《説文・人部》:“像，象也。从人、象，象亦聲。”

《説文》亦聲不都能析出同源詞。如《説文・衣部》:“衵，日日所常衣。从衣、从日，日亦聲。”“衵”與“日”在詞義説解與字形分析上都有關係，但不能武斷爲同源詞。《玉篇・衣部》:“衵，近身衣也，日日所著衣。”《六書故・工事七》:“衵，親身衣也。”《左傳・宣公九年》:“陳靈公與孔寧、儀行父通於夏姬，皆衷其衵服，以戲于朝。”杜預注:“衵服，近身衣。”古所謂近身衣、親身衣，就是現在説的貼身衣。同爲从“日”得聲的“黏”就有貼近義。“黏”訓爲“黏”，《説文・黍部》:“䵒，黏也。《春秋傳》曰:不義不䵒。”“黏”的意思就是粘連，《説文・黍部》:“黏，相箸也。”《淮南子・説林》:“柳下惠見飴曰:‘可以養老。’盜跖見飴曰:‘可以黏牡。’”《説文》“䵒”所引“不義不䵒”，今本《左傳·隱公元年》作“不義不暱”,“暱”即親近、親暱,《爾雅·釋詁下》:“暱，近也。”郭璞注:“暱，親近也。”三國魏李康《運命論》:“叔孫豹之暱豎牛也，禍成於庚宗。”字或作“昵”。比較可知,“衵”當與“䵒”同源，而與日日之“日”非同源。

有些《説文》亦聲是不可信的。如《説文·心部》:“悤，多遽悤悤也。从心、囪，囪亦聲。”“悤”古文字作“”(《合集》5346)、“”(《集成》2836)、“”(睡虎地秦簡《日書》甲種158背),“悤”上部所从之“囪”就是由點變來，不能分析成“从心、囪，囪亦聲”。

有些亦聲爲《説文》所不載，我們可以利用出土文獻爲之新證。如《説文·言部》:“詐，欺也。从言、乍聲。”“詐”在秦漢文字中或从“作”得聲，如“”(張家山漢簡《二年律令》261)、“”(馬王堆帛書《春秋事語》91)等，可以隸定爲“詐”，用作欺詐之“詐”。[①] 其實可以分析爲“从言、从作，作亦聲”,“作”既是意符也是音符。這就是説,“詐”“作”本來是同源的。“作”之作爲義可以引申爲虛假義，如《史記·孟子荀卿列傳》:“作先合，然後引之大道。”《後漢書·曹世叔妻傳》:“入則亂髮壞形，出則窈窕作態。”後來加注意符“言”而爲“詐(詐)”，專表虛假做作、欺詐誆騙一類的意思。此猶“爲”之於“僞”，人之作爲即“爲”，亦可以寫作“僞”,《廣雅·釋詁》:“僞，爲也。”《荀子·性惡》:“不可學、不可事而在人者，謂之性；可學而能、可事而成之在人者，謂之僞。”後來引申爲詐僞之“僞”,《説文·人

① 與《説文·言部》“詐，慙語也”之“詐”非一字。

部》:“僞，詐也。”《廣韻·寘韻》:“僞，欺也。”引申路徑相似。[1]因此，“詐”與“作”存在同源關係，但寫作“从言、乍聲”就讓人不易察覺了，出土秦漢文字材料有助於我們探得“詐”之語源。

（六）諧聲同源詞

利用《説文》形聲字聲符可以繫聯出大量的同源詞，如：

【顛—槙】《説文·頁部》:“顛，頂也。从頁、真聲。”《説文·木部》:“槙，木頂也。从木、真聲。”

【杪—秒】《説文·木部》:“杪，木標末也。从木、少聲。”《説文·禾部》:“秒，禾芒也。从禾、少聲。”

【猝—窣】《説文·犬部》:“猝，犬从艸暴出逐人也。从犬、卒聲。”《説文·穴部》:“窣，从穴中卒出。从穴、卒聲。”

【稠—髜】《説文·禾部》:“稠，多也。从禾、周聲。”《説文·髟部》:“髜，髮多也。从髟、周聲。”

【曀—墙】《説文·日部》:“曀，陰而風也。从日、壹聲。”《説文·土部》:“墙，天陰塵也。……从土、壹聲。”

【滋—孳】《説文·水部》:“滋，益也。从水、兹聲。”《説文·子部》:“孳，汲汲生也。从子、兹聲。”

【端—褍】《説文·立部》:“端，直也。从立、耑聲。”《説

① 人之作爲、行爲、行動，本身就帶有真實性與虛假性，當然會在語言上有所反映，由“做作”一詞亦可知曉。

文·衣部》:"褍,衣正幅。从衣、耑聲。"

【嘒—繐】《説文·口部》:"嘒,小聲也。从口、彗聲。"《説文·糸部》:"繐,蜀細布也。从糸、彗聲。"

【喘—湍—遄】《説文·口部》:"喘,疾息也。从口、耑聲。"《説文·水部》:"湍,疾瀨也。从水、耑聲。"《説文·辵部》:"遄,往來數也。从辵、耑聲。"①

【偏—痛—蹁】《説文·人部》:"偏,頗也。从人、扁聲。"《説文·疒部》:"痛,半枯也。从疒、扁聲。"《説文·足部》:"蹁,足不正也。从足、扁聲。"

【喗—翬—暉】《説文·口部》:"喗,大口也。从口、軍聲。"《説文·羽部》:"翬,大飛也。从羽、軍聲。"《説文·目部》:"暉,大目出也。从目、軍聲。"

【團—摶—篿】《説文·口部》:"團,圜也。从口、專聲。"《説文·手部》:"摶,圜也。从手、專聲。"《説文·竹部》:"篿,圜竹器也。从竹、專聲。"

【譄—增—贈—層】《説文·言部》:"譄,加也。从言、曾聲。"《説文·土部》:"增,益也。从土、曾聲。"《説文·貝部》:"贈,玩好相送也。从貝、曾聲。"《説文·尸部》:"層,重屋也。从尸、曾聲。"

【瓮—謍—縈—嫈】《説文·瓜部》:"瓮,小瓜也。从瓜、熒

① 這裏"數"爲急速義,《爾雅·釋詁下》:"數,疾也。"《莊子·天地》:"挈水若抽,數如泆湯。"《史記·屈原賈生列傳》:"淹數之度兮,語予其期。"裴駰集解引徐廣曰:"數,速也。"

省聲。”《説文·言部》:“謍,小聲也。从言、熒省聲。”《説文·水部》:“滎,絶小水也。从水、熒省聲。”《説文·女部》:“嫈,小心態也。从女、熒省聲。”

因爲《説文》編排的方式是據形繫聯、以類相從,我們没法直接利用諧聲偏旁來通查。朱駿聲的《説文通訓定聲》則打破了《説文》的編排方式,舍形取聲,貫穿聯綴,分爲一千一百三十七母,歸爲十八部。他將同聲符之字放在一起,對考察同源詞非常有用。上揭“嘒”與“繐”例中,“嘒”是小聲,“繐”是蜀細布,亦即小布,兩者自然屬於同源詞;但同聲的“槥”《説文》訓爲“棺櫝”,“鏏”《説文》訓爲“鼎”,表面上無法與“嘒”“繐”繫聯起來。朱駿聲則徵引古注指出“槥”可以訓爲“小棺”,“鏏”還有“小鼎”之訓,可見“槥”“鏏”與“嘒”“繐”在音義上的關係也非常密切,當屬同源詞。①

此外,從《説文》省聲分析中也能找出一些同源詞,如《説文·木部》:“梳,理髮也。从木、疏省聲。”“梳”與“疏”音義關係密切,《釋名·釋首飾》:“梳,疏也。言其齒疏也。”梳子之“梳”最開始就寫作“疏”,如《急就篇》卷三:“鏡奩疏比各異工。”北大秦簡《隱書》9:“以吾説之,殆類比疏。”北大漢簡《蒼頡篇》35:“粉騰脂膏,鏡籥比疏。”洛陽曹魏大墓出土石楬 M1:467:“淳金五寸疏具一具,柙自副。”故而“疏”“梳”當屬同源。又《説文·玉部》:“瑩,玉色。从玉、熒省聲。”段玉裁注:“謂玉光明之皃。”“熒”指光亮,《説文·焱部》:“熒,屋下燈燭之光。”《集

① 《廣韻·祭韻》:“鏏,大鼎。”從同源詞角度看,此訓十分可疑。

韻·清韻》:“熒，火光。”《廣韻·青韻》:“熒，光也。”“瑩”與“熒”音義皆近，當有同源關係。又“肤”與“缺”,《説文》皆分析爲“決省聲”，其同源關係已在本章第一節談過。可見利用《説文》省聲分析也能找出同源詞，或可稱爲“省聲同源詞”。但這部分數量並不太多,《説文》的省聲分析也不盡可信。

主要參考文獻

古籍類

[漢] 許慎《説文解字》(大字本)，中華書局，2013 年。

[宋] 徐鍇《説文解字繫傳》，中華書局，1987 年。

[清] 段玉裁《説文解字注》，中華書局，2013 年。

[清] 桂馥《説文解字義證》，中華書局，2017 年。

[清] 桂馥《札樸》，中華書局，1992 年。

[清] 王筠《説文解字句讀》，中華書局，2016 年。

[清] 王筠《説文釋例》，中華書局，1987 年。

[清] 朱駿聲《説文通訓定聲》，中華書局，2016 年。

論著類

曹錦炎《古璽通論》(修訂本)，浙江大學出版社，2017 年。

陳劍《甲骨金文考釋論集》，綫裝書局，2007 年。

陳夢家《殷虚卜辭綜述》，中華書局，1988 年。

陳夢家《中國銅器綜述》，中華書局，2019 年。

池昌海《〈史記〉同義詞研究》，上海古籍出版社，2002 年。

[日] 大西克也《論古文字資料中的"邦"和"國"》，《古文字研究》第二十三輯，中華書局、安徽大學出版社，2002 年。

范常喜《漢墓出土丁形木器名"支踵"考》，《考古學集刊》第

26 集，社会科学文献出版社，2022 年。
方國瑜《納西象形文字譜》，雲南人民出版社、雲南大學出版社，2017 年。
方一新《中古近代漢語詞彙學》，商務印書館，2010 年。
馮蒸《〈説文〉同義詞研究》，首都師範大學出版社，1995 年。
符奎《長沙東漢簡牘所見"紙""帋"的記載及相關問題》，《中國史研究》2019 年第 2 期。
高亨、董治安《古字通假會典》，齊魯書社，1989 年。
故宮博物院《故宮青銅器》，紫禁城出版社，1999 年。
郭在貽《〈説文段注〉與漢語詞彙研究》，《社會科學戰綫》1978 年第 3 期。
韓國河等《中國古代物質文化史・秦漢》，開明出版社，2014 年。
何九盈《中國古代語言學史》（第 4 版），商務印書館，2013 年。
黄德寬《卜辭所見"中"字本義試説》，《文物研究》第三期，黄山書社，1988 年。
黄德寬《古文字譜系疏證》，商務印書館，2007 年。
黄金貴《"病"本義考證》，《語言科學》2009 年第 4 期。
黄金貴《古代文化詞義集類辨考》（新一版），商務印書館，2016 年。
黄金貴《古漢語同義詞辨釋論》，上海古籍出版社，2002 年。
黄金貴《論同義詞之"同"》，《浙江大學學報（人文社會科學版）》2000 年第 4 期。
黄天樹《卜辭釋文補正兩則》，《中國文字》2019 年夏季號總第 1 期。
黄天樹《甲骨拼合四集》，學苑出版社，2016 年。

黄天樹《説文解字通論》，北京大學出版社，2014 年。

季旭昇《説文新證》，藝文印書館，2014 年。

蔣紹愚《古漢語詞彙綱要》，商務印書館，2021 年。

蔣紹愚《漢語歷史詞彙學概要》，商務印書館，2015 年。

［英］傑弗里・N. 利奇《語義學》，上海外語教育出版社，1987 年。

蘭佳麗《聯綿詞族叢考》，學林出版社，2012 年。

李霖燦《納西族象形標音文字字典》，雲南民族出版社，2001 年。

李人鑒《釋"疾""病""疾病"》，《揚州師院學報（社會科學版）》1982 年第 1 期。

［日］林巳奈夫《殷周青銅器綜覽：殷周時代青銅器的研究》（第一卷），上海古籍出版社，2017 年。

林義光《文源》，中西書局，2012 年。

林沄《説"王"》，《考古》1965 年第 6 期。

劉剛《釋〈上博六・用曰〉20 號簡的"裕"和"褊"——兼説"扁"聲字的上古音歸部問題》，《安徽大學學報（哲學社會科學版）》2017 年第 5 期。

劉釗《古文字構形學》（修訂本），福建人民出版社，2011 年。

羅振玉《殷商貞卜文字考（外五種）》，上海古籍出版社，2013 年。

羅正堅《漢語詞義引申導論》，南京大學出版社，1996 年。

孟蓬生《上古漢語同源詞語音關係研究》，北京師範大學出版社，2001 年。

秦俑坑考古隊《秦始皇陵東側第三號兵馬俑坑清理簡報》，《文物》1979 年第 12 期。

裘錫圭《裘錫圭學術文集》，復旦大學出版社，2012 年。

裘錫圭《文字學概要》(修訂本), 商務印書館, 2013年。
沈從文《中國古代服飾研究》, 商務印書館, 2017年。
石小力《據〈參不韋〉説“罰”字的一種異體》,《出土文獻》2022年第4期。
史有爲《漢語外來詞》(增訂本), 商務印書館, 2013年。
宋永培《〈説文〉與上古漢語詞義研究》, 巴蜀書社, 2001年。
孫海波《甲骨文編》, 中華書局, 1965年。
孫慰祖《中國璽印篆刻通史》, 東方出版中心, 2016年。
孫玉文《漢語變調構詞研究》(增訂本), 商務印書館, 2007年。
唐蘭《唐蘭論文集(一)》, 上海古籍出版社, 2018年。
唐蘭《殷虛文字記》, 上海古籍出版社, 2016年。
唐蘭《中國文字學》, 上海古籍出版社, 2023年。
田煒《論出土秦和西漢早期文獻中的“生”和“産”》,《中國語文》2016年第2期。
汪維輝《東漢—隋唐常用詞演變研究》(修訂本), 商務印書館, 2017年。
汪維輝《漢語核心詞的歷史與現狀研究》, 商務印書館, 2018年。
王國維《觀堂集林》, 中華書局, 1959年。
王力《龍蟲並雕齋文集(一)》, 中華書局, 2015年。
王力《同源字典》, 中華書局, 2014年。
王力《中國語言學史》, 中華書局, 2013年。
王偉靜、葉桂郴《“菽”“豆”歷時演變研究》,《桂林航天工業高等專科學校學報》, 2012年第3期。
鄔可晶《“芻、若”補釋》,《古文字研究》第三十二輯, 中華書局，2018年。
吴鎮烽《“魚鼎匕”新釋》，《考古與文物》2015年第2期。
蕭春源《珍秦齋藏金·秦銅器篇》，澳門基金會，2006年。
謝明文《釋“顛”字》，《古文字研究》第三十輯，中華書局，2014年。
謝文慶《反義詞》，湖北教育出版社，1988年。
邢義田《今塵集：秦漢時代的簡牘、畫像與文化流播》，中西書局，2019年。
徐暢《古璽印圖典》，天津人民美術出版社，2016年。
徐振邦《聯綿詞大詞典》，商務印書館，2013年。
楊琳《訓詁方法新探》，商務印書館，2011年。
楊榮祥《〈説文〉中的“否定訓釋法”》，《古漢語研究》1994年第3期。
楊樹達《積微居甲文説　卜辭瑣記　耐林廎甲文説　卜辭求義》，上海古籍出版社，2007年。
楊樹達《積微居金文説》，上海古籍出版社，2007年。
于省吾《甲骨文字詁林》，中華書局，1996年。
于省吾《甲骨文字釋林》，商務印書館，2017年。
[法]約瑟夫·房德里耶斯《語言》，岑麒祥、葉蜚聲譯，商務印書館，2012年。
張富海《上古韻部歸字辨析三則》，《上古漢語研究》第二輯，商務印書館，2018年。
張光裕《從新見材料談〈儀禮〉飲酒禮中之醴柶及所用酒器問題》，《文物》2013年第12期。

張世超、孫凌安、金國泰、馬如森《金文形義通解》，中文出版社，1996年。

張舜徽《説文解字約注》，華中師範大學出版社，2009年。

張永言《詞彙學簡論》，華中工學院出版社，1982年。

張永言《語文學論集》（增訂本），復旦大學出版社，2015年。

張涌泉、張小艷、郜同麟《敦煌文獻語言大詞典》，四川辭書出版社，2022年。

趙平安《"達"字新證》，《中國史研究》2023年第4期。

趙平安《"京""亭"考辨》，《復旦學報（社會科學版）》2013年第4期。

趙平安《新出簡帛與古文字古文獻研究》，商務印書館，2009年。

趙岩《簡帛文獻詞語歷時演變專題研究》，中國社會科學出版社，2013年。